U0566453

Leisure Time Allocation

王鹏飞　著

闲暇时间配置
从生活方式到生产效率

from Lifestyle to
Production Efficiency

社会科学文献出版社
SOCIAL SCIENCES ACADEMIC PRESS (CHINA)

序　言

鹏飞博士是我欣赏的新锐学者，他在博士阶段就和我展开合作，尤其是在闲暇时间配置方面的研究。今天，看到他的力作出版，甚感欣慰亦由衷祝贺。

闲暇时间配置研究在国内是一个新兴领域，但在国际上时间配置（Time Allocation）的研究已是一个成熟领域，十几年前全球最大的经济学年会——美国经济学年会上就已经为时间配置研究设定过专门议题。这是因为时间配置本质上属于劳动经济学议题，"工作—闲暇选择"就是劳动供给的选择问题。劳动经济学可以说是经济学中最古老的分支之一，也是汇集了最尖端数学知识的分支之一。因此，作为劳动经济学重要议题之一的时间配置研究并非经济学中的旁门左道。时间配置研究在经济学中的源头是"向后弯曲的劳动供给曲线"（Back-warding Labor Supply Curve）。此后，经济学诺贝尔奖得主加里·贝克尔从人力资本的角度复活了劳动供给研究，他正式创立了时间配置经济学以分析人力资本的形成和积累。由此，时间配置理论成为研究人力资本的主力分析工具，并借此将闲暇时间"送入"主流经济学的规范分析框架。国内的闲暇时间配置研究和国际上的时间配置研究同根同源，都是在研究闲暇内的时间利用对经济系统的影响。

鹏飞博士的研究秉承了劳动经济学和人力资本研究中时间配置研究的基本出发点，并做出了新拓展。正如他在书中所言，先行文献对闲暇时间的研究通常将闲暇时间作为外生变量，并且不区分闲暇时间的异质性。而他的研究重点则在将闲暇时间内生化并区分其异质性。坦率地讲，闲暇时间的内生化已经走过了很长的道路，向后弯曲的劳动供给曲线实质上正是闲暇内生于效用函数的结果，这种内生化的动态化结果就是基德兰德等人所提的著名的"跨期替代弹性"问题。既然如此，鹏飞博士的闲暇内生化探索意义何在呢？我认为他的贡献在于将闲暇内生化和闲暇异质性做了很好的结合，从异质性的角度来探索内生化。记得在他撰写博士论文期间，他曾数次与我讨论有关闲暇的创新异质性问题。我认为他一语中的，拿捏到了闲暇内生化的关键之处。在各位经济学大家（如贝克尔、普雷斯科特、基德兰德等）的框架中，闲暇尽管被内生进效用函数，但是他们并不区分在这种内生化路径中闲暇活动的异质性，他们普遍性地假定闲暇对个体效用能产生正作用的同时，也会对工作或生产产生"挤出"作用，这两种作用形成互相权衡（Trade-off）进而为原有的均衡带来新成分，也为之后的新均衡带来新可能。但是，上述过程忽视了闲暇时间并非铁板一块，尤其是在考虑到现代人力资本更多地来自闲暇中的非正式教育时，就会发现，只有一部分闲暇时间以及闲暇活动会对个体的素质（包括创新能力）产生积极作用。在闲暇内生的道路上，更重要的是闲暇如何异质性地内生。鹏飞博士对这个问题的关注和思考深邃而有见地，并将之生动地体现在这本书中，我认为这正是该书引人入胜的妙处所在，值得读者细细品味。

该书写作的一个有趣"花絮"是鹏飞博士对他之前学习领域的反思和推进，在这方面我们倒是有一些欣喜的共识。与闲暇或休闲相关的一个学术领域是旅游经济研究。多年前鹏飞博士和我就开始对旅游经济展开研究。旅游经济研究在国外并不"主流"，但在中国拥趸众多，这和我国在改革开放后赋予旅游业众多的经济意义密不可分。尽管如此，中国的旅游经济研究在学术界仍然受到很多质疑。一个最重要的挑战在于，很多经济学者认为旅游经济研究缺乏"理论意义"。也就是说，将旅游当作一项经济实践或经济产业来分析其经济意义无可厚非，就像经济统计学家分析电视机行业或水果行业的经济意义一样，但是，旅游作为一个变量并没有进入经济学的模型当中，因此难以在经济学含义下对旅游做出理论分析。与之相比，鹏飞博士对休闲或闲暇的研究绕过或跨过了这个挑战。他很规范也很机警地利用闲暇时间以及闲暇活动的异质性来触及各类主流经济理论模型，比如通过闲暇异质性而将休闲经济活动纳入创新增长模型。由此，经济学家就能"读懂"闲暇异质性并能"自动地""规范地"推导出闲暇对创新的作用机理，而不是像我们分析旅游对经济增长的作用时，只能使用实践观测到的数据做经验研究，难以进行经济理论数学建模。当然，鹏飞博士的论著并不是要回答如何"改造"旅游经济分析，然而，他在时间配置方面深厚的经济学分析却为回答上述问题提供了重要索引。正如鹏飞博士在书中所云，"闲暇时间配置可以通过人力资本积累和时间偏好进入内生增长模型……这是旅游经济学进入主流经济学分析框架的有益尝试"。

鹏飞博士在该书中的研究除了严谨性亦不乏生动性，这正是时间配置和闲暇配置研究的亮点所在。书中通过分析个体的休闲活动内容并进行严谨的计量回归分析，指出当个体将闲暇时间配置在"延迟满足"类休闲活动中时，能通过提升人力资本质量来促进劳动生产率的提高。这样，严肃的时间配置效率研究就和我们平常人的日常生活挂上了钩。有道是，不离日用常行内，直到先天未画前。我们日用常行中的休闲活动选择，会通过对个体效率的影响来影响国民经济的未来发展脉络，这既是鹏飞博士所做研究的核心，也是他给这项研究注入的生机。如果经济研究总是停留在"说理"层面，而无法下达到"行事"层面，那给人的印象就是自说自话、坐而论道。鹏飞博士在书中详细分析了各类休闲活动的属性和经济效应，赋予时间配置研究乃至休闲经济研究以饱满的现实感，这是该书特别吸引我的地方，相信每个热爱生活的读者也会因此而喜欢上这本书的内容。

魏　翔

2023 年 11 月于北京

前　言

　　自工业革命以来，技术进步有力推动了经济增长和劳动生产率的提高。在物质资本和生活水平得到极大提升之后，人们的生活方式也发生了较大改变：休闲成为人们日常的一种生活方式，人们进入了"工作—休闲双轴心"时代。劳动生产率的提高在减少工作时间的同时，也增加了可自由支配的闲暇时间。那么，闲暇时间增加对经济体的产出效率来讲是替代效应还是互补效应，还是替代效应和互补效应二者兼有之？如果二者兼有之，那么替代效应和互补效应的综合净效应如何？它们之间的作用机制又是如何运行的？

　　尽管前人已对闲暇时间和经济效率的关系做过一定的定量分析和实证检验，但遗憾的是，限于休闲经济理论的发展和微观数据缺失，闲暇时间内的活动选择对产出效率的影响尚未有明确结论，而且闲暇时间外生给定的研究假设在一定程度上也限制了闲暇时间对经济效率影响的解释能力。不仅如此，在对闲暇时间作用于产出效率的分析中，多以节假日数量为研究对象，缺乏对居民日常闲暇时间的微观数据分析。因此，在前人研究的基础上，本研究尝试建立纳入闲暇时间对经济系统综合影响的内生增长模型，然后利用宏观假日结构数据和微观个体的闲暇时间配置数据，探讨促使经济产出最优的居民日常闲暇时间是否存在以及闲暇时间配置对劳动生产率的作用机制等问题。

　　闲暇时间配置对劳动生产率的作用机制表明：人力资本积累是时间配置的结果。受教育时间、工作时间和培训时间是人力资本积累的重要方式，闲暇时间内从事积极休闲活动的个体也可以通过直接或间接形式对人力资本的认知能力和非认知能力产生积极效用，从而使个体具备更高的劳动生产率。这一作用机制得到纳入闲暇时间对经济系统综合影响的内生增长模型支持。模型进一步分析表明，闲暇时间与人力资本积累、经济增长之间存在非线性关系，且闲暇时间与经济效率之间的关系取决于闲暇时间的配置方式。

在实证分析方面，本研究分别从宏观数据、微观数据和案例补充三个层面开展。首先，在宏观层面上，利用跨国面板数据对假日结构设置与劳动生产率之间的关系进行实证分析。其次，利用调查范围覆盖全国 31 个省（自治区、直辖市）、200 余个地级市、总调查样本超过 30 万份的微观个体数据库来验证闲暇时间配置和劳动生产率之间的关系。最后，通过现场研究的方法，对一家企业员工的时间配置数据进行追踪记录，进而进行补充分析，得出如下研究发现。

第一，中国、美国和日本三国居民的闲暇时间存在显著性差异。美国和日本居民的日均闲暇时间超过 5 个小时，而中国居民的闲暇时间为美、日两国的一半左右，仅为 2.81 小时。三国居民在各类休闲活动上的时间配置大体一致：网络类休闲活动和居家类休闲活动为时间分配比重最大的两项活动。对比来看，中国居民在网络类和居家类两项静态休闲活动中的时间支出比例高达七成左右，显著高于美、日两国；美国居民在运动健身、社会交往方面的时间配置要远高于日本和中国居民；在学习类休闲活动和精神文化休闲活动上，中国居民的时间配置也明显少于美、日两国。

第二，假日结构的不同设置将导致劳动生产率产生显著差异。假日结构设置模式对劳动生产率存在非线性关系：随着休假离散指数的增长，劳动生产率呈现先上升、后下降的倒"U"形曲线。当连续工作或休息时间太长时，"学习效应"带来的促进作用无法抵消"疲劳效应"带来的负面作用；当工作和闲暇时间交替频繁时，"疲劳效应"带来的精力恢复也不足以中和"学习效应"衰退带来的消极作用。因而，劳动生产率提高的机会窗口取决于合理的假日结构设置和适中的休假离散指数。除此之外，假日结构设置需与一国的经济发展阶段相适应，在不同的经济发展阶段，"学习效应"和"疲劳效应"对生产率的相对重要程度不同。对于经济发达国家，相对较为分散的假日结构更有利于劳动生产率的提高。

第三，个体闲暇时间对劳动生产率的非线性关系得到验证。首先，随着居民闲暇时间的增加，劳动生产率呈现先增加、后减少的倒"U"形曲线。经过本研究的测算，现阶段中国居民的日均最优闲暇时间为 4.72 小时，这一数据也与案例分析部分测算的最佳闲暇时间 4.67 小时高度吻合。其次，闲暇时间对个体劳动生产率的提高程度取决于个体的经济特征和所处的行业性质。对于底层劳动者或是低技能工作人员来讲，闲暇时间增加将不利于其劳动生产率的提高；高等收入群体也在工作节奏、人生追求等综合因素的作用下，对闲暇时间的促进作用不敏感；闲暇时间对中等收入群体劳动生产率的促进作用显著而稳健。最后，人力资本是闲暇时间对劳动生产率的作用通道。在闲暇时间对劳动生产率的作用过程中，人力资本的中介效应和调节效应都通过了显著性检验。

第四，不同闲暇时间配置模式的劳动生产率存在显著性差异。首先，对个体所有休闲活动选择进行联合分析表明，个体闲暇时间配置模式可以分为"消极自我型"、"社交运动型"、"网络学习型"和"休闲全能型"四种潜在类别，样本的分配比例分别为 18.12%、12.08%、24.13% 和 45.67%。其次，同时具备经常参与运动健身、社交活动和手机上网等休闲活动特征的"社交运动型"个体劳动生产率最高，而偏好联合选择看电视、用手机上网且很少参与体育健身和社交活动个体的劳动生产率最低。最后，闲暇时间对劳动生产率的促进作用因所处行业不同而出现显著性差异。对人力资本和知识技能要求较高的高附加值行业而言，闲暇时间增加产生的互补效应大于替代效应；对处于增加值较低的行业来说，当闲暇时间增加时，其对工作的替代效应明显大于互补效应。

本研究可能的创新点在于：将闲暇时间配置纳入内生增长模型的分析框架，尝试探索宏观经济增长的微观基础，这可能是本研究的最大创新之处；对人力资本的形成机制进行梳理，将人力资本的内涵扩展至非认知能力领域，并且对闲暇时间对人力资本的认知能力、非认知能力和个体创造力（认知能力和非认知能力的交叉范畴）的影响机制进行探索分析，扩展了人力资本理论的研究范畴。区别于以往研究休闲活动选择对工作绩效的单变量分析方法，本研究尝试采用以人为导向的休闲行为模式综合分析方法对个体闲暇时间配置和劳动生产率的关系进行分析；为了保证结论的稳健性，本研究还采用了现场研究作为案例补充分析。

本研究的政策价值在于：通过探索性分析，为全社会关注的休闲生活和休闲质量的重要性作出有力注解，为引导国民走向积极健康的生活方式提供政策依据，为政府和教育部门对休闲教育和休闲产业的发展提供对策建议。

目　录

导　言

一　研究背景

（一）选题来源

自工业革命以来，技术进步有力推动了经济增长和劳动生产率的提高。随着经济增长和劳动生产率提高带来物质生活的极大丰富，人们的生活方式发生了较大改变：在技术效率和劳动生产率较低的物质贫乏时代，工作是生活的中心，休闲作为员工恢复体力的必要时间而从属于工作安排；在物质资本和生活水平得到极大提升之后，休闲已经成为人们日常的一种生活方式，人们进入了"工作—休闲双轴心"时代。在生活方式发生改变的背后是价值观的转变：在具备闲暇时间和剩余财富之后，人们的价值取向由不断追求经济增长的物质目标阶段转向以提高生活质量和精神满足为目标的追求自由时间阶段，社会价值观也完成了从物质成功到追求人全面而自由发展的彻底转变（王雅林，2000）。随着工作效率的大幅提高，闲暇时间进一步增加成为趋势。那么，如何配置闲暇时间、选择何种休闲活动成为社会大众普遍关注的热点话题。正如于光远先生所言，玩是一种文化，有文化的休闲不仅能够调节生活节奏、放松身心，还可以增进个人知识、提高劳动者个人素质和工作效率。因此，研究闲暇时间配置和劳动生产率之间的关系成为一个值得研究的重要问题。

劳动生产率提高在减少工作时间的同时，也增加了可自由支配的闲暇时间。那么，闲暇时间增加对经济体的产出效率来讲是替代效应还是互补效应？还是替代效应和互补效应二者兼有之？如果二者兼有之，那么替代效应和互补效应的综合净效应如何？它们之间的作用机制又是如何运行的？有学者认为闲暇时间对经济绩效的影响取决于经济发展阶段，在前工业化阶段，闲暇时间对经济效率的影响总体上呈现替代效应；在后工业化阶段，闲暇时间对经济效率的互补效应大于替代效应。李仲广（2005）认为休闲与效率是否兼容取决于闲暇时间的使用方式，即闲暇时间对经济增长促进与否由个体在闲暇时间内选择活动的内容、性质和结构而定。然而，限于休闲经济理论的发展和微观数据的可得性，闲暇时间内的活动选择对产出效率的影响尚未有明确结论。

（二）研究必要性

到目前为止，国内外休闲经济学者对闲暇时间和经济效率关系的研究主要集中在以下三个方面。

一是闲暇时间对经济产出的替代效应。在传统古典经济学分析框架下，休闲是不具经济价值的非生产性活动，闲暇时间对经济的影响表现为替代关系：闲暇时间增加导致有效劳动力供给减少（Pigou，1920；Knight，1921）。当个体降低对闲暇时间偏好而转向更加努力工作时，工作时间增加导致的劳动力供给水平上升能促进社会的经济产出和市场的均衡数量提高（Buchanan，1994）。

二是闲暇时间对经济增长的促进作用。一方面，闲暇时间增加刺激了消费增长（魏翔、惠普科，2007）。当周工作时间从六天缩短为五天时，经济的发展速度不是降低而是加速上升了：因为闲暇时间增加后，工人将提供更多物品和劳务以满足增加的消费需求，而这又反过来刺激产生更多的工作需求（Ford，1926）。另一方面，闲暇时间有助于人力资本质量提高。在自由可支配时间内，个体不仅可以缓解压力、恢复体力，从中获得自身的全面发展，更是人力资本等生产要素的增值和再生产过程（于光远，2002；王琪延、叶婷，2005；魏翔、虞义华，2011；Chen，2010；Michael，2010等）。

三是综合考虑闲暇时间对经济增长带来的"净效应"。当闲暇时间进入效用函数后，个体面临的效用函数和偏好参数变得复杂了：闲暇时间进入效用函数能带来正的效应增进，而闲暇时间增加导致的劳动力供给不足在一定程度上又会阻碍经济增长（Linder，1970）。在闲暇时间对工作替代效应的基础上，Psarianos（2007）将闲暇效应纳入消费函数：研究发现，当个体闲暇时间内生于经济增长模型后，稳态路径中的人均经济增长率降低了。魏翔和庞世明（2012）在Psarianos（2007）的基础上，进一步将闲暇时间对其他要素禀赋和要素积累过程产生的积极互补作用纳入内生增长模型之中，综合考虑闲暇时间带来的劳动力替代效应、消费者福利增进效应和人力资本提高对其他生产要素的溢出效应。结果表明，闲暇时间的互补效应和替代效应相互抵消后的净效应为正的概率较大，即考虑闲暇时间溢出效应后，经济持续增长成为大概率事件。

尽管上述研究已经认识到闲暇时间对经济产出存在替代效应和互补效应，也对闲暇时间和经济效率的作用关系做过一定的分析和验证，但遗憾的是，闲暇时间外生给定的研究假设在一定程度上限制了闲暇时间对经济效率系统影响的解释能力。不仅如此，在对闲暇时间作用于产出效率的分析中，多以节假日数量为研究对象（Barrera，Garrido，2018），缺乏对居民日常闲暇时间的微观数据分析。因此，本书认为在前人研究的基础上，很有必要继续探讨促使经济产出最优的居民日常闲暇时间是否存在，如果存在，那么闲暇时间配置对劳动生产率的作用机制是什么？

（三）研究意义

1. 理论意义

闲暇时间配置与劳动生产率是休闲经济理论研究的前沿问题。然而，在微观实证领域，休闲活动与经济效率、劳动生产率之间的关系还不太明确。一方面，因为休闲科学和工作心理学属于不同的学科体系，导致休闲活动选择与工作绩效关系的实证研究较为稀缺，还远未达到取得结论性研究阶段；另一方面，在仅有的实证研究文献中，个体闲暇时间配置，即在闲暇时间内进行的社会休闲活动、文化休闲活动、创造性休闲活动或体育休闲活动对工作绩效的影响结论并不一致（Feuerhahn，Sonnentag和Woll，2014；Bloom等，2018）。因此，本书从休闲经济理论和人力资本理论出发，尝试构建包含闲暇时间的内生增长分析框架，进而分析闲暇时间配置对劳动生产率的影响机制，为个体休闲活动选择与工作绩效的实证分析提供理论基础。除此之外，本书从个体的微观视角出发，研究闲暇时间配置与劳动生产率之间的作用机制，为研究宏观经济增长的微观基础提供新的研究视角。

2. 实践意义

随着工作效率的大幅提高，闲暇时间进一步增加成为趋势。那么，如何配置闲暇时间、选择何种休闲活动成为社会大众普遍关注的热点话题。消极的休闲活动不仅有损个体的身体健康，还会损耗人们的精神意志，而积极的休闲活动既能提高居民幸福感和生活满意度，还能通过增强体质和人力资本积累来促进个体的生产力提高。因此，通过关注微观个体的闲暇时间配置方式，对闲暇时间配置与劳动生产率关系进行研究，有助于引导国民走向积极健康的生活方式，从而达到通过改善生活质量来促进个体工作绩效的目标。

另外，通过闲暇时间配置与劳动生产率的作用机制可知，人力资本积累是时间配置的结果，从事积极休闲活动的个体具有更高的人力资本，从而具备更高的劳动生产率。因此，在闲暇时间内进行积极的休闲活动选择，可以通过影响国民的人力资本积累来促进劳动生产率提高，从而实现经济的高质量、可持续增长。

二 重要概念和研究对象界定

（一）重要概念

1. 闲暇时间配置

本研究沿用狭义"闲暇时间"的定义，即与工作、家务、睡眠等维持自身生存无关的、可以被个体任意支配的自由时间，亦可称为"享受型闲暇时间"。总的来说，享受型闲暇时间可以分为宏观层面的节假日时间和微观层面的日常闲暇时间两部分。闲暇时间配置则是研究个体在享受型闲暇时间内，根据个体的性格、偏好和生活习惯，对旅游休闲、市民休闲、宗教文化参与、艺术欣赏、阅读、社交娱乐、运动锻炼、个人爱好和看电视、上网等大众休闲娱乐活动的时间配置模式。

2. 人力资本

自 18 世纪亚当·斯密提出"人力资本"的初步概念以来，明塞尔、舒尔茨和贝克尔等人力资本理论开创者围绕教育、培训和保健支出等投资和收益来构建人力资本的概念和框架。正如贝克尔在 *Investment in Human Capital* 中指出的，"人力资本是指能提高人力资源质量的成分诸如知识、技术以及任何能提高劳动者个体生产力的特质"（周金燕，2015）。维基百科中认定的概念为：人力资本是知识、习惯、社会和人格属性的总和，包括创造力，它体现在执行劳动者能力所产生的经济价值。有经济学者在 *American Economic Review* 上发表论文强调，在许多情况下，人力资本是特定于任务性质（或任务所需的技能）积累的，而为该任务积累的人力资本对于需要转移技能的许多公司来说是有价值的。

本研究沿袭明塞尔、舒尔茨和贝克尔构建人力资本概念的思路，认为凡是能提高人力资源质量的成分，诸如知识、技术、健康以及其他任何能提高劳动者个体生产力的特质，并且通过投资相关活动能促使个体在未来获得更高经济收益的因素，包括认知能力和非认知能力等因素都属于人力资本的研究范畴。

3. 劳动生产率

"劳动生产率"是经济学中比较成熟的一个专用术语，本研究沿用传统概念，即劳动者在一定时间内所生产的产品、服务等劳务总和的经济价值，可以用在规定时间内的劳动生产率水平或相同劳务价值所需要的劳动时间来表示。

（二）研究对象

1. 谁的闲暇时间配置

本书研究的个体闲暇时间是从职业观点来讲的。于光远（2002）根据职业将个体的闲暇分为一般的"闲"和特殊的"闲"：一般的"闲"是指具有固定工作、按照每天八小时工作制生活下的个体闲暇时间，而特殊的"闲"是对于那些无所谓工作日和假日的居民而言，如农民、学生和退休人员。因此，基于研究劳动生产率的目的需要，本书借鉴于光远（2002）一般的"闲"的研究视角，从职业角度出发，研究那些具有正式工作个体的闲暇时间，而将那些生活在农村地区的农业劳动者、城镇离退休人员、在校学生和没有签订正式劳务合同的灵活就业人员等个体排除在研究范围之外。

2. 休闲经济所关注的重点

一般来讲，休闲经济讨论两个层面的问题。一是休闲对劳动力供给的替代问题。闲暇时间将会对工作时间形成替代，从而减少有效劳动力供给。在工业化进程当中，休闲对劳动力的替代效应较为明显，而当进入后工业化社会以后，休闲的替代效应将让位于互补效应（魏翔，2018a）。二是闲暇消费的经济拉动效应。随着社会的发展，闲暇消费、闲暇生产在国民经济中的地位越来越重要，发展休闲产业、延伸休闲产业链条将带来巨大的经济利益，甚至会出现"假日经济"现象。实际上，休闲产业最基本和重要的目的是促进人更好地生活。所以，本研究所关注的休闲经济问题是从更深的层面来讲：闲暇可以促进个体身心健康、劳动者的知识进步和素质提高（于光远，2002；马惠娣，2001），从而提高个体的人力资本质量（王琪延，2004；王琪延，叶婷，2005；魏翔，2005；魏翔，2018a）。除此之外，个体在闲暇时间内得到充分的调节和放松之后，也可以积极作用于工作时间内的效率提高。古语讲"劳逸结合"、外国谚语说的"工作时间内拼命干，玩的时间内痛快玩"，要表达的意思大概如此（于光远，2002）。

3. 闲暇时间与劳动生产率的逻辑关系

闲暇时间增加肯定是技术进步和劳动生产率提高的产物。工业革命推动了人类历史上首次生活方式"大转变"，即人们的物质生活得到极大丰富，闲暇时间超过工作时间成为人类时间配置中的最大选项。劳动生产率提高促进了闲暇时间增加，这是工业化过程中应关注的重点问题。随着工业化进程的不断加深，特别是进入后工业化社会以来，人们生活的价值观改变了：从追求经济增长和收入提高转变为以提高生活质量和人的全面发展为目标。

休闲成为居民生活方式最重要的特征之后，如何配置闲暇时间成为值得研究的社会问题（于光远，2002）。个体通过闲暇时间内的放松、调节、学习和改进，有助于促进劳动者的身心健康、知识进步和素质提高，从而最终积极作用于工作时间内的效率提高。因此，在人们价值观发生改变的背景下，闲暇时间对劳动生产率的积极作用是本书所要关注的重点内容。

三　研究方法、技术路线与内容安排

（一）研究方法

（1）定性研究。系统阅读并梳理与闲暇时间配置和工作绩效相关的文献，如休闲经济理论、内生增长理论和人力资本理论，为研究闲暇时间配置对劳动生产率的影响机制提供坚实的理论基础。

（2）数理推导。在新古典经济增长模型的基础上，考虑休闲的替代效应和互补效应，将闲暇时间配置纳入内生增长模型的分析框架，从而考虑个体闲暇时间配置对劳动生产率的影响机制。

（3）定量分析。本研究拟对宏观层面的假日结构设置和微观层面的闲暇时间配置数据进行比较分析，并运用多种参数回归估计方法对闲暇时间配置对劳动生产率的影响进行实证研究。在实证研究的过程中，为了保证结果的稳定性和有效性，还采用了稳健性分析、内生性检验和超样本检验等多种敏感性分析方法。

（4）现场研究。本研究选取一家制造企业一线员工作为现场研究的观察对象，连续9天对员工的工作和生活进行时间配置记录，以追踪所需要搜集的时间配置数据。在整理相关信息的基础上，运用定量分析法对观察对象的闲暇时间配置和其劳动生产率的关系进行验证，以确保本研究结论的稳健性和有效性。

（二）技术路线

本研究的核心问题是研究闲暇时间配置对劳动生产率的作用机制和实证检验。围绕这一核心问题，本研究的逻辑主线围绕现实基础、理论背景、理论重构、计量检验和案例分析展开（见图1）。

（三）主要内容

本研究主要包含四个部分的内容。

第一部分为闲暇时间经济效应分析的理论基础，主要分为三章内容。第

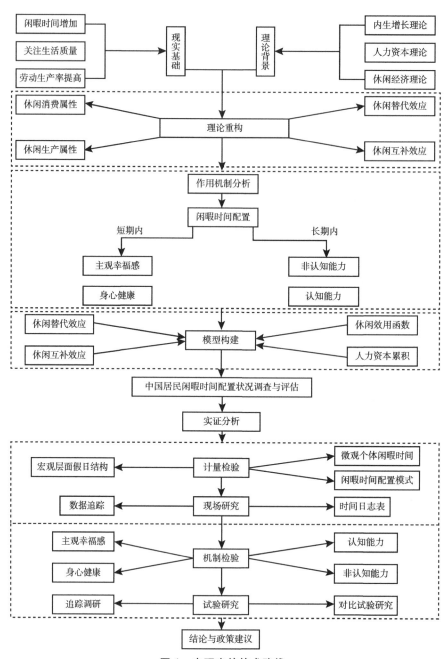

图 1　本研究的技术路线

一章为理论溯源，遵循闲暇时间配置与劳动生产率的理论支撑和重要依据的研究逻辑，本书分别从内生增长理论、人力资本理论和休闲经济理论出发进行文献综述；第二章为闲暇时间配置对劳动生产率的作用机制分析。本章主要从闲暇时间配置、人力资本的形成机制、闲暇时间配置对人力资本的影响机制和闲暇时间与劳动生产率四个方面对闲暇时间配置对劳动生产率的作用机制进行阐述。第三章为纳入闲暇时间配置的理论模型构建。为了构建闲暇时间对经济产出的数理模型，首先要对含有人力资本的经典内生增长模型进行研究和评价，这是研究闲暇经济的理论基础；其次，对现有纳入闲暇效应的内生增长模型进行评价，这是我们构建和改进闲暇时间对经济产出模型的直接基础和依据所在；最后为模型构建，包含考虑物质资本投入和不含物质资本两部分。在此基础上，还构建了纳入闲暇时间配置的宏观经济增长模型和微观经济模型。

第二部分是对中国居民休闲状况的调研与评估，包含第四章内容。整体来看，中国居民的日常闲暇时间上升趋势明显。2014 年工作日的日均闲暇时间为 2.68 小时，2017 年的数据为 2.62 小时，而 2019 年工作日的日均闲暇时间增加至 2.81 小时。与 2014 年相比，2019 年居民在闲暇时间内的休闲活动选择并没有发生明显变化：手机上网、看电视、健身锻炼和电脑上网成为居民选择最多的休闲活动。整体来看，居民更加偏好"静态"的休闲活动，然后依次是居家休闲活动、社交休闲活动、购物休闲活动和运动休闲活动。

第三部分为闲暇时间配置经济效应的"宏观议题"分析，包含第五章内容。闲暇时间配置在微观上是指闲暇时间在各种休闲活动上的支出分配模式，而宏观上的闲暇时间配置可以从假日结构的设置来研究。众所周知，现在国际上的假日数量由两部分构成，一是双休日，二是法定节假日。本部分就是从假日结构的设置出发，用国际面板经济数据来研究和论证不同假日制度安排对劳动生产率、经济增长和创新绩效等经济产出的影响。第五章利用国际面板经济数据就假日结构对经济增长、劳动生产率和创新绩效的影响表明，假日结构设置对国家经济效率的影响存在非线性关系：随着假日集中度的提高，经济效率呈现先上升、后下降的倒"U"形曲线。

第四部分为闲暇时间配置经济效应的"中观链条"分析，包含第六章和第七章内容。在闲暇时间配置作用于经济效率的过程中，需要在中观层面检验闲暇时间对劳动生产率的影响。与宏观层面闲暇时间作用于经济增长的影响不同，闲暇时间对劳动生产率的影响属于中微观层面的研究。也就是说，闲暇时间配置对劳动生产率的影响是其作用于经济增长的理论基础。为此，本部分从工作—生活均衡到闲暇时间数量，再到闲暇时间配置，层层深入，以链条式的分析范式详细验证了闲暇时间配置对劳动生产率的影响。其中，第六章为微观闲暇时间的实证分析，主要包含生活—工作均衡与劳动生产率和个体闲暇时间数量与劳动生产率的实证检验，在此基础上还进行了行业间最佳闲暇时间的异质性检验；第七章为闲暇时间配置与个体劳动生产率的关系研究。除此之外，本部分还进行了案例补充研究，主要包括实验研究设计、数据调查、数据分析和研究结论。

第八章为结论和建议。主要包括论文的主要结论、进一步讨论、政策建议和未来的研究不足与展望。

（四）创新之处

（1）闲暇时间配置对劳动生产率的影响机制研究属于闲暇经济领域的前沿问题，将闲暇时间配置纳入内生增长模型的分析框架，聚焦闲暇时间配置如何通过人力资本积累来提高劳动生产率的核心问题，是将旅游经济学带入主流经济学的研究视角创新，可能是本研究的最大创新之处。通过本研究的探索性分析，为全社会关注到休闲方式和休闲质量的重要性作出注解，为引导国民走向积极健康的生活方式提供政策依据，为政府和教育部门对休闲教育和休闲产业的发展提供对策建议。

（2）拓展了人力资本形成机制的研究范畴。对人力资本的形成机制进行梳理，将人力资本的内涵扩展至非认知能力领域，并且对闲暇时间对人力资本的认知能力、非认知能力和个体创造力（认知能力和非认知能力的交叉范畴）的影响机制进行综合分析，扩展了人力资本理论的研究范畴。

（3）区别于以往研究休闲活动选择对工作绩效的单变量（Single

Variable）分析方法，本书尝试采用最新的以人为导向（Person-Oriented Approach）的休闲行为模式综合分析法对个体闲暇时间配置对劳动生产率的影响进行研究。

（4）为了保证本书结论的稳健性，在实证分析之外，本书还采用现场研究（Field Research）作为案例分析。现场研究是一种更加真实、自然的收集数据的方法，它有别于实验室研究，是在实际的环境下综合运用观察、记录并结合访谈的研究方法。它的最大优势是数据的收集真实、自然，可以有效避免实验室中被试提供信息的失真和实验中对被试造成的心理干扰，而它的缺点是研究方法步骤复杂，准备周期长，且花费高。

（5）研究方法创新。本研究在利用宏、微观数据进行实证分析的基础上，采用现场研究和追踪调研的方法对研究结论和作用机制进行验证。除此之外，还采用对比研究的方法进一步识别不同群体的机制差异。

第一篇

闲暇时间经济效应分析的理论基础

第一章　理论溯源

　　闲暇时间配置与劳动生产率是休闲经济理论研究的前沿问题（Bloom
等，2018）。休闲经济理论属于经济学领域的新兴学科分支，且根植于内生
增长理论的研究框架，因此首先要关注内生增长理论，这是研究休闲经济的
理论基础。而在内生增长理论中，人力资本理论是休闲经济理论研究休闲效
应与经济效率、经济增长最为传统和成熟的路径之一（Becker，1962；李仲
广，2010；魏翔、庞世明，2012 等）。因而，研究人力资本理论的最新研究
进展以及闲暇时间对人力资本的影响成为本章研究闲暇时间配置与劳动生产
率的理论支撑和重要依据。最后，休闲经济理论的发展和时间配置理论在休
闲学中的应用为研究闲暇时间配置与劳动生产率之间的关系提供了直接理论
依据和重要的研究线索。遵循这一研究逻辑，本章分别从人力资本理论和休
闲经济理论进行文献综述。

第一节　人力资本理论

一　传统人力资本理论

　　自舒尔茨于 20 世纪 60 年代提出"人力资本"概念以来，以舒尔茨、
贝克尔和明塞尔为代表的经济学家为人力资本理论的形成和发展提供了坚实
的研究基础。人力资本理论极大推动了内生增长理论的发展，且成为经济增

长和收入分配领域研究的焦点问题。对于传统的人力资本构成，Schultz（1961）认为教育和培训是人力资本的组成要素，Becker（1964）也指出教育、培训和健康是衡量人力资本的重要维度。尽管人力资本的构成有很多形式，包括技术、能力、经验等，但教育、培训和健康被公认为是传统人力资本最重要的部分（Leslie，1987）。Schultz 和 Becker 的追随者们进一步将人力资本区分为"专才"和"通才"两个维度。特定的人力资本（"专才"）涉及对单个雇主或是某个企业极其重要的专业技术或是知识，而广泛的人力资本（"通才"，比如逻辑能力、人文素养等）对所有的雇主都有价值。受教育程度和经历属于"通才"方面的人力资本，而技能和培训属于"专才"方面的人力资本，"专才"方面人力资本要素的提高对工资的提高贡献率超过 52%（Christina 和 Uta，2010）。经济学家认为特定的、具体的"专才"人力资本是一种冒险：当某个公司倒闭或是行业萎缩时，具有特定人力资本的员工将不再具有价值。

二　人力资本理论面临的挑战

从传统人力资本构成的三要素来看，无论是教育、培训，还是健康，其体现的人力资本增长正在受到限制，而这些挑战主要来自两个方面：一是传统的人力资本理论对经济增长和劳动力市场上的收入配置缺乏有效解释能力（Phelps，1972）；二是人力资本的涵盖内容越来越多（李晓曼、曾湘泉，2012；Heckman 和 Rubinstein，2001；Heckman，Kautz，2013）。

首先，传统人力资本理论对微观经济现实的解释能力下降。传统人力资本理论强调智力资本和健康资本对个体工作绩效的影响，然而在劳动力市场，即使群体的工作效率相等，不同性别或种族员工的工资差异仍然存在（Lundberg 和 Startz，1983）。Phelps（1972）的研究进一步发现，具有相同教育水平、培训技能和工作经验的男女员工，男性工资要显著高于女性。Spence（1973）的"信号理论"认为由于信息不对称，雇主将应聘者的学历等教育背景当作员工能力的筛选信号，从而将他们的受教育程度仅作为筛选条件，而非工作中的真实生产效率。

其次，基于认知能力的人力资本内涵受到质疑。传统上，人力资本理论所包含的内容更多地偏重智力、技能等认知能力对个体能力的影响。越来越多的研究证明，相较于认知能力，性格、意志力、创新精神等非认知能力对劳动者的收入回报更为重要（Bowles 等，2001；Heckman 等，2006；Lindqvist 和 Vestman，2011；李晓曼、曾湘泉，2012；程飞，2013；郑加梅、卿石松，2016；程虹、李唐，2017 等）。美国 2012 年和 2013 年连续发布的两份研究报告显示，性格、意志力等因素是 21 世纪人才结构的重要组成部分，教育界要加强对青少年意志力等因素的培养（乐君杰、胡博文，2017）。Heckman 等（2006）和李晓曼、曾湘泉（2012）更是将认知能力和非认知能力并列作为个体核心能力构成的两个方面。人力资本理论的内涵得到了国内外学者的大力拓展。

最后，人力资本的衡量方法也正受到广泛批评。人力资本常用的测度方法有收入法、成本法和教育指标法。基于统计数据的可得性原则，教育指标法成为国内外学者普遍采用的衡量方法。然而，基于传统人力资本理论旨在提高国民受教育程度、提升劳动生产率和缩小贫富差距的政策努力常常并不奏效：如美国的经济数据表明，受教育程度的提高并没有带来生产效率、就业率和收入水平机会均等等方面的提高；我国改革开放之后相当一段时间内的数据也表明，陕西人口素质整体高于浙江而现实经济发展却严重落后于浙江（马红旗、王韧，2014）。基于对传统人力资本理论和实践的反思与批判，马红旗和王韧（2014）认为人力资本的形成分为潜在人力资本和真实人力资本两个阶段，依附于人身的受教育程度、努力等因素决定了人力资本的自然属性，是人力资本的潜在存量，而制度环境、经济载体是人力资本的社会属性，只有被赋予社会属性的潜在人力资本才能形成真实的人力资本水平。

三　人力资本理论的最新研究进展

传统人力资本理论遭遇的挑战并不意味着人力资本理论的失灵或过时，正是这些挑战和质疑促使我们对传统人力资本理论进行反思和重构，质疑中出现的新观点和新看法也正是对人力资本理论的重要补充。上述质疑和挑战推动了人力资本理论的发展，也为人力资本理论的拓展方向提供了有益思路。

第一，对非认知技能的重视和认可是人力资本理论的重要进展。除了教育、培训等认知能力以外，像性格、偏好等非认知能力对人力资本的影响受到重视，并且被列为人力资本的重要组成部分（李晓曼、曾湘泉，2012；Heckman 和 Kautz，2013）。Heckman 和 Rubinstein（2001）研究发现非认知能力对个人教育和工资具有重要影响，尤其是对低技能劳动者而言，非认知能力对于其工资和工作稳定性的影响显著超过认知能力。李晓曼和曾湘泉（2012）以能力（包括认知能力和非认知能力）为核心概念，构建了新人力资本理论。他们认为新人力资本由能力、技能以及健康组成。个体能力（包括认知能力和非认知能力）在基因禀赋、环境质量和早期干预的影响下在不同的工作和生活场合按照不同的权重发挥作用。

程飞（2013）认为应该从经济学、教育学和心理学的关联学科出发联合建立人力资本的研究框架，而非认知能力代表的非技术能力对个人收入影响是一个重要的解释变量。周金燕（2015）从有价值和可投资两个人力资本的基本特征出发，认为非认知能力具备的经济价值和投资特征是对人力资本内涵的重要扩展。郑加梅和卿石松（2016）进一步研究了非认知技能与性别工资差距的关系，研究表明非认知技能和心理特征引起的工资回报性别差距拓展了劳动力市场性别歧视的研究视野。程虹和李唐（2017）从人格经济学的视角出发，首次实证分析了非认知能力对劳动力工资的影响效应，结果表明，具有冒险精神和风险偏好的开放型人格特征可以显著提高员工的工资率。乐君杰和胡博文（2017）对认知能力和非认知能力对工资率的影响进行对比研究，发现非认知能力对工资的影响不亚于教育等认知能力。

第二，性格技能作为独立的要素被人力资本理论推动者所接受。Heckman 和 Kautz（2013）进一步指出性格是一种技能，而不是特性。性格技能是和知识、技艺、技能比肩的能力，后者是基于教育和知识等产生的技能，前者可以单独对人产生收益（Heckman 和 Kautz，2013），他们认为新人力资本由知识、技能、性格技能和健康组成。性格技能包括责任感、自尊、社交能力、自控、忠诚等，性格技能对教育成就、劳动力业绩、健康和犯罪率等的预测力较强（Heckman 和 Kautz，2012）。Heckman 还指出在任何年龄阶段，性格技能对任何任务都是稳定的，但在生命周期内，性格技能是可塑的。家庭、学校和社会环境可以塑造性格，早期的儿童教育对改善性格具有持续的成本效率（Heckman 和 Kautz，2013）。知识技能源于后天的教育和培训，而性格技能主要来自生活的涵养，即性格能力内生于生活内容和休闲行为（魏翔，2015）。Lleras（2008）在一项研究中，用体育参与率、学术俱乐部的参与率、艺术活动的参与率这些休闲行为来表征性格水平的高低，其研究发现，性格好的学生，未来的人生成就和认知水平显著高于性格差的学生。

第三，人力的异质性研究成为人力资本理论的一个重要分支。自人力资本理论兴起以来，人力的同质性假设成为新古典内生增长理论的研究前提。然而，舒尔茨却认为资本的同质性假设是理论研究的灾难。Schultz（1961）研究的专业化人力资本和 Romer（1990）所指出的知识资本都具有收益递增的资本特质。丁栋虹（2001）认为人力资本具有同质性和异质性两种形态，与同质性人力资本边际收益递减的特征相比，异质性人力资本表现出边际报酬递增的生产力属性；人力资本是依附于"人"的资本，因个人之间人力资本的配置类型和数量不同而决定了个体人力资本的异质性，也正是人力资本的异质性从根本上决定了个人的社会存在。任乐（2014）认为资本的异质性体现在其稀缺性，因此知识型、技能型、创新型和企业家型人力资本都属于高层次的异质性人力资本。Gathmann 和 Schönberg（2010）研究发现，人力资本的异质性和创新的复杂度正相关，且人力资本的异质性越高，其对企业的工作效率和创新绩效的影响也越显著。有研究表明，人力资本的异质性是通过知识创造的中介作用和对企业能力转换的调节作用显著地作用于企业创新绩效（胡凤玲、张敏，2014）。具有资本边际收益递减的同质性人力资本最终将抑制经济的增长，而稀缺性、强专业性、高度不可复制性与模仿性的知识和技能等异质性人力资本才是经济增长的源泉（丁栋虹，2001；陈秀山、张若，2006；李永周等，2015）。

第四，闲暇时间对人力资本的积极作用得到国内外学者的认可和重视。随着人力资本理论的进一步发展，闲暇时间对人力资本积累的作用得到越来越多国内外学者的普遍关注（魏翔，2018b；余长林，2006；Michael，2010）。杨丹（2003）认为人们在闲暇时间内可以通过增长知识、增加体力来提升人力资本，基于投资回报率的视角，年轻人倾向于知识投资，而老年人偏重健康投资。魏翔（2005）和余长林（2006）也从实证角度证实闲暇时间可以促进人力资本的提高，进而促进个人工作效率提升，从而正向作用于地区经济增长。Chen（2010）发现积极、健康的闲暇时间有益于经济的长期增长，其内在作用机理是休闲活动可以有效促进身体健康和提升教育效果。Michael（2010）在居民时间使用分配转移的书评中也提到，人们对休闲和旅游时间分配的增加对于社会产品和服务产出效率产生积极影响。

第五，人力资本积累是时间配置的结果。Arrow（1962）认为学习是经验的函数，技术进步、生产效率提高由工作经验获取，即劳动力质量（人力资本）的提高是通过工作中的"干中学"（Learning by Doing）效应获得。Lucas（1988）将人力资本积累纳入内生增长模型之中，他认为人力资本的积累是学校教育（Learning by Schooling）的结果，积累速度由投入教育上的时间所决定。在这一模型中，Lucas假设工作时间无益于人力资本积累。实际上，由"干中学"效应可知，工作时间也是人力资本积累的重要来源。因此，在之后的研究中，Lucas（1990）将人力资本的形成分为内在效应和外在效应两个部分：教育投入的时间可形成内在效应，而工作时间带来的"干中学"为人力资本形成的外在效应。随着经济社会逐渐进入以个性化生活为主的"后工业化社会"，工作—闲暇两分的处理方法被打破，非工作时间（闲暇时间）和非正式教育越来越成为重要的创新资源和人力资本来源。有学者将闲暇时间对人力资本的促进作用称为"闲中学"或"玩中学"（Learning by Playing）（魏翔、虞义华，2011）。因此，人力资本积累实际上是个人时间配置的结果：不同的时间配置（教育时间、工作时间、闲暇时间等）导致不同的人力资本水平和人力资本积累效率。

综上所述，与传统的人力资本理论相比，人力资本理论的最新进展尝试寻找被认为是人力资本形成"黑箱"的钥匙。性格、偏好等非认知能力首先进入经济学家的研究视野，因而非认知能力被认为是人力资本的重要组成部分；Heckman 和 Kautz（2013）进一步将性格技能作为单独内容纳入人力资本模型，性格技能在同一时期的稳定性和不同成长周期的可塑性为进一步探索性格技能来源提供可借鉴的思路，而人力资本异质性理论和时间配置理论为人力资本形成过程提供了依据。魏翔（2015）认为性格技能主要来自生活的涵养，即性格能力内生于生活内容和休闲行为，而时间配置成为测度个人生活内容和休闲行为的不二选择。正如胡适所说，一个人的前程往往全靠他怎样利用闲暇时间，闲暇定终生。因此，基于闲暇时间配置的人力资本理论成为学者探寻人力资本形成"黑箱"的重要内容。

第二节　休闲经济理论

最早对休闲经济进行研究的是美国的社会学家、经济学家和哲学家凡勃伦（Thorstein Veblen），其在 1899 年出版的《有闲阶级论》（*The Theory of the Leisure Class*）一书当中最先提到"休闲经济"现象，并将其纳入社会经济的分析框架之中，即有闲阶级和他们炫耀性的消费来自社会阶层分化和劳动力分工。有闲阶级处于社会的高层地位，他们的炫耀性消费和休闲经济活动是无助于社会进步的非生产实践，而中产阶级和工人阶级才是支撑整个社会工业化和生产性的商品与服务的生产者。由此可以看出，凡勃伦对"休闲经济"（Leisure Economies，亦被译为"闲暇经济"）持批判态度，认为其是无益于生产性活动的炫耀性消费。1899 年凡勃伦《有闲阶级论》的问世，拉开了西方研究休闲经济学的大幕。与凡勃伦的休闲无用论相比，Ladrón-De-Guevara 等（1997）和 Hek（1998）的闲暇效应论与 Psarianos（2007）的工作—休闲配置论则是从正面积极肯定了休闲经济在国民生产中的作用。

中国关于休闲经济的研究和关注则是从进入新千年之后才开始的，具有代表性的著名学者有于光远、马惠娣、王宁、王雅林和王琪延等。东西方对休闲经济的研究时间和关注重点存在较大差异，这主要是因为休闲经济的产生和发展往往具有深厚的社会背景：物质资本极大丰富、社会价值观的历史性转变。随着劳动生产率的不断提高，居民的物质生活水平和社会资本积累得到极大提升，人们的价值取向由不断追求经济增长的物质目标阶段转向以提高生活质量和精神满足为目标的追求"自由时间"阶段，社会价值观也完成了从物质成功到追求人全面而自由发展的彻底转变（王雅林，2000）。在时间配置上，闲暇时间也超过工作时间完成了"历史性逆转"：以劳动时间为轴心的社会时间结构转变为以劳动—休闲双轴运转的驱动机制，闲暇时间不再处于以劳动为轴心时间安排的从属地位，而成为人们日常生活中和工作时间同等重要的社会活动（王雅林，2000）。与此同时，经济休闲化趋势日益明显，休闲经济在国民消费中的地位不断攀升（王宁，2000）。自此，休闲经济成为经济学者研究国民经济运行的一项重要内容。

一 休闲经济理论研究回顾

（一）休闲与工作之间的选择

传统上认为休闲是不具经济价值的非生产性活动。因此，无论是在古典经济学还是新古典经济学的分析框架中，都认为资本 K 和劳动力 L 是最终产出的生产函数。在劳动力供给层面上休闲首次作为劳动的替代进入经济学家的研究视野，即研究个体在休闲和工作之间选择的劳动参与度问题（巴罗，马丁，2010）。Pigou（1920）和 Knight（1921）最先对休闲的需求进行分析，他们以休闲需求对工资率变动的反应来研究劳动力的供给问题。在古典经济增长模型中，劳动力供给是生产函数研究的重要议题。在 Pigou（1920）和 Knight（1921）的分析中，休闲仅仅作为工作的替代和工资率机会成本的简单消费品，在时间和收入的约束条件下，消费者根据效用函数、无差异曲线和时间预算线来确定最优的工作—闲暇时间安排（郭鲁芳，2004）。Buchanan（1994）也认为闲暇时间和经济增长有反比关系：当人们降低对休闲的偏好而更偏向努力工作时，则人们的工作时间增加、社会的劳动力供给水平上升，最终导致市场均衡数量增加和社会生产率上升。

（二）休闲效用函数

Linder（1970）从效应理论出发，利用数理经济模型对休闲进入效用函数进行探索性分析。结果表明，随着人们生活水平的日益提高，在边际递减效应的作用下，物质生活丰富程度增加带来的边际福利收益逐渐减小；在时间约束下，随着物质资料的不断丰富，个体对"自由时间"（闲暇时间）的追求和"自由时间"带来的福利收益的要求越来越高；当闲暇时间进入效用函数后，个体面临的效用函数和偏好参数变得复杂了：闲暇时间进入效用函数，带来正的效应；在劳动力供给层面上，闲暇时间增加将导致劳动力供给不足，从而在一定程度上阻碍经济增长。因而，个体偏好参数成为劳动力供给和福利效用函数最优选择的决定因素。

Hek（1998）构建了消费和休闲同时进入效用函数方程的最优增长模型，并分析了模型所展示的动态最优行为：如果效用函数中消费和休闲为替代关系，那么模型将得到多重稳态均衡。低收入水平意味着低消费水平，当消费和休闲相互替代时，这就意味着个体面临较高的休闲水平。结果，下一个周期的收入水平也将保持在较低水准。同样的道理，当收入水平较高时，下一个周期的收入也依然较高。这也是穷国低收入贫困陷阱存在的原因所在。如果消费和休闲为互补关系时，模型的解呈现非单调的、周期性特征。因为低收入水平意味着低消费，而在互补作用下，低消费则意味着更加努力的工作和更少的休闲。那么在下一个周期，个体将会在较高的收入水平之上。Hek（1998）的研究结果表明偏好参数是决定经济体收敛于稳态水平的关键变量。

（三）家庭生产函数

Becker（1965）是将时间配置引入家庭生产函数的先行者，以家庭内部决策的独特视角促进了家庭经济学的形成和发展。家庭作为一个整体，个体在工作、家务和闲暇之间的时间配置取决于其他家庭成员的时间利用。一般来讲，基于家庭内部的工资率比较优势，家务配置更偏向机会成本低的一方，而工资率较高的一方往往具有更多的闲暇时间。Gronau（1980）却认为工资率的变化会导致个体家庭生产时间和工作时间比的减少，而闲暇时间通常保持不变。有学者认为家庭行为的决策过程以收入和消费共享、家务分担和利他主义为原则,在家庭效用函数最大化的目标下,通过财富和时间的内部转移或交换达到家庭整体的帕累托最优(郭鲁芳,2004)。

在家庭内部的分工中,女性的工资水平决定了其在内部的议价能力。通常来讲,女性的工资率一般低于男性,造成女性的家务时间要多于男性,而男性的闲暇时间高于女性(Becker,1965)。因此,"女主内,男主外"的生活模式是家庭内部决策的最优配置。然而,随着女权主义的发展和女性劳动参与率的提高,女性工资率的上升并没有减少其在家务时间上的付出,特别是在性别角色理论的影响下,当男性的收入低于女性时,性别习俗就受到了挑战:此时,收入高的女性反而会承担更多家务,以免身份受到挑战的丈夫认为自己做了女性"该做"的事情(魏翔,2018a,2018b)。

二 休闲经济理论的研究进展

将休闲经济研究纳入新古典经济学或宏观经济的分析框架之中,是突破依附于家庭经济学和劳动经济学研究范式、建立成熟休闲经济学科的重要基础,也是研究休闲因素对经济变量作用机制的必然选择(郭鲁芳,2004)。在新古典经济增长理论当中,休闲一般被当作能增进个体正边际效用和带来福利的正常物品,其价格为个体的实际工资,且个人对休闲的需求通过工资率表现为函数关系(魏翔、孙迪庆,2008)。

(一)休闲纳入经济增长模型

Ortigueira(2000)将休闲纳入内生增长模型的分析框架之内,其认为个体时间可以分为工作时间、闲暇时间和受教育时间三个部分,受教育时间可以促进个体人力资本的积累,使个体在未来获得更高工资率的"延迟回报"。因此,时间配置是模型内生增长关键因素,长期经济增长率则取决于投入教育活动中的时间;当考虑闲暇时间后,内生增长模型可能存在唯一的、长期的均衡稳态增长路径,而且工作时间的转移动态、消费和其他经济变量也可能改变(魏翔、孙迪庆,2008)。Arrow(1962)的"干中学"模型将工作时间外部性考虑在内,Lucas(1988)的"校中学"人力资本积累模型将受教育时间的外部性纳入内生增长模型之中，而闲暇时间对要素禀赋和要素积累产生类似的作用过程被忽略了（魏翔、孙迪庆，2008）。Psarianos（2007）在 Lucas（1988）分析人力资本内生增长模型的基础上，进一步将工作时间和闲暇时间内生化，模型内生性处理了工作时间和闲暇时间之间的选择问题，而受教育时间由时间约束方程自行控制。研究发现，当个体将闲暇时间内生化后，稳态路径中的人均经济增长率降低了。这是因为个体愿意用更多的闲暇时间换取经济增长，从而使自己的福利最大化。这也意味着在不考虑休闲的内生增长模型中，经济增长率最优不等于个体福利最优，即个体人均收入和个体福利之间的关系并没有像我们假设中的那样稳固。对个体福利最优而言，个体在工作、休闲和受教育中的时间配置取决于个体偏好参数和物质资本的人均边际效率。

（二）休闲进入生产函数

休闲进入生产函数源自人们对休闲属性的重新认识。休闲不再单纯地作为消费活动，其本身的生产属性随着消费和生产的相互关系而得到重视认可。比尔·奎恩（2003）认为随着工作和休闲方式的改变，生产性休闲活动可以促使人们在消费的同时创造财富，当短期的消费思维模式转变到长远的生产性消费模式时，休闲的性质就改变了：一方面，消费者可以在消费的过程中学习生产性能力；另一方面，休闲活动带来的休闲消费又可以成为下一个生产活动周期的重要动力（李仲广，2010）。李仲广（2010）还认为由于休闲消费实际上具有某种生产性质，把它作为生产要素，并继续投入时间、物质和技术等生产资料，可以产出更为深层次和更加基本的物质，而这种物质可以使人们获得收益和效用。

由 Becker（1965）开创的休闲生产函数模型认为休闲者可以利用闲暇时间和其他元素投入形成人力资本，从而使其获得效用函数的最优选择。王琪延和叶婷（2005）也认为在自由支配时间内获得的恢复体力和自身的全面发展是人力资本等生产要素的增值和再生产过程。休闲进入生产函数的理论基础是休闲的生产属性、学习属性和创新属性被逐步纳入内生增长模型之中：休闲的生产属性主要是指家庭生产时间和对再生产的推动；学习属性则主要是指学习时间中产生的人力资本；创新属性则是指人在自由时间内对知识的创新和创造力促进（Becker，1965；Eicher 和 Turnovsky，1999；李仲广，2010；王雅林，2000）。

三 闲暇时间配置与经济效率

工作和休闲是生活中紧密相连的两个基本面，在闲暇时间内进行令人愉悦的休闲活动可以提高个体的健康状况和幸福感（Hilbrecht，2007；Zawadzki 等，2015）。在休闲研究领域，休闲活动对个体健康损害和工作压力的缓冲作用被称为"休闲应对"（leisure coping）（Iwasaki 和 Schneider，2003）。根据 Iwasaki 和 Mannell（2000）的研究，休闲可以通过两种主要途径来处理压力：一是休闲可以作为压力对健康损害的衰弱缓冲器，也可以称之为"休闲应对信念"，这种广泛的信念具备相当稳定的倾向；二是"休闲应对策略"可以被看作调解器。这些策略通过参与休闲活动来获得实际行为或认知，帮助人们应对压力并保持健康，休闲应对策略比休闲应对信念更具情境性和意向性（Bloom 等，2018）。

在工作和休闲平衡研究的文献中，有五种不同的模型来解释工作和休闲的关系：分割、溢出、补偿、助益和冲突（Guest，2002；Snir 和 Harpaz，2002；Bloom 等，2018）：分割模型假设工作和休闲是相互不影响的独立分割领域；溢出模型假定休闲和工作能相互正向或负向影响；补偿模型赋予工作或休闲的不足可以被另一面补充；助益模型假设一方面的活动可以促进（facilitate）另一方面活动的成功；冲突模型认为生活两个方面的需求将造成选择的困境和潜在的冲突（Zedeck 和 Mosier，1990）。诚然，工作压力与工作绩效降低的相关关系已经取得国内外学者的共识，但休闲活动与工作绩效促进的关系还远未取得决定性结论：如社会休闲活动、文化休闲活动和创造性休闲活动对工作绩效的影响在不同的实证检验中得到了模糊、不确定甚至是完全相反的研究结论（Bloom 等，2018）。其中，只有体育运动类休闲活动对减轻压力、促进健康和缓解抑郁症状的作用得到一致性的证据支持（Goodman 等，2016）。

Bloom 等（2018）对 831 名成年劳动力（working adults）的纵向休闲活动进行调研，运用以人为导向的潜在剖面分析法（Latent Profile Analysis, LPA）对休闲活动与恢复经验和工作绩效的关系进行实证研究。与以休闲活动变量为关注焦点的方法相比，以人为导向的研究方法把个体的所有休闲行为当作一个整体进行分析，然后分析个体的休闲行为模式对其他因变量的影响（Bergman 和 Lundh，2015）。Bloom 等（2018）整合工作心理学和休闲科学的理论观点，依靠以人为导向的研究方法为休闲行为和工作绩效之间的相互关系提供了新的观点，研究发现，①个体在一整年的时间内其个人对休闲行为的偏好是稳定不变的；②根据对休闲活动的参与类别和强度将个体的休闲行为划分为四种休闲模式，一是"社会运动型个体"（占总样本的46%，下同），其积极参与社会交往和体育运动类休闲活动，而很少参与文化和创造性休闲活动，二是"积极艺术型个体"（23%），其参与到各种休闲活动之中，尤其热衷于创造性活动，三是"社会文化惰性个体"（17%），其经常参与体育运动活动，却很少参加社会交往、文化娱乐和创造性的休闲活动，四是"消极孤独型个体"（14%），其花费很少的时间和精力在体育休闲活动上；③在上述四种休闲模式当中，"积极的艺术型个体"能够给个体带来最快的精力恢复和最优的工作表现；④积极的生活方式，如广泛地参与各种休闲活动，特别是积极参与创造性和体育运动类的休闲活动，在长期内有助于个体从工作压力中快速恢复精力，也可以长期促进个体高水平的工作表现。

与从心理学、休闲学和生理学的视角研究休闲活动与工作绩效之间的关系不同，魏翔和虞义华（2011）从经济学的分析框架出发，对休闲和经济产出的关系进行了探索性的理论分析。他们认为休闲对经济产出的影响，除了传统的替代效应以外，因休闲具备的学习属性、社会属性和生产属性，其能够给经济系统带来重要的互补效应。魏翔和庞世明（2012）认为休闲的互补效应包括三个方面。①"闲而优效应"。积极的休闲活动不仅可以带来健康的身体，还可以提高个体人力资本的积累，从而提高员工的工作表现。尤其是具有挑战性的休闲活动可以给个体带来认同和流畅（flow）的体验，在挖掘个人潜力的基础上，可以激发员工的创新精神，从而能更有效地提升劳动者的生产能力（Lu 和 Hu，2005）。②"闲中学效应"。Nyland（1989）认为工作时长减少带来的闲暇时间增加，有助于推动休闲文化大众化的普及，积极的休闲活动可以提高整体国民的精神文化和知识水平。因此，个体在闲暇时间内的学习活动可以通过"溢出效应"，促进整个社会的素质提升和技术效率的改进。③"等势效应"。闲暇时间内进行的家庭生产和家庭护理等活动，因其具备的一定的市场价值（货币和时间），使家务劳动"等势于"市场生产。这样，闲暇时间就如同物质资本要素一样，是生产活动的一种要素投入。因此，休闲的互补效应和替代效应一起综合作用于经济产出和经济效率。

从上面的文献综述可以看出，借助内生增长理论和人力资本理论，休闲经济研究者已经开始将休闲的替代效应、休闲效用函数和休闲对绩效的互补效应纳入宏观经济或新古典经济的增长框架之中（Pigou，1920；Knight，1921；Linder，1970；Buchanan，1994；Hek，1998；魏翔、虞义华，2011；魏翔、庞世明，2012 等）。从闲暇时间与人力资本的作用机制入手，研究闲暇时间与经济的作用关系，也取得了突破性的进展和研究成果（魏翔、庞世明，2012；余长林，2006；Psarianos，2007；Michael，2010 等）。进一步地，国内外最新的研究文献甚至开始对个体的休闲活动模式对工作绩效和工作激情的影响进行了探索性研究，其认为个体对休闲活动的模式选择和参与程度是正向作用于工作效率的关键因素（Leuty 等，2015；Bloom 等，2018；谢雅萍等，2018）。然而，前人学者并没有对闲暇时间的休闲活动选择与个体工作绩效的作用机制进行研究。在为数不多的探索性研究当中，缺乏深入研究闲暇时间内的休闲活动配置对个体劳动生产率影响机制的相关文献，而这正是本章的研究重点和价值所在。本研究将在第二章对闲暇时间配置对个体工作绩效的作用机制进行重点阐述，并在第三章的模型推导部分展开数理论证。

第二章 闲暇时间配置对劳动生产率的作用机制分析

第一节 闲暇时间配置

时间配置（Time Allocation）是从时间利用的角度来刻画描述个体日常行为和生活质量的一种衡量方式，也是社会经济运行状态和发展水平的一种微观映射。自 Becker（1965）首次将时间配置引入经济学的分析框架以来，时间配置理论正式进入经济学家的研究视野。从时间配置的角度来衡量居民的生活状态和生活质量，进而测算个体劳动生产效率和社会资源配置效率，成为经济学者连接宏观经济增长与微观现实基础的重要研究视角。因此，为了探求闲暇时间配置对劳动生产率的作用机制，需要首先对个体的闲暇时间配置进行界定和分类。

一 个体时间配置

个体时间配置大体上有两种划分方式。一种观点认为个人时间可以分为工作时间和其他活动时间（Becker，1965）。另一种观点将其他活动时间进一步细分，认为个人时间可以分为市场工作时间、非市场家务时间和闲暇时间三部分：市场工作时间是指为了获得工资性收入而付出的时间；非市场家务时间是指为了维持家庭正常生活进行的做饭、洗衣服、打扫房间和养育孩子等必要的非报酬活动；闲暇时间是指个体可自由支配的时间，包括运动、阅读、聚会、上网等休闲活动（Gronau，1980等）。尽管第二种观点获得了国内外学者的较大认同，然而在对个体时间的界定范围和具体构成的认知上仍存在某种程度的差异。

在对时间配置的具体构成上，国内外学者的认知也未能达到完全一致。多数学者认同将时间配置划分为市场工作时间、非市场家务时间和闲暇时间三部分（Gronau，1980）。魏翔和庞世明（2012）在研究闲暇效应对内生增长具有积极互补效应时着重强调受教育时间也是个体时间配置重要的一部分，认为个体全部时间应该分为工作时间、受教育时间和闲暇时间三部分；而Zhou等（2012）与前两者的观点有较大不同，其认为时间配置应分为维护活动时间（Maintenance Activity Time）、生存活动时间（Subsistence Activity Time）和休闲活动时间（Leisure Activity Time）三部分。其中，维护活动包括睡觉、洗漱、吃饭、喝水、个人护理、家务劳动等活动；生存活动包括工作和与工作相关的商务、应酬等活动；休闲活动包括为满足个人文化和精神需求而进行的一切个人的和社会交往的闲暇活动。

2009年，汤超义和陈启杰在《"新时间四分法"及其在闲暇经济理论中的应用》一文中对时间配置的划分方法进行总结和评价。他们认为工作时间和非工作时间的二分法在闲暇时间较少的工业化时代具有一定的价值，但是对于非工作时间的粗线条划分给研究非工作时间的影响带来较大阻碍；时间三分法的划分方式较多，有生理时间（维持生命生存的时间，如睡觉、吃饭、洗浴等时间）、劳动时间（为社会所尽的义务时间，如工作时间、家务时间等）和闲暇时间（可自由支配的满足自我享受、放松和发展的时间），还有市场工作时间、闲暇时间（包含生理时间）和家务时间，这种划分方法将家务时间从劳动时间或闲暇时间中剥离出来；基于时间三分法的不足，李仲广（2010）将时间划分为工作时间、生理时间、家务时间和闲暇时间四类，四分法的优势是将非劳动时间进一步细分为生理时间、闲暇时间和家务时间，对于研究家庭经济行为来说较为便利，而其不足是没有关注到闲暇时间中教育时间的重要性；卿前龙（2007）进一步将时间配置划分为工作时间、学习时间、生活必要时间、家务劳动时间和闲暇时间，其改进之处在于将学习时间和闲暇时间做了明确区分。汤超义和陈启杰（2009）在总结时间二分法、三分法、四分法和五分法的基础上，将时间配置划分为生存必要时间、家庭义务时间、社会义务时间和闲暇时间。他们认为生存必要时间是指为了维持生命正常运行所需要的时间，包括睡觉、吃饭、生殖、洗漱和排泄等，它具有刚性和稳定性，不随时代的变化而发生较大改变；社会义务时间包含市场工作时间和上下班通勤时间；家庭义务时间是指为了维持家庭的运转和健康而付出的时间，主要包括家务劳动、照顾儿童、老人和家庭相处时间；闲暇时间是指自己可以自由支配的、用于娱乐和休闲的余暇时间。

尽管国内外学者对时间配置的定义和划分不尽相同，但自工业革命以来，随着生产效率和劳动生产率的提高，工作时间减少、个人闲暇时间增多的趋势成为各国经济生活的发展事实。Zhou 等（2012）在比较中国、日本、美国和新西兰四国居民时间使用后发现，四国居民工作时间占全天时间的比例依次是 24%、20%、18% 和 16%，而其闲暇时间所占比例却高达 16%、22%、22% 和 19%，即除中国外，其他三国居民闲暇时间均已超过其工作时间。正如 Becker（1965）所指出的那样，非工作时间带给个人的经济福利已经超过工作时间，经济学者应该将更多的注意力和研究资源向非工作方面转移。

二 闲暇时间配置

闲暇时间是个人时间配置中非常重要且日益增加的一部分，个体闲暇时间配置可以在一定程度上反映其个人偏好、生活质量和精神状态，正如胡适在 1932 年北京大学毕业典礼上所说：一个人的前程往往看他如何利用闲暇时间。因此，闲暇时间配置和如何利用闲暇时间成为研究个体偏好、人物性格和工作绩效的重要视角。

（一）闲暇时间定义

由上文可知，由于学者们对时间配置的界定和具体构成并未达成一致，所以闲暇时间就有广义和狭义之分。广义闲暇时间观的代表学者是 Gronau（1980）、魏翔和庞世明（2012），他们认为闲暇时间包括从事旅游、休闲、文化交流等享受型闲暇时间（Recreation Time）和家务劳动时间（Home Production Time）。而狭义的闲暇时间一般是指与工作、家务不直接相关的时间密集型（Time-Intensive）活动所占用的时间（Becker，1965），然而像理发、洗澡等个人维护（Personal Care）活动虽然符合上述特征，但显然不属于闲暇时间。这一概念界定也被 Zhou 等（2012）所接受，他们称之为自由时间（Free Time）。

本研究对闲暇时间的界定沿用狭义闲暇时间的定义，即与工作和劳务等维持自身生存无关的、可以被个体任意支配的自由时间，亦可称为享受型闲暇时间。

（二）闲暇时间配置

Becker（1965）首次提出时间配置理论（A Theory of the Allocation of Time），将时间成本或机会成本（Becker 称之为"Forgone Earning Cost"）列入经济学分析的资源约束框架之内。他认为个人在日常活动选择中的时间配置不仅受到收入条件的约束，还受到时间资源的约束，即任何活动或商品都是物质资源和时间资源的共同产出。在此基础上，他提出了"全价格"（Full Price）概念：商品的价格是物质资源成本和时间成本的总和。Heckman（2014）认为时间配置理论为解释经济现象提供了更为全面的视角，也为深刻理解消费者选择的内在机制提出了令人信服的见解。受时间配置理论的影响，Lucas 和 Moll（2014）研究了知识增长与时间配置之间的关系，研究表明代理人的时间配置取决于其知识配置，个人时间在运用已经掌握的知识生产产品和与他人交流学习寻找新技能活动之间分配，时间配置和知识储备联合决定了经济产出水平和真实增长率。由此可见，时间配置无论是在消费者选择，还是在个人知识增长上都扮演着重要角色，时间配置已经成为学者研究、解释代理人日常行为和社会经济现象的重要视角。因此，在时间配置的视角下研究个人在闲暇时间中的活动选择，成为人们观察个体日常踪迹、了解个人偏好和生活质量的直接证据，也成为人们从侧面了解个体性格、精神风貌和工作状态的有效维度。

在狭义闲暇时间的界定之下，休闲活动的范围包括旅游、市民休闲、宗教文化参与、阅读、艺术欣赏、社交娱乐、运动锻炼、个人爱好和看电视、上网等休闲娱乐活动。基于时间配置理论，闲暇时间配置所研究的对象就是个体在闲暇时间内在各种休闲活动中的时间分配模式。

（三）闲暇时间内的活动选择

如上文所述，本研究对闲暇时间的界定沿用狭义闲暇时间的定义，即与工作和劳务等维持自身生存无关的、可以被个体任意支配的自由时间。因而，闲暇时间内的休闲活动选择成为闲暇时间配置的主要研究内容。一般来讲，休闲活动的选择范围包括旅游、市民休闲、宗教文化参与、阅读、社交娱乐、艺术欣赏、运动锻炼、个人爱好和看电视、上网等娱乐活动。

在对闲暇时间内休闲活动选择的类别上，美国著名的休闲学家纳什已经做过详细说明。他将休闲活动划分为六大类别，从低到高依次是：以危害社会和他人为代表的反社会型休闲活动；以吸毒、嫖娼、沉迷自我等为代表的放纵自我的伤害型休闲活动；以摆脱单调生活、消磨时间为代表的解闷型休闲活动；以欣赏、审美为代表的情感投入型休闲活动；以追随他人为代表的积极参与型休闲活动和以发明创造为代表的创造型休闲活动。王鹏飞和魏翔（2015）认为中国居民深受儒家和道家文化的影响，因此更加偏爱静态的休闲活动，对动态的体育活动等类型重视不够。在借鉴国外休闲活动研究分类的基础上，魏翔、王鹏飞和阮英花（2014）将休闲活动分为五个类别：消极休闲活动（看电视、上网）、居家休闲活动（阅读、居家休息和棋牌娱乐）、运动休闲活动（健身锻炼）、社交休闲活动（社交赴宴和看电影戏剧、唱歌等文化娱乐）和购物活动。

上述闲暇时间内的休闲活动分类都是基于单变量休闲活动的分类方法，也是目前国内外学者研究居民休闲行为最为广泛使用的方法

（Bergman & Lundh，2015）。然而，个体的休闲行为是随机和动态改变的，会随着时间的不同而出现差异。在研究个体休闲活动偏爱与工作绩效时，Bloom 等（2018）发现除了体育运动型休闲活动可以减轻工作压力、提高幸福感得到一致性认可以外，其他社会交往型、文化审美型或创造型休闲活动对工作绩效的影响因样本的不同而出现截然相反的结论。为了克服单变量休闲活动不稳定的缺陷，有研究学者采用潜在剖面分析方法，放弃以休闲活动变量为分析核心的传统，而是采用以人为中心的分析导向，对个体的休闲行为模式进行联合分析。Leuty 等（2015）是首次采用潜在剖面分析方法对个体休闲行为进行分析的学者，他们将休闲兴趣分为社交型、竞争型、商务型、艺术型、追求休闲型、狂热型和平均型等七种休闲爱好模式。Bloom 等（2018）采用同样的方法，对工作人员的个体进行追踪分析，将休闲行为分为社会运动型、积极艺术型、社会文化型和消极孤独型四种休闲模式。

第二节　人力资本的形成机制分析

一　传统人力资本的形成机制

从人力资本理论的产生和发展过程中可以发现，学校教育、在职培训和健康是传统人力资本形成的最重要维度和投资方向，因而研究受教育程度、培训和健康对个体或组群收入差距的影响也成为先前国内外学者研究人力资本与经济发展关系的重要问题。

（一）学校教育

这里的教育一般是指个体在学校接受的正规教育。从教育维度出发论证人力资本对经济增长或收入水平的提升作用是国内外学者最常用的实证分析途径，受教育年限甚至成为学者衡量某地区人力资本质量的代理变量和代名词。Romer（1990）构建了一个技术进步推动的增长模型，知识技术作为一种要素投入，最大的特色在于它既不属于传统商品，也不是公共物品——它属于非竞争的部分排他商品。论文指出人力资本存量决定增长率，拥有巨大的人口不是产生增长的充分条件。这个分析也告诉我们为什么人口不是市场规模恰当的代理变量，为什么像中国和印度这样的人口规模大国也依然需要和其他国家开展贸易。增长率随着人力资本存量增加而增长，但是它不取决于劳动力规模或总人口；在一个有限的案例中那些也许在历史分析或贫穷的国家中会存在关系，但是如果人力资本太低，增长也许就不会发生（Romer，1990）。Lucas（1988）从时间配置的角度出发，认为经济增长由人力资本的积累速度决定，而人力资本的积累速度由投入教育活动的时间所决定。陈钊和陆铭（2002）认为，当国家大力发展初、中等教育就可能在发展经济的同时也缩小收入水平差距，而且个体间收入水平的差距缩小又会进一步有益于人力资本积累，并最终促进经济增长。然而，由于教育成本的存在，收入差距不利于底层人民人力资本的积累，特别是高等教育的投入并不能有效地降低中西部地区的收入差距和促进经济增长。因此，在发展中国家的发展过程中，政府应该大力发展全民教育（中小学教育），重点提高内陆和农村地区的受教育水平（陈钊、陆铭，2002）。刘海英和赵英才（2005）在研究经济系统内部人力资本的均衡选择时也发现，以"精英教育"为主流的高等教育属于人力资本投资的"非均衡选择"，这种人力资本提高方式的效率较低，且有进一步扩大收入差距、增加社会不稳定的风险。因此，中国现阶段的教育政策应该是将受教育机会向中下层或较低层的人力资本拥有者倾斜，以实现人力资本的"均衡选择"。

（二）在职培训

培训对人力资本的作用往往因为忽略生产过程对工作效率的影响而不被规范的经济学分析方法所重视。贝克尔（2007）认为工作中劳动者通过不断掌握新技术和完善原有的技术来提高生产率是需要成本的，这些成本包括受训方付出的时间、精力和培训方付出的人力、物力和财力。贝克尔（2007）首次通过建立在职培训的投资均衡模型来分析培训的投资和收益，并详细介绍讨论了一般性培训和专业培训两种模式：一般性培训是指对所有公司或企业都有相同作用的技能培训，这属于人力资本的"通用技能"，由于受过一般性培训的员工更容易被竞争对手挖走，因此，处于完全竞争性的企业都不愿意为员工提供一般性培训；专业培训是指对受训人所在的企业以外的企业生产率没有任何影响的培训，这通常属于人力资本的"专用技能"，企业通常需要花费巨大的人力、物力来给新雇员提供专业培训。因为人力资本的产权与所有者之间的不可分割属性，企业作为投资方对员工的所有在职培训投资所形成的人力资本都属于被培训员工（朱方伟、王国红、武春友，2003）。雅各布·明塞尔（2001）认为在职培训和职业学习将会贯穿整个工作年龄周期，其在1962年的文章中推算出在职培训投资是美国1939年、1949年和1958年总人力资本投资中一个十分巨大的构成部分，它约等于总教育成本的1/2以上。

除了有益于人力资本的积累，在知识经济时代，对于一些正在转型的经济体而言，员工在职培训对创新绩效的影响甚至超过正规的高等教育，因为对人力资本的投资并不能直接产生技术进步与创新，企业员工的吸收和转化能力才是促进企业技术创新的核心（王万珺等，2015）。因而，对在职员工的培训可以促进对新知识的获取和消化能力，有研究表明：具备完善的学徒培训机制的国家往往具备更高的创新效率，如瑞士和德国；在职培训对中低层人力资本的累积更为重要，因为他们接受正规教育的时间和机会较少。以农村地区的人力资本积累为例，薛国琴（2010）研究发现，在经济发达的浙江地区，农村人力资本主要由专业知识和技能培训、在岗培训等在职培训构成；夏怡然（2015）发现来自中东部的农民工具有更高的培训需求，且对流入地的农民工而言，在职培训是提高他们技能水平和工资收入的主要途径。

（三）健康

作为人力资本的第三个形成来源，员工的健康状况一直被很多学者的研究所忽视。虽然教育、在职培训、技能和健康都可以促进生产效率的提高，但只有健康存量可以决定个体投入劳务市场和非劳务市场的时间（朱玲，2002）。有别于物质资本的独立存在属性，人力资本是紧密依托于个体而存在的资本，因而，健康是决定个体人力资本发挥效应的关键元素。个体的健康状况取决于遗传的初始存量、随年龄增长的不断折旧和加大健康方面投资的增值（Grossman 等，1999）。然而由于医疗、保健支出等健康投资的数据不全和个体健康的不确定性与难于测量等特性的存在，这一维度的人力资本研究较为稀缺（徐倩、谢勇，2004）。徐倩和谢勇（2004）对健康和教育投资的特性进行了对比，发现教育主要提高个体人力资本的质量，而健康不仅可以提高人力资本的质量，还可以促进人力资本数量的提升。

杨建芳、龚六堂和张庆华（2006）创建了一个包含教育和健康投入的内生增长模型，以揭示人力资本的形成。他们发现健康对经济的影响既包括直接影响，也包括间接影响。直接影响表现在健康可以提高劳动者的质量和提供的劳动力数量；间接影响表现在其可以通过影响其他人力资本的构成要素而对经济产生影响：一是良好的健康状态可以提高个体的学习效率，提高教育回报率；二是个体的健康状态会影响个体在教育投资上的行为决策。通过构建包含教育和健康投入的内生增长模型与模拟数据发现，健康对经济增长的贡献率为 4.6%。罗凯（2006）运用第三次人口普查的数据和省级社会经济指标数据发现，健康人力资本对经济增长具有显著的正向作用，人均寿命每增长 1 岁，GDP 可以提高 1.06% ~ 1.22%。为了进一步衡量健康人力资本投资和健康投资对经济增长的影响，王弟海、龚六堂和李宏毅（2008）在阿罗—罗默生产函数的效用模型中分析了健康人力资本积累对经济增长的影响，结果表明：健康人力资本增长率与经济增长正向相关，而由于对物质资本积累的挤占，健康投资对经济的影响将对物质资本积累的方式产生影响。在对健康人力资本的形成上，王弟海（2012）分析了食物消费和营养对健康人力资本的作用，由于福格尔型健康人力资本存在多重均衡，因而在经济发展过程中，富国可以达到高资本、高健康和高消费水平均衡，而穷国则是低资本存量、低健康和低消费水平均衡。

二 非认知能力对人力资本形成机制的影响

（一）非认知能力与人格特征

自 20 世纪著名的心理学家 Carl Gustav 将人分为内向和外向（introversion & extroversion）型性格以来，个体的性格问题就引起了学者的关注。非认知能力（Noncognitive skills）的表述最早来自经济学家的研究工作（Heckman，Rubinstein，2001），它是指除了智力因素以外的影响个人成就的因素，包含了人格特征（personality traits）概念，是一种对多任务的反应模式和处理方式。一般来讲，非认知能力的概念要大于人格特征，因为人格特征主要以衡量人的性格为重点，而非认知能力则是涵盖了人格特征、动机、偏好等诸多心理特征，因人格特征和认知能力相互影响，所以用人格特征来作为认知能力的相对面进行考察更为适合（李涛、张文韬，2015）。结合 Heckman 等（2001，2006，2011）就非认知能力对经济行为的研究和国际上对于非认知能力和人格特征的测量（一般用大五人格量表：严谨性、外向性、顺同性、神经质和开放性），本章沿用 Borghans 等（2008）的做法，将非认知能力和人格特征等同对待，都是除了纯智力因素等认知能力以外的衡量个体心理特征的概念。我国学者燕国材（1994）也曾经对"非智力因素"做过类似的定义：非智力因素是指个体在行为模式时表现出的意志力、勇气、自信及道德修养等良好的心理特质。

（二）非认知能力对人力资本形成机制的影响

非认知能力对人力资本形成机制的影响仍处于探索阶段，但关于非认知能力或人格特征对工作绩效影响的研究已经相对较为充分，本部分尝试在总结非认知能力对个体工作绩效影响机制的基础上，探索非认知能力与人力资本之间形成机制的内在联系。

1. 非认知能力与工作绩效

1929 年，Mthethwa 和 Yu（1929）曾在"The Power of Personality"一文中指出性格是一种特殊的精神能力，它可以使人具有特殊的演讲能力和幽默感，一个人具备良好的性格可以产生最好的工作效果。不过，在文中他们认为良好的性格是不可以通过后天努力所培养和获取，即性格是不可以被寻求（seeking）的，因为它们是天生的（inborn）。当控制住受教育水平、技能和健康情况等显性人力资本因素时，个体的组群工资差异仍然存在（Borghans 等，2008）。随着经济学家 Heckman 和 Rubinstein（2001）对非认知能力的关注，特别是行为经济学和人格经济学的研究兴起，非认知能力对预期、时间偏好、闲暇偏好等心理特征偏好参数的影响成为近年来经济学家的研究热点，国内外学者尝试将人格特征引入经济学的分析框架，以考察非认知能力对绩效的影响机制。

Almlund 等（2011）运用心理学中的分析方法，认为人格特征中的积极乐观和事业心等因素都会积极作用于劳动生产率和工作收入。Borghans 等（2008）认为良好的性格可以促使个体扩大资产和技能的预算约束，乐观情绪的积极预期以及焦躁、紧张性格造成的过度担忧都会对劳动生产力、绩效和经济决策造成影响。李涛和张文韬（2015）通过对国内外相关文献的梳理发现，外向型的个体更具领导力和亲和力，能获得更多的资源，因而更适合人际关系交往；神经质的个体容易焦虑和情绪化，其抗压能力差，因而不太适合高压、紧张和复杂的工作环境；严谨性个体因其具备努力工作、有计划、耐心等品质，因而具备更良好的工作表现；开放性一方面意味着富有创新精神，有益于工作绩效，另一方面敢于突破企业规章制度的束缚，也有对企业不利的一面。Heckman 等（2006）对非认知能力对工作绩效的影响机制进行研究，通过建立非认知能力和人格特征的影响模型，结果表明，人格特征不仅可以直接影响劳动生产率，而且还可以通过影响教育决策来间接影响个体工作效率，甚至当认知能力水平相等时，非认知能力的差异依然可以影响个体收入。

国外的研究显示，作为认知能力的 IQ 仅能解释个体差异的 16%，而作为个体的人格特征对个体间差异率的解释可以达到 12%；当以劳动生产率为分析对象时，受教育程度或 IQ 水平仅能解决个体绩效的 55%，而员工人格特征差异对工作绩效解释力却可以达到 40%（程虹、李唐，2017）。程飞（2013）在对非认知能力对个体工资影响的文献评述时指出，以人格特征为代表的非认知能力与 IQ 测试结果关系微弱，但其个体性格、社会性技能和自我约束能力等特征对个体成年后的经济收入水平和劳动力市场绩效影响显著。

在劳动力就业市场，雇主对非认知能力的认可和重视已经超过对员工技能水平的关注：美国人口调查局和英国的相关部门通过对近 3000 名雇主的调查发现，应聘者的态度和沟通能力、人格特征和动机等非认知能力受到的关注度高达 62%（乐君杰、胡博文，2017）。鉴于国内外学者对于非认知能力对个体工作绩效、劳动收入水平和工作就业的重要影响的研究，乐君杰和胡博文（2017）的研究表明，非认知能力对中国非农劳动者工资的影响已经接近人力资本的传统代理变量受教育水平，对工资差距的解释力度甚至已经超过受教育年限。因而，他们建议政府和教育部门应该尽快摒弃以认知能力为考核核心的培养模型，加大对学生非认知能力的重视和投入力度，从而使学生更加全面地成长、拥有更加长久和持续的竞争力；有关企业的在职培训也应该对个体的性格特征等非技能因素重视起来。

2. 非认知能力与人力资本

传统上，我们认为受教育程度、在职培训和健康等显性人力资本要素对市场劳动力工资水平具有重大的影响作用，而人格特征等心理因素对个体工资水平的影响也已经成为劳动经济学领域一个新的研究趋势（李涛、张文韬，2015）。特别是随着人格经济学成为劳动经济学的研究热点，人格特征成为体现员工工作表现和技能水平的重要因素，非认知能力（non-cognitive skills）成为人力资本的重要组成部分越来越被国内外学者所接受（Heckman，2000；Bowles 等，2001；程虹、李唐，2017）。

（1）通过影响认知能力间接影响人力资本

教育、部门培训等人力资本都属于认知能力范畴，非认知能力对人力资本的影响机制之一是通过对认知能力的作用而实现的。非认知能力与认知能力之间的关系既体现出相对的独立性，也存在一定的关联性。比如，认知能力的发展也会受到好奇心、创造力等人格特征的影响（李涛、张文韬，2015）。Borghans 等（2008）对性格、偏好等非认知能力与认知能力的影响进行研究，发现非认知能力中的动机、好奇心、恐惧失败等对智力具有正向影响。当学业成绩（认知能力）代表教育水平时，大量的心理学实证分析表明，人格特征对学业成绩具有重要影响（李涛、张文韬，2015）。具有严谨性人格特征的个体往往更具有事业心、责任感和自律性，因而学习成绩会高于平均水平；高度的自律性对班级成绩差异的解释力比智商的差距更为有效；当保持智商和平均成绩不变时，严谨性对成绩的影响依然存在（Duckworth，Seligman，2005）。除此之外，自律性的人格特征也可以对学术不诚信产生显著的抑制作用（Giluk，Postlethwaite，2015）。Richardson 和 Abraham（2009）对严谨性作用于教育机制进行了进一步研究和阐述，其研究表明，具备严谨性的个体不仅会影响学习动机的生成，也会影响学习动机的转化效率。

程虹和李唐（2017）通过总结国内外的相关文献发现，以人格特征为代表的非认知能力不仅仅是一种心理特质，更是一种个体人力资本积累的重要技能；非认知能力可以影响受教育程度、技能培训水平和健康状况等显性认知能力的绩效水平，积极的人格特征通过推动认知能力的有效积累进而作用于劳动生产力和工资水平。郑加梅和卿石松（2016）在研究非认知技能与性别工资差距时发现，非认知技能对教育获得和职业选择的影响是作用于劳动力工资水平的重要机制，这印证了 Heckman 等（2006）的研究：具备较低非认知技能的高中辍学者，即使通过 GED 考试，其工作水平依然低于认知能力近似的高中毕业生。Heckman 等（2010）认为非认知能力可以影响个体对教育获得的选择层次，从而进一步提升受教育水平。不仅如此，非认知能力还可以通过人格特征间接降低失业概率和缩短失业时间。

非认知能力对人力资本的间接促进作用是通过作用于教育、培训等人力资本显性因素而实现的，具备良好的人格特征和坚强意志力、富有勇气和创新精神的个体具有更快的学习能力和筛选信息的能力，进而促使个体在劳动力市场上具有更好的表现和工作绩效。

（2）直接作用于人力资本

人格特征不仅仅是一种心理因素，还是一项重要的技能，与受教育水平或培训等认知能力一样的技能因素，因而非认知能力是可以通过投资、早期干预等方式实现改进，从而最终实现对劳动生产率的影响（Kautz 等，2014）。Thiel 和 Thomsen（2013）进一步指出，当把非认知能力从心理学应用到经济学领域后，非认知能力就被学者认为是人力资本的重要决定因素，因而其和认知能力被当作人力资本的两个重要组成部分。

随着非认知能力对个体工作绩效和工资水平的影响被国内外学者不断认可，非认知能力作为一个独立的影响因素直接作用于人力资本也已进入国内外学者的研究视野。最早关注这一研究领域的是 Heckman，鉴于传统人力资本的缺陷和解释力不足，Heckman 等（2006）提出了构建新人力资本理论框架的构想。他们认为应该以能力为核心来构建个体的人力资本框架，能力可以分为认知能力和非认知能力，并且着重强调了非认知能力独立于认知能力的影响机制。国内学者李晓曼和曾湘泉（2012）对新人力资本理论的构建做过最早的探索性研究，他们建议应该克服以往以教育为核心的人力资本理论观，把能力（包含认知能力和非认知能力）作为新人力资本的核心概念进行构架。他们的研究受到 Heckman 等（2006）和 Heckman 等（2011）的启发，加之非认知能力在心理学上的有效测量使大量的经验研究得以证实，非认知能力对个体工资、工作绩效和职业选择的影响超过认知能力的结论也得到国内外学者的广泛认可。因此，在大量的国内外实证分析的基础上，李晓曼和曾湘泉（2012）认为以能力为核心的新人力资本理论已经成熟，他们打开了被认为是"黑箱"的能力形成过程，构建了一个多维的新人力资本理论构架，具体如图 2-1 所示。

从图 2-1 可以看出，李晓曼和曾湘泉（2012）构建的新人力资本内涵以"能力"为核心，包括能力（包含认知能力和非认知能力）、技能要素（包括正式教育和在职培训）以及健康（心理健康和身体健康）。而传统的人力资本以教育、培训和健康等显性认知能力为核心。他们构建的新人力资本理论的形成机制不仅受到个人因素的制约，还与环境质量和早期干预等外在因素有关。马红旗和王韧（2014）对人力资本形成机制的研究进一步肯

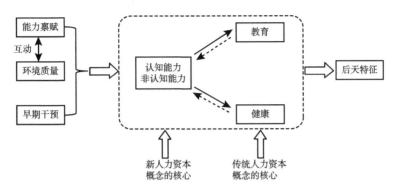

图2-1 新人力资本理论形成框架

定了这一观点：教育、培训和健康等人力资本影响因素决定了人力资本的潜在存量，而真正人力资本的形成还与个体所处的制度环境、激励措施和经济承载力等因素有关。

周金燕（2015）从非认知能力的经济价值和投资角度对人力资本的内涵进行扩展，在突破传统"瓦尔拉斯模型"假设的情景下，将非认知能力对人力资本的作用纳入模型。传统的"瓦尔拉斯模型"假设经济是均衡发展的，且个体完全合同，那么对教育、培训和健康的投资活动及其未来的收益进行比较，就是个体人力资本的价值。传统的人力资本构建思路是围绕投资和收益展开的（贝克尔，2007；明塞尔，2001等），因此围绕投资和收益这两个维度对"能力"的形成进行探索，非认知能力对人力资本的重要性在21世纪初得到了学者的关注和认可（Heckman，2000；Bowles等，2001）。然而，当放宽"瓦尔拉斯模型"的两个假设时，即经济为非平衡增长（熊彼特收入决定模型，Schumpeterian Model）和不完全合同（科斯收入决定模型，Coasean Model），个体提供的人力资本价值不仅体现在提供的生产技能水平和劳动市场，还与员工的努力程度（$0<e<1$）有关（Bowles等，2001）。一旦放宽了"瓦尔拉斯模型"假设，个体拥有的与技能水平无关的非认知能力特征对收入的解释作用就体现出来。周金燕（2015）认为人力资本的价值是通过投资在个体身上的知识、技术和特征带来的收益而体现

的，因而通过投入能带来收益的认知能力和非认知能力都是凝聚在劳动力个体身上人力资本的体现，具体如图 2-2 所示。

图 2-2　扩展人力资本模型分析框架

三　研究小结

工作时间减少带来的闲暇时间增加将显著提高居民幸福感，而得益于休闲活动的增加，全社会的文化交流和修养水平也得到了显著提高（魏翔、虞义华，2011）。在自由的休闲活动当中，个体通过充分放松自己的精神和情绪，可以有效缓解紧张工作带来的焦虑和压迫感，进而提高个体的幸福获得感。心理学家进一步认为休闲活动还能给自身带来积极的心理状态（Postive Mode），使个体可以更加快乐地工作和生活，减少负面情绪带来的资源损耗，进而促进社会整体效率的提升（魏翔、陈倩，2012）。Lu 和 Hu（2005）也认为参与更具挑战性的休闲活动（如挑战类体育运动）可以有效提高市场劳动力的资本产出效率。

Gunter（1987）在 1979 年调研休闲活动体验性质的基础上进一步研究了休闲体验的最初参与动机和原始体验感，认为个体在闲暇时间中的休闲活动可以促使其完全沉浸在高投入的自足感当中，特别是积极健康的运动类休闲活动有助于创造性和探索感的产生。魏翔和虞义华（2011）进一步指出，带有冒险性和挑战性休闲活动产生的"流畅"（Flow）感觉有助于挖掘个人潜能，进而提高个体在工作中的创新精神。美国心理学家马斯洛的高峰体验理论（Peak Experience）可以很好地解释这一现象：因为积极参与体育运动或高挑战性的休闲活动可以最大限度地摆脱焦虑、疑虑和畏惧，促使个体在行动上更加自然、坦率、简单和天真，从而拥有格式塔心理学派所述的那种特殊的创造性。

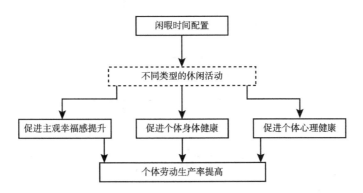

图 2-3 短期内闲暇时间作用于劳动生产率机制

在长期内，除了促进教育、培训等认知能力的提升以外，闲暇时间对非认知能力的影响也得到国内外学者的认可。特别是行为经济学、人格经济学等交叉学科的发展，加之心理学和管理学关于人格、个体创造力等方面的研究给经济学者带来了较大启示。以闲暇时间对个体创造力为例，管理学家主要从组织环境、领导风格、团队氛围、网络组织、员工授权和工作—闲暇平衡等多个视角来研究其对员工创造力和创新行为的影响绩效；心理学家则是从情绪、耐心、性格等非认知因素和人格特征方面对个体创造力的差异进行研究。因为闲暇时间内的休闲活动选择是仅为了满足自己所需而进行的个性化、反映其个人偏好和性格特征的时间安排，所以闲暇时间配置成为管理学和心理学研究个体创造力和创新行为的交叉领域。由此可见，闲暇时间以及体现个体人格、性格特征的休闲活动是能对个体创造力产生影响的重要因素。从人力资本的视角来看，人力资本积累是时间配置的结果，受教育时间、工作时间和培训时间是人力资本积累的重要内容，而闲暇时间内从事积极休闲活动的个体也可以通过直接或间接形式对人力资本的认知能力和非认知能力产生效用，从而具备更高的劳动生产率。

基于闲暇时间配置对认知能力、非认知能力以及认知能力与非认知能力的交叉领域——创造力的作用机制，结合人力资本理论的最新研究进展，本部分将闲暇时间配置通过影响人力资本进而最终作用于个体劳动生产率的作用机制总结如图 2-4 所示。

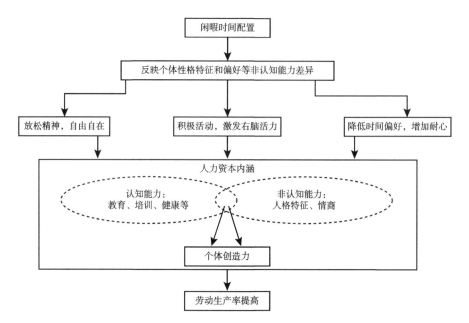

图 2-4　长期内闲暇时间作用于劳动生产率机制

第三章 纳入闲暇时间配置的
理论模型构建

　　本部分为闲暇时间对经济产出的数理模型构建。闲暇时间配置与劳动生产率是休闲经济理论研究的前沿问题，属于经济学领域的新兴学科分支，其根植于内生增长理论的研究框架。在内生增长理论中，人力资本理论是休闲经济理论研究休闲效应与经济效率、经济增长最为传统和成熟的路径之一。因此，为了构建闲暇时间对经济产出的数理模型，首先要对含有人力资本的经典内生增长模型进行研究和评价，这是研究休闲经济的理论基础；其次，对现有纳入闲暇效应的内生增长模型进行评价，这是构建和改进闲暇时间对经济产出模型的直接基础和依据所在；最后为本章的模型构建，包含理论假设、基本模型、稳态均衡和模型讨论四部分内容。

第一节 含有人力资本的内生增长模型评价

　　将人力资本纳入新古典经济学分析框架是 20 世纪八九十年代内生增长理论的重要进展，在众多研究人力资本理论的增长模型当中，主要可以分为两种观点：一种是以罗默为代表的人力资本存量论，认为人力资本存量是推动经济增长的主要动力（Nelson 和 Phelps，1966；Romer，1986；Romer，1990）；另一种是人力资本增量论，认为人力资本的累积速度是经济增长的主要推动力量（Lucas，1988）。本节就选取 Romer（1990）和 Lucas（1988）

的文章作为两种观点的代表文献进行介绍和评析，从而为本研究提供理论基础和改进方向。

一　Romer（1990）内生增长模型评析

（一）与前人不同的研究假设

在文章的研究假设当中，将知识作为非竞争性产品进入模型，即一旦新的知识或技术被创造出来，它可以被重复地、无成本地利用。这个假设使我们可以讨论知识溢出效应的非完全排他性，而知识的无限增长和非完全专属两种属性被认为是经济增长理论的重要基础。如果非竞争性的投入具有生产价值，那么产出将不再是投入的规模报酬不变函数，生产函数将成为规模报酬递增。该文的基础模型是建立在 Dixit 和 Stiglitz（1977）消费品垄断竞争模型的基础之上，扩展了 Ethier（1982）生产函数的不同投入品模型。除此之外，与 Romer（1986）的文章强调人口规模相比，本章的不同之处在于强调总人力资本在增长过程中的重要性。

（二）模型描述

Romer（1990）的内生增长模型为三部门、四要素基础模型。四类基本投入要素为物质资本（K）、劳动力（L）、人力资本（H）和技术进步（A）。需要特别指出的是，文章的模型将知识区分为竞争部分（人力资本，H）和非竞争部分（技术进步，A）。人力资本的代理变量为受教育或培训的年限，技术进步则用新产品或设计的数量来代理。三个部门分别为：①研究部门，利用人力资本和存在的知识存量生产新知识；②中间品部门，用研究部门的设计和以往的产出来生产可以被最终产品部门随时使用的耐用品；③最终部门，利用劳动力、人力资本和可利用的中间耐用品来生产最终产品。

为了简化分析过程，文章假设：①人口和劳动力的供给是恒定不变的，这就将生育率、劳动参与率和工人的工作时长排除在外；②人力资本固定，其供应到劳动力市场中的比例也是固定不变的，这种均衡时不变的增长率处理使动态分析大为简化；③科研是人力资本和知识要素相对密集的投入，即知识和人力资本是生产知识或研发的唯一投入要素，劳动力和物质资本与此无关。

模型的具体表现形式为：

$$Y(H_Y, L, x) = H_Y^\alpha L^\beta \sum_{l=1}^\infty x_l^{1-\alpha-\beta} \qquad (3-1-1)$$

其中，$x = \{x_l\}_{l=1}^\infty$ 是公司用于生产最终产品的投入物品清单。因为模型认定技术进步是经济增长的唯一动力，则技术进步被描述为：如果研究者 j 拥有人力资本为 H^j，可以使用以往设计中总知识存量的比例为 A^j，研究者 j 新设计的产出效率为 $\delta H^j A^j$，δ 为效率参数。因为文章假设知识是非竞争性投入，所有的研究者都可以同时利用 A，因此科研增长率可以表示为：

$$\dot{A} = \delta H_A A \qquad (3-1-2)$$

其中 H_A 为科研部门雇用的总人力资本。方程（3-1-2）意味着人力资本投入科研领域的越多，研发的产出效率就越高；知识和研发的总存量越大，工作在科研部门工程师的效率越高。该表达式明确指出知识可以通过两种不同的途径进入生产函数：通过研发的新设计（A）提高生产产品效率，也可以通过新研发增加总知识存量（H_A），从而提高科研部门人力资本效率。为了区分投入不同部门的劳动力分布，文章将人力资本总水平分为 H_A 和 H_Y，其中 $H_A + H_Y = H$，即可以将人力资本（H）投入最终产品部门（H_Y）或者科研部门（H_A）。

代理者以利润最大化为生产目标，设定 L 和 H_Y 为在最终产出上所使用的总劳动力和总人力资本（总人力资本 H 被分为 H_A 和 H_Y），给定 L 和 H_Y 的价值，则最大化问题如下：

$$\max_x \int_0^\infty \left[H_Y^\alpha L^\beta x(i)^{1-\alpha-\beta} - p(i)x(i) \right] di \qquad (3-1-3)$$

面对给定的 H_Y、L 和 r（利率水平），已经投入固定成本的企业将选择生产规模 x 水平，以达到最大化的利润减去变动成本：

$$\pi = \max_x p(x)x - r\eta x$$

$$= \max_x (1 - \alpha - \beta) H_Y^\alpha L^\beta x(i) 1^{-\alpha-\beta} - r\eta x \qquad (3-1-4)$$

厂商的生产决定取决于净利润流的贴现率 ρ 和研发成本 P_A 的比较。因此，在任意时间 t，研发的成本 P_A 将最终等于垄断者所能获取的净利润现值：

$$\int_t^\infty e^{-\int_t^\tau r(s)\,ds} \pi(\tau)\,d\tau = P_A(t) \qquad (3-1-5)$$

（三）启示及以后的改进空间

1. 模型对本研究的启示

首先，该文的最大启示就是总人力资本是经济增长的动力源，拥有巨大人力资本存量的国家将会实现经济的快速增长，自由贸易可以促使本国可利用的人力资本存量增加。这一结论为国家重视教育和在职培训、提高人力资本质量提供了坚实的理论基础，也为人口大国开展自由贸易政策提供了新的解释思路。其次，利率与经济增长率反向关系明显。由方程（3-1-5）可知，如果利率变大，那么净利润流的贴现值将变小，则更少的人力资本将会被配置到科研部门，那么增长率也会下降。而任何减少利率的偏好参数改变（如增加耐心程度，从而减少贴现率 ρ，或者减少 σ 来增加跨期替代率）都将会增加科研流入和经济均衡增长率。这一结论为行为经济学解释耐心的人和社会往往更容易取得成功提供了最好注解。再次，物质资本补贴和减少利率的政策效果是不一样的。如果物质资本的边际产出等同于市场利率，那么两者的政策效果相同。但实际上，对物质资本投资的决策与科研投资的决策不是同步的，由于科研目标取决于未来利润和现有成本的交换，因而技术进步率对利率非常敏感。因此，文章认为对物质资本的补贴远不能代替对从事科研工作的激励补贴。在消除社会科研部门和私人回报分歧的最优政策缺失下，次优政策应该是补贴总人力资本积累。因此，为了取得经济的最优增长，与其对物质资本投资进行补贴或税收优惠，不如直接对科研活动或是教育部门等能促使人力资本增长的行为提供政策奖励。最后，文章将人力资本分为科研部门和最终产品部门两类，并探讨了科研人力资本对经济增长的驱动方式。人力资本存量越大，分配到科研部门的比例越高。文章指出，正如一些历史学家在先前历史中所解释的，只有当人力资本满足了即时消费生产所需之后还有多余的时候，文明和经济增长才可能开始。现实中，配置到科研部门的人力资本部分在发达国家是最高的，而在发展中国家，缺乏足够促使人力资本向科研部门流入的奖励机制。

2. 改进空间

首先，模型的假设使劳动力和总人口都固定不变，这就将生育率、劳动参与率和工人的工作时长等现实因素排除在外。这是一个过于理想化的状态，出生率、预期寿命、死亡率和劳动参与率都会影响有效劳动力的供给，而这些因素又都会影响经济体的总人力资本存量。在研究人力资本问题时，人口和劳动力的增长问题是应该给予考虑的重点问题。

其次，忽略了人力资本的增量问题。模型假设经济体的总人力资本恒定不变，而且分配给科研部门和最终产品部门的人力资本比例是固定的。人力资本存量会随着受教育程度的提高和培训的开展而得到提升，而这一变化并没有得到体现。人力资本的跨部门流动是正常的现象，对这一比例进行限定降低了模型解释现实经济现象的能力。

最后，是关于利率问题的探讨。由增长率 $g = \delta H_A = \delta H - \dfrac{\alpha}{(1-\alpha-\beta)(\alpha+\beta)}r$ 可知，利率可以通过对科研利润的影响从而对技术推动型内生增长模型产生重要的反向推动作用。关于利率问题，行为经济学认为利率与社会的时间偏好有关：如果增加耐心程度，这可以减少时间贴现率 ρ，从而降低利率。因而，可以将行为经济学中的个性、偏好等引入模型，对利率建立抽象函数，这为后续行为经济学的研究提供了很好的改进方向。

二 Lucas（1988）人力资本内生增长模型评析

（一）模型假设

Lucas（1988）在继承 Arrow（1962）、Uzawa（1965）和 Romer（1986）模型的基础上，将人力资本纳入内生增长模型，以探求经济长期增长的动力机制。文章定义的人力资本为一般通用技能，且具有线性可加属性，即一个具有人力资本水平为 $h(t)$ 的个体，其劳动生产率是人力资本水平 $1/2h(t)$ 个体的 2 倍。该文核心的建模基础为：个体将时间配置到各种各样的活动当中，而这种时间配置模式会影响个体的产出效应或人力资本水平 $h(t)$；人力资本在模型中不仅影响产出效率，个体的时间配置方式还可以通过影响人力资本的积累速度来间接作用于经济增长。根据研究目的的需要，模型的一般假设条件为：

N 名员工每个人的人力资本水平 h 从 0 到无穷大，则 $N = \int_0^\infty N(h)\,dh$。假定人力资本水平为 h 的个体将他非闲暇时间的 $u(h)$ 分配给生产，剩余的 $1-u(h)$ 部分用于人力资本积累。那么，投入生产的有效劳动力为 $N^e = \int_0^\infty u(h)N(h)h\,dh$。如果总资本为 K、有效劳动力为 N^e 的生产函数为 $F(K, N^e)$，人力资本水平为 h 个体的时薪为 $F_N(K, N^e)h$，那么，他的总收入为 $F_N(K, N^e)hu(h)$。

（二）模型核心思路简介

1. 基础模型

文章将人力资本带给个体的效应分为内在效应和外在效应两种，内在效应指的是人力资本提高劳动生产率，外在效应是指人力资本的平均水平对其他生产要素的贡献，被定义为：

$$h_a = \frac{\int_0^\infty hN(h)\,dh}{\int_0^\infty N(h)\,dh} \qquad (3-1-6)$$

文章将人力资本的外在效应表示为 h_a，由于其他要素的效率会因它而受益，但是个体在分配时间以进行人力资本积累时并未将人力资本的外在效应考虑在内。而该文将人力资本的外在效应 h_a 考虑在内，令所有个体的人力资本均为 h，且选择时间配置为 u，则有效的劳动力为 $N^e = uhN$，平均人力资本水平 h_a 为 h。为了区分外在效应和内在效应，文章仍然用 h_a 来表示人力资本，因此基础模型为：

$$N(t)c(t) + \dot{K}(t) = AK(t)^{\beta}[u(t)h(t)N(t)]^{1-\beta}h_a(t)^{\gamma} \qquad (3-1-7)$$

$h_a(t)^{\gamma}$ 用来表示人力资本的外在效应，技术进步（A）保持不变。由于工作的时间为 u，那么 $1-u(t)$ 被用于人力资本的积累应该与人力资本水平 $h(t)$ 的变化联系起来。文章设定了一个技术假定，令人力资本的变化 $\dot{h}(t)$ 与已有的人力资本和将要获得更多的努力相关，具体形式为：

$$\dot{h}(t) = h(t)^{\zeta}G[1-u(t)] \qquad (3-1-8)$$

其中，G 为增函数，$G(0)=0$。如果 $\zeta < 1$，那么人力资本积累的规模报酬递减，人力资本将不再是推动技术进步 $A(t)$ 增长的引擎。因为 $u(t) \geqslant 0$，那么

$$\frac{\dot{h}(t)}{h(t)} \leqslant h(t)^{\zeta-1}G(1) \qquad (3-1-9)$$

不论个体多么地努力去积累人力资本，$\dfrac{\dot{h}(t)}{h(t)}$ 到最后肯定趋于 0。

2. 人力资本积累方程的设定

Uzawa（1965）对人力资本积累的线性假设是 Lucas（1988）文章的基础。Uzawa（1965）假设 $\zeta = 1$，且人力资本的积累与 $u(t)$ 线性相关，其认为在缺少外部增长动力的情况下，依靠人力资本的内生积累依然可以促使人均收入水平提高。Uzawa（1965）的线性假设似乎是一个死结，因为人力资本积累是规模报酬递减的：在个人成长的早期，人力资本积累较快，然后速度减缓，直至最后停止积累。这就意味每一个单位人力资本的积累都要比上一个单位困难。对参数 ζ 的处理和 Uzawa（1965）一样，Lucas（1988）接受了 Rosen-Uzawa 的累积方程假设，也认为方程是线性的且 $\zeta = 1$，则：

$$\dot{h}(t) = h(t)\delta[1-u(t)] \qquad (3-1-10)$$

根据方程（3-1-10），如果个体的全部时间用于工作，则 $u(t) = 1$，那么就没有人力资本积累。如果个体的全部时间用于人力资本积累，那么人力

资本的积累速度为 δ。在这两种极限之间，人力资本积累规模报酬不变，每增加一个单位的人力资本付出的努力都是一样的，与个体初始的人力资本存量无关。

（三）对本研究的启示

第一，人力资本增量是经济内生增长的根本动力，这与 Romer（1990）的观点不同。这一观点背后的逻辑就是经济增长是一个动态过程，增量的变化通过乘数效应和外在效应对经济系统的影响要大于存量，二战后日本和韩国的经济发展得以迅速恢复和发展就是一个很好的证据。第二，人力资本积累是时间配置的结果。从 Uzawa（1965）就开始尝试探索人力资本的累积方程，到 Lucas（1988）将人力资本积累是时间配置结果的观点以模型的形式设定下来，给后人的研究提供了坚实的理论基础。人力资本积累取决于个人将时间配置在各种活动上的比例。第三，人力资本积累是一个社会活动。Lucas（1988）在文章中不断强调这一观点，他认为从方程（3-1-10）可知，对于一个家庭而言，一个有限生命个体作为新的成员可以按照固定比例从老成员那里继承人力资本。人力资本积累是一个社会活动的观点为本章的研究提供了理论依据，特别是随着休闲教育得到重视以后，将闲暇时间和休闲活动纳入人力资本累积方程的时机已经成熟。第四，人力资本具有外在效应。一直以来，研究者只考虑到人力资本带来的内在效应，而忽略了其对其他生产要素效率的促进作用。实际上，随着个体人力资本质量的提高，劳动力、资本、技术等其他要素的利用效率会更高。第五，人力资本积累是时间配置结果的模型设定，为将闲暇时间纳入模型构建提供了重要的参考模式和借鉴思路。

（四）以后改进的空间

文章在研究人力资本积累时认为，工作时间对于人力资本积累是无效的。实际上，无论是学习时间，还是工作时间，都会增加个体的人力资本积累，只是路径不同而已。将时间用在学习或教育上，可以提高人力资本；将时间用在工作中，可以通过“干中学”提高工作效率。除此之外，随着休闲经济理论的发展和休闲教育的重要性得到认可，个体在闲暇时间内通过积极的休闲活动，不仅可以放松身心、缓解压力，还可以通过猎奇探索、扩大视野来培养好奇心和想象力，因为人力资本积累是一项社会活动，而且是通过在各种活动中的时间配置来完成积累的。因此，受教育时间、工作时间和闲暇时间都可以在一定程度上有助于人力资本的积累。

第二节　纳入闲暇效应的内生增长模型评价

新古典分析框架认为代理人效应最优是消费的函数，而这种假定与向后弯曲的劳动供给曲线相悖。如果消费可以促使代理人的效用函数最优，那么不断提高的收入水平或工资率将会增加个体福利，劳动者的供给曲线也不会出现向后弯曲。Psarianos（2007）认为仅考虑消费促使个体效应最优是不合理的，消费和闲暇时间对于个体来说都是能带来正效应的因素。在 Lucas（1988）分析人力资本积累是时间配置的基础上，Psarianos（2007）将工作时间外生给定的假设进一步放松，让代理人可以在工作时间、教育时间和休闲之间进行选择，以实现工作时间内生化，最终建立纳入闲暇效应的人力资本积累内生增长模型。魏翔和庞世明（2012）在 Psarianos（2007）研究的基础上，进一步将闲暇对生产的互补效应引入 Lucas（1988）的内生增长模型，以确认闲暇净效应（闲暇互补效应与替代效应之差）对经济增长的作用。因此，本部分分别介绍和评价 Psarianos（2007）和魏翔、庞世明（2012）的内生增长模型，为本研究的模型构建提供研究脉络和演进方向。

一　Psarianos（2007）纳入休闲工作选择的人力资本模型评析

（一）基本假设

经济体人口增长率外生给定为 $n>0$，即 $\gamma_{\{N\}}=\dfrac{\dot{N}}{N}=n$。其中，$\gamma_{\{N\}}$ 表示任意变量的增长率。任意个体的一单位时间可以分为①最终产品的生产；②教育和培训，这可以促进人力资本存量的增长；③闲暇时间。进一步，个体拥有的人力资本水平为 h，可以投入生产或人力资本积累活动。

（二）模型介绍

文章最终产品的生产函数设定为：

$$y = f(h,k) = (u_1 h)^\alpha k^{1-\alpha}, 0 < \alpha < 1 \qquad (3-2-1)$$

y 为人均单位产出，u_1 为用于生产的时间比例，k 为人均物质资本。为简便起见，令技术进步 A 为单位 1。人均物质资本积累 k 为人均单位产出与人均消费和新增工人投入之差：

$$\dot{k} = y - c - nk \qquad (3-2-2)$$

其中，c 为人均消费，人力资本以现有人力资本存量 h 的固定比例增长；投入教育和培训的时间比例为 u_2，增长技术参数为 $\vartheta > 0$，则人力资本积累方程为：

$$\dot{h} = \vartheta u_2 h \qquad (3-2-3)$$

如果 l 表示个体投入休闲的时间，那么它必须满足：

$$u_1 + u_2 + l = 1 \qquad (3-2-4)$$

个体效用来自消费和休闲，在同时满足个体收入和闲暇时间的约束条件下，个体选择适当的休闲水平和消费支出以最大化个体在无限期内的效用函数。因为在均衡时，各变量的增长率都相等。然而，限于时间的约束条件，闲暇时间 l 可行的增长率应该为 0。为了确保这一条件与劳动生产率和人均产出在长期均衡中保持增长相容，文章对个体的偏好进行限制：①消费的跨期替代弹性固定不变，且独立于消费水平；②与劳动生产率持续增长相关的收入效应和替代效应必须相互抵消，以确保劳动力供给保持稳定。满足这两个偏好的效用函数为：

$$U(c,l) = \frac{c^{1-\sigma}}{1-\sigma} f(l) = \frac{c^{1-\sigma} l^{\beta(1-\sigma)}}{1-\sigma}, 0 < \sigma < 1, \beta < \frac{\sigma}{1-\sigma} \qquad (3-2-5)$$

其中，σ 为个体跨期替代弹性的反函数，对 β 的限制是为了确保效用函

数 $U(c, l)$ 为凹性，即存在稳态解。

（三）社会计划者的稳态均衡

文章设定代理人对时间的偏好率为 ρ，$0 < \rho < 1$，社会计划者的最优函数为：

$$\max_{|c, u_1, l|} \int_{t=0}^{\infty} e^{-(\rho-n)t} \frac{c^{1-\sigma} l^{\beta(1-\sigma)}}{1-\sigma} dt \qquad (3-2-6)$$

横截面条件为：

$$\lim_{t\to\infty} \lambda_k k_t = 0 \quad \lim_{t\to\infty} \lambda_h h_t = 0 \qquad (3-2-7)$$

λ_k 和 λ_h 为物质资本和人力资本的共态变量，分别测量物质资本和人力资本的现值影子价格，构建的汉密尔顿方程为：

$$H = \frac{c^{1-\sigma} l^{\beta(1-\sigma)}}{1-\sigma} + \lambda_k [(u_1 h)^{\alpha} k^{1-\alpha} - c - nk] + \lambda_h (1 - u_1 - l) \vartheta h \qquad (3-2-8)$$

分别对 c、u_1、l 求偏导可得：

$$\gamma_{|c|} = \frac{1}{\sigma} [(u_1 h)^{\alpha} (1-\alpha) k^{\alpha} - \rho] \qquad (3-2-9)$$

$$\gamma_{|k|} = [(u_1 h)^{\alpha} k^{-\alpha} - \frac{c}{k} - n] \qquad (3-2-10)$$

经过最终运算可得：

$$\gamma_{|c|} = \gamma_{|y|} = \frac{1}{\sigma} [n + \vartheta(1-l) - \rho] \qquad (3-2-11)$$

$$\gamma_{|h|} = \vartheta(1 - l - u_1) \qquad (3-2-12)$$

$$l = \frac{1}{\vartheta} [n + \vartheta - (1-\alpha) \frac{y}{k}] \qquad (3-2-13)$$

$$u_1 = \frac{1}{\sigma\vartheta} [\rho - \sigma n - (1-\sigma)(1-\alpha) \frac{y}{k}] \qquad (3-2-14)$$

$$u_2 = \frac{1}{\sigma\vartheta} [(1-\alpha) \frac{y}{k} - \rho] \qquad (3-2-15)$$

（四）对本研究的启示

第一，将闲暇时间引入消费者效用函数。一方面，闲暇时间增加会替代劳动力的供给从而降低经济增长；另一方面，闲暇时间可以促使个体幸福感提升，从而增加消费者效应。文章将闲暇时间带来的正效应引入模型，可以更加客观、全面地评估闲暇效应。第二，工作时间和闲暇时间内生化。在以往的研究当中，Lucas（1988）在研究人力资本积累时，认为工作时间是外生给定的。虽然该文与 Lucas（1988）一样也认为教育和培训时间是人力资本积累的唯一时间投入，但进步之处体现在模型使用时间条件约束 $u_1 + u_2 + l = 1$，将工作时间、闲暇时间内生化处理，这给本研究处理闲暇时间效应带来较大的启示。第三，个体福利最高时，个体时间配置最优比存在。社会最优的均衡状态显示，在个体的时间配置中，工作时间 u_1、教育培训时间 u_2 和闲暇时间 l 的增长速度为 0，即保持不变，这是个体时间配置的最优比例，可以促使个体的福利最大。这给本研究的启示是：在个体的时间配置中，各种活动存在最优的时间配比。第四，引入闲暇时间后，个体福利最优的经济增长率降低了。对社会计划者最优而言，当引入闲暇效用函数以后，最优经济增长的速度降低。这表明，随着个体收入水平的增长，收入增长带来的边际福利增加在减少，而时间的稀缺性造成闲暇时间给个体带来的边际效应要大于收入带来的收入效应。收入增长和福利增加是两个不同的概念，而最优的经济增长未必带来个体福利最优，忽略休闲计算而得的经济增长率被高估了。

（五）以后改进空间

与 Lucas（1988）一样，该文并没有将工作时间和闲暇时间对人力资本积累的作用考虑在内，而认为人力资本积累只是教育和培训时间的函数。实际上，无论是工作时间，还是闲暇时间，都可以增加个体的工作效率，从而使人力资本质量得到提高。除此之外，该文只对静态的均衡解进行研究和分析，不仅没有关注到转移动态问题，也没有对均衡解的稳定性和唯一性作出讨论，这些都是本研究应该提高和修正的地方。

二 魏翔、庞世明（2012）纳入闲暇净效应的内生增长模型评析

（一）基本假设

模型满足 Inada 条件：经济是完全竞争的；技术进步外生给定；人力资

本与闲暇质量无关；为了均衡解存在，不考虑私人代理人情况，仅以中央计划者最优为分析范围。此模型比 Psarianos（2007）模型的进步性体现在考虑到了闲暇时间对产出的互补效应。一般来讲，闲暇时间对劳动力的替代效应和对个体效用函数的正效应被学者所关注。该文认为闲暇时间对经济产出存在互补作用，主要通道有以下几个。①"闲而优"效应。积极健康的休闲活动可以激发个体的创造力和冒险精神。②"闲中学"效应。个体在闲暇时间内也可以进行有助于提高知识储备和能力的有意义学习，这种效应可以提高全民族的人力资本质量。③等势效应。闲暇时间也可以作为生产要素投入生产当中，在休闲状态下产生的创新行为，可以不亚于工作状态的产出效应。

（二）模型介绍

为了保证稳态非零增长率的存在，闲暇时间纳入效用函数设定为：

$$U(c,l) = \frac{c^{1-\sigma} l^{\alpha(1-\sigma)}}{1-\sigma}, 如果 0 < \sigma < 1 \qquad (3-2-16)$$

$$U(c,l) = \ln c + \alpha \ln l, 如果 \sigma = 1 \qquad (3-2-17)$$

并且，效用函数满足消费者跨期替代弹性不变。其中，c 为人均消费，l 为外生给定的个体闲暇时间。条件 $0 < \alpha < \frac{1}{1-\sigma}$ 可以保证效用函数为凹性，$\sigma \leq 1$ 表明消费和休闲为替代关系。

文章设定的基本产出模型来自 Lucas（1988）的分析框架：

$$y = k^{\beta}[(u+\varepsilon l)h]^{1-\beta} \qquad (3-2-18)$$

其中，k、h 分别为人均物质资本和人力资本，u 为个体工作时间比值，技术进步被内生的人力资本积累所推动。$(u+\varepsilon l)h$ 为有效劳动供给，中央计划者最优化问题为：

$$\max U = \int_0^{\infty} e^{-(\rho-n)t} \frac{c^{1-\sigma} l^{\alpha(1-\sigma)}}{1-\sigma} dt \qquad (3-2-19)$$

$$s.t. \dot{k} = y - nk - c = k^{\beta}[(u+\varepsilon l)h]^{1-\beta} - nk - c \qquad (3-2-20)$$

人力资本积累函数为：

$$\dot{h} = \delta(1 - u - l)h\bar{l}^{\gamma} \tag{3-2-21}$$

其中，ρ 为时间贴现率，劳动力供给增长率为 n，δ 为教育培训时间投入对人力资本的积累速度，$(1 - u - l)$ 表示受教育或培训时间，也表示闲暇时间对教育时间的基础效应。$\bar{l}^{\gamma}$ 表示闲暇时间对其他要素的外在效应和对人力资本积累的促进效应（即"闲而优"效应）。

（三）稳态均衡及讨论

根据前文分析，文章构建的汉密尔顿函数为：

$$H = \frac{c^{1-\sigma} l^{\alpha(1-\sigma)}}{1 - \sigma} + \lambda_1 \{ k^{\beta} [(u + \varepsilon l)h]^{1-\beta} - nk - c \} + \lambda_2 \delta(1 - u - l)h\bar{l}^{\gamma} \tag{3-2-22}$$

当满足方程最优化时条件为：

$$\frac{\partial H}{\partial c} = 0 \rightarrow \lambda_1 = c^{-\sigma} l^{\alpha(1-\sigma)} \tag{3-2-23}$$

$$\frac{\partial H}{\partial u} = 0 \rightarrow \lambda_1 (1 - \beta) \left(\frac{k}{u + \varepsilon l} \right)^{\beta} h^{1-\beta} = \lambda_2 \delta h l^{\gamma} \tag{3-2-24}$$

同时横截面条件为：

$$\lim_{t \to \infty} \lambda_1 k_t = 0 \quad \lim_{t \to \infty} \lambda_2 h_t = 0 \tag{3-2-25}$$

则经济增长的最优路径为：

$$g_y = g_c = \frac{\dot{c}}{c} = \frac{1}{\sigma} \left[(1 + \varepsilon l - l) l^{\gamma} \delta - (\rho - n) \right] \tag{3-2-26}$$

从模型（3-2-26）的结果可知，当纳入闲暇的互补效应后，经济增长的结果依赖于闲暇时间的净效应结果。一方面，闲暇时间对经济产出的替代效应为 $(1 + \varepsilon l - l)$，它会降低经济效率，促使经济增长最终收敛；另一方面，闲暇时间对经济系统的互补效应（"闲而优"效应）l^{γ} 会促进经济增长。因此，若给定其他参数条件，当互补效应大于替代效应时，经济保持持续增长；若互补效应小于替代效应，则经济最终趋于收敛。当样本经济体的闲暇互补效应大于替代效应时，表明这个国家的经济福利程度较高，积极健康的休闲活动可以有效激发经济的增长潜力。

（四）对本研究的启示

首先，闲暇时间对经济产出存在互补效应。闲暇时间是体力恢复和保持身心健康的必要条件，积极的休闲活动可以有效促进个体身心健康、知识储备增加和创造力提高，因此闲暇时间对经济体能产生"闲而优"、"闲中学"和"等势"三种效应。其次，在纳入模型分析框架时，应分析闲暇时间对经济的综合净效应。一方面，闲暇时间增加产生的有效劳动替代或是进入效用函数都会降低经济体的最优增长率；另一方面，闲暇时间对产出的"互补效应"又会促进经济产出、保持经济持续增长。所以，闲暇时间对经济的作用取决于综合净效应。最后，闲暇时间进入人力资本积累函数。方程 $\dot{h} = \delta(1 - u - l)h\bar{l}^{\gamma}$ 显示，平均闲暇时间可以正向作用于人力资本的积累速度，为我们研究闲暇时间配置对个体劳动生产率的作用机制提供了可借鉴的有效模式。

（五）以后改进空间

该文在处理闲暇时间时，仍将其作为外生给定变量处理。实际上，闲暇时间、教育时间和工作时间可以按照时间约束条件内生给定，这也是本研究需要改进的方向之一。另外，文章只对中央计划者的稳态解进行分析，没有对比中央计划者和私人部门最优解的差别，也没有对动态转移过程进行探讨。

第三节　纳入闲暇时间配置的内生增长模型构建

本节构建的闲暇时间对经济产出的数理模型是建立在对前文四个模型的评析和修正基础之上，具体来看，①从经济增长的路径上来看，本节舍弃了 Nelson 和 Phelps（1966）以及 Romer（1990）经济增长依靠人力资本存量的观点，选取 Lucas（1988）的思路，即经济增长取决于人力资本增量。因为从各国近年来的经济实践上看，人力资本增量对经济增长速度的解释能力更强。②借鉴 Psarianos（2007）将消费和闲暇时间同时纳入个体效用函数和将闲暇时间内生化的处理方式，并改进 Psarianos（2007）人力资本积累方程的不足，将闲暇时间对人力资本的作用考虑在内。③人力资本积累方程与

Lucas（1988）、Psarianos（2007）和魏翔、庞世明（2012）的处理方式类似，模型将综合考虑闲暇时间对经济增长的净效应。④改进前人文献中人力资本积累缺乏物质资本投入的客观事实，Jones 和 Zimmer（2001）研究发现，增加资本投入可以显著提高学术成就，美国为了获取更高的教育回报，物质资本投入所占总成本（不含机会成本）的比例约为 22%。因而，本节借鉴 Zeng（2003）的研究思路，在人力资本积累方程中加入物质资本投入。为了显示物质资本对人力资本积累的必要性，本部分构建了含有物质资本投入和不含物质资本投入的人力资本积累两类模型。在此基础上，还构建了纳入闲暇时间配置的宏观经济增长模型和微观经济模型。

一　含有物质资本投入的人力资本积累模型

（一）理论假设

经济运行环境在完全竞争之中；有效劳动力供给为 $N(t)$，人口增长率为 n；技术进步（A）外生给定；个体的时间可以分为工作时间 $u(t)$、受教育和培训时间 $e(t)$、闲暇时间 $l(t)$；个体人均人力资本水平设定为 h，且与休闲质量无关；人力资本积累不仅取决于人力资本存量 h 和物质资本投入 $D(t)$，还与个体分配在工作、受教育和休闲上的时间比例有关。

(二)基本模型

1. 生产函数

本研究的基本生产函数采用 Lucas（1988）内生增长决定框架：

$$y = A\,k^{\alpha}(uh)^{1-\alpha} \tag{3-3-1}$$

其中，y 是人均产出，k 是人均物质资本，u 是工作时间配比，h 是人均人力资本，α 是物质资本产出弹性，uh 为有效劳动力供给。为了简便起见，技术进步（A）外生给定为 1，物质资本的积累路径与 Solow（1957）一致：

$$\dot{k} = y - c - nk - d \tag{3-3-2}$$

其中，c 是人均消费，nk 为新增加人口的补贴，d 为人力资本积累所需的人均物质资本投入。

2. 居民效用函数

当均衡时，各变量的增长率都相等。然而，当最优时间配置比确定时，闲暇时间 l 的增长率必须为 0。为了确保这一条件与劳动生产率、人均产出在长期均衡中保持增长相融合，本节采用 Psarianos（2007）对个体的偏好设置：①消费的跨期替代弹性固定不变，且独立于消费水平；②与劳动生产率持续增长相关的收入效应和替代效应必须相互抵消，以确保劳动力供给保持稳定。满足这两个偏好的效用函数为：

$$U(c,l) = \frac{c^{1-\sigma}}{1-\sigma}f(l) = \frac{c^{1-\sigma}\,l^{\beta(1-\sigma)}}{1-\sigma}, 0 < \sigma < 1, \beta < \frac{\sigma}{1-\sigma} \qquad (3-3-3)$$

方程（3-3-3）意味着消费和闲暇都可以给消费者带来正效用。其中，σ 为个体跨期替代弹性的倒数，l 为个体闲暇时间的配比，对 β 限制是为了确保效用函数 $U(c, l)$ 为凹性（Psarianos，2007），即存在稳态解。假设消费函数为上半连续，确保效用函数不会出现无穷小（魏翔、庞世明，2012）。

3. 人力资本积累函数

人力资本积累是一项关于现有时间配置的社会活动（Lucas，1988），其源于个体的生活方式，即个体对不同经济社会活动的时间配置（Time Allocation），即：

$$\dot{h} = f(t) \qquad (3-3-4)$$

t 是时间配置向量，表示当事人在各类活动上使用的时间配比。$t = (u, l, e)$，其中 u 是工作时间占总时间的比例，生产出工作经验形式的人力资本，即"干中学"效应；l 是假日时间（含娱乐、旅游度假、社交、康体等兴趣性的休闲活动时间，但不含吃饭、睡觉、个人护理等非兴趣性的活动时间）占总时间的比例，生产出性格技能、业余知识和身心健康形式的人力资本，即"玩中学"效应；e 是受教育时间占总时间的比例，生产出知识、学位、学历、认知技能形式的人力资本，即"校中学"效应。总时间约束条件为：

$$u + l + e = T \qquad\qquad (3-3-5)$$

则 $e = T - u - l$。

假设当事人可以在受教育时间和闲暇时间之间自由选择生活方式，与 Lucas（1988）、Psarianos（2007）和魏翔、庞世明（2012）的人力资本积累形式类似，本节的人力资本积累方程为：

$$\dot{h} = \delta h\, \bar{l}^{\gamma}(1 - u - l)\, d^{1-\gamma}, 0 < l < 1 \qquad\qquad (3-3-6)$$

其中，γ 和 $1 - \gamma$ 分别表示闲暇时间和物质资本对人力资本积累的弹性，$\delta > 0$ 代表人力资本累积参数的效率。$\bar{l}^{\gamma}$ 为社会平均闲暇时间对人力资本的直接贡献，被魏翔和庞世明（2012）称为"闲中学"效应。$\bar{l}$ 为社会平均闲暇时间，当个体样本量足够大时，个体闲暇时间 l 对社会平均闲暇时间 $\bar{l}$ 的影响几乎为零，因而，我们假设社会平均闲暇时间 $\bar{l}$ 固定不变，且独立于个体闲暇时间 l。当然，在社会计划者最优化状态下 $\bar{l} = l$。需要注意，如果 $\gamma = 1$，那么物质资本不参与人力资本积累，这种人力资本积累技术被 Lucas（1988）、Psarianos（2007）和魏翔、庞世明（2012）所使用。

注意，本节的人力资本积累方程不考虑健康资本，这是卫生经济学的考察对象，它主要来自医疗卫生投入、健康保险设置和个体的社会经济条件（如所处环境、饮食质量、睡眠时间等）。于是，本节的闲暇时间中并未包括吃饭、睡眠时间。关于健康资本和人力资本的关系及其效应影响，可参见相关文献（王弟海、龚六堂、李宏毅，2008）。

4. 代表性家庭

设定代表性家庭对时间的偏好率为 ρ，$0 < \rho < 1$，σ 为个体跨期替代弹性的倒数，则社会计划者的最优函数为：

$$\max_{\{c,l\}} \int_{t=0}^{\infty} e^{-(\rho-n)t} \frac{c^{1-\sigma}\, l^{\beta(1-\sigma)}}{1-\sigma} dt \qquad\qquad (3-3-7)$$

（三）稳态均衡

本部分限定在研究社会计划者最优的效用最大化问题。根据前文，我们可以构建现值汉密尔顿函数：

$$H = \frac{c^{1-\sigma} \, l^{\beta(1-\sigma)}}{1-\sigma} + \lambda_1 [\, k^\alpha (uh)^{1-\alpha} - c - nk - d\,] + \lambda_2 [\,\delta h \, \bar{l}^\gamma (1-u-l) \, d^{1-\gamma}\,]$$

$$(3 - 3 - 8)$$

λ_1 和 λ_2 为物质资本和人力资本的共态变量，分别测量物质资本和人力资本的现值影子价格，当效用最大化时满足横截面条件为：

$$\lim_{t\to\infty} \lambda_1 k_t = 0 \quad \lim_{t\to\infty} \lambda_2 h_t = 0 \qquad (3 - 3 - 9)$$

横截面条件确保在计划期限结束时，任何剩余的物质资本和人力资本在效用方面都为零。

1. 一阶条件

最大化家庭效用函数的一阶条件为：

$$\frac{\partial H}{\partial c} = 0 \rightarrow \lambda_1 = c^{-\sigma} \, l^{\beta(1-\sigma)} \qquad (3 - 3 - 10)$$

$$\frac{\partial H}{\partial u} = 0 \rightarrow \lambda_1 (1-\alpha) k^\alpha \, u^{-\alpha} \, h^{1-\alpha} = \lambda_2 \delta h \, l^\gamma \, d^{1-\gamma} \rightarrow \lambda_1 = \frac{\lambda_2 \delta \, \bar{l}^\gamma \, d^{1-\gamma}}{(1-\alpha) \, k^\alpha (uh)^{-\alpha}}$$

$$(3 - 3 - 11)$$

$$\frac{\partial H}{\partial d} = 0 \rightarrow \lambda_1 = \lambda_2 (1-\gamma)(1-u-l) \delta h \, \bar{l}^\gamma \, d^{-\gamma} \qquad (3 - 3 - 12)$$

$$\frac{\partial H}{\partial l} = 0 \rightarrow \beta \, c^{1-\sigma} \, l^{\beta(1-\sigma)-1} = \lambda_2 \delta h \, \bar{l}^\gamma \, d^{1-\gamma} \qquad (3 - 3 - 13)$$

$$(\rho - n) \lambda_1 - \frac{\partial H}{\partial k} = \dot{\lambda}_1 \rightarrow \frac{\dot{\lambda}_1}{\lambda_1} = \rho - \alpha \, k^{\alpha-1} (uh)^{1-\alpha} \qquad (3 - 3 - 14)$$

$$(\rho - n) \lambda_2 - \frac{\partial H}{\partial h} = \dot{\lambda}_2 \rightarrow \frac{\dot{\lambda}_2}{\lambda_2} = \rho - n - \delta \, \bar{l}^\gamma \, d^{1-\gamma} (1-l) \qquad (3 - 3 - 15)$$

2. 最优均衡解

对方程（3-3-10）进行时间微分可得：

$$\dot{\lambda}_1 = -\sigma \, c^{-\sigma-1} \, l^{\beta(1-\sigma)} \dot{c} \qquad (3 - 3 - 16)$$

两边同除以方程（3-3-10）可得：

$$\frac{\dot{\lambda}_1}{\lambda_1} = -\sigma \frac{\dot{c}}{c} \qquad (3 - 3 - 17)$$

根据方程（3-3-14），代入可得：

$$\frac{\dot{\lambda}_1}{\lambda_1} = \rho - \alpha k^{\alpha-1}(uh)^{1-\alpha} = -\sigma\frac{\dot{c}}{c} \qquad (3-3-18)$$

则：

$$\frac{\dot{c}}{c} = -\frac{\rho - \alpha k^{\alpha-1}(uh)^{1-\alpha}}{\sigma} = -\frac{\rho - \alpha^y/k}{\sigma} \qquad (3-3-19)$$

由方程 $\dot{k} = y - c - nk - d$ 可知：

$$\frac{\dot{k}}{k} = \frac{y - c - nk - d}{k} = \frac{y}{k} - \frac{c}{k} - \frac{nk}{k} - \frac{d}{k} \qquad (3-3-20)$$

则：

$$\frac{\dot{k}}{k} + \frac{c}{k} + n + \frac{d}{k} = \frac{y}{k} = \left(\rho + \sigma\frac{\dot{c}}{c}\right)/\alpha \qquad (3-3-21)$$

因为稳态时，$\dfrac{\dot{k}}{k}$ 为常数，所以 $\dfrac{c}{k} + \dfrac{d}{k}$ 也为常数。对 $\dfrac{c}{k} + \dfrac{d}{k}$ 分别进行对数微分可得：

$$\frac{\dot{k}}{k} = \frac{\dot{c}}{c} + \frac{\dot{d}}{d} \qquad (3-3-22)$$

方程（3-3-22）意味着人均物质资本的积累速度等于人均消费增长率和用于人力资本积累的人均物质资本投入增值速度之和。对方程（3-3-20）取对数微分，可得：

$$\ln\left(\rho + \sigma\frac{\dot{c}}{c}\right) = \ln\alpha + (\alpha - 1)\ln k + (1 - \alpha)(\ln u + \ln h) \qquad (3-3-23)$$

$$(\alpha - 1)\frac{\dot{k}}{k} + (1 - \alpha)\left(\frac{\dot{u}}{u} + \frac{\dot{h}}{h}\right) = 0 \qquad (3-3-24)$$

则：

$$\frac{\dot{k}}{k} = \frac{\dot{u}}{u} + \frac{\dot{h}}{h} \qquad (3-3-25)$$

方程（3-3-25）意味着人均物质资本的积累速度等于工作时间投入增长和人力资本积累速度之和。由于均衡时，工作时间、受教育时间和闲暇时间的最佳配比保持不变，所以 $\frac{\dot{u}}{u} = 0$，因此，

$$\frac{\dot{k}}{k} = \frac{\dot{h}}{h} \tag{3-3-26}$$

即人均物质资本积累速度等于人力资本积累速度。

对方程（3-3-11）两边取对数可得：

$$\lambda_1 (1 - \alpha) k^\alpha u^{-\alpha} h^{1-\alpha} = \lambda_2 \delta h \, l^\gamma \, d^{1-\gamma} \tag{3-3-27}$$

$$\ln \lambda_1 + \ln(1 - \alpha) + \alpha \ln k - \alpha \ln u + (1 - \alpha) \ln h = \ln \lambda_2 + \ln \delta + \ln h + \gamma \ln l + (1 - \gamma) \ln d \tag{3-3-28}$$

$$\ln \lambda_1 - \ln \lambda_2 = \ln \delta - \ln(1 - \alpha) + \gamma \ln l + (1 - \gamma) \ln d + \alpha \ln u - \alpha \ln k + \alpha \ln h \tag{3-3-29}$$

经微分，可得：

$$\frac{\dot{\lambda}_1}{\lambda_1} - \frac{\dot{\lambda}_2}{\lambda_2} = \gamma \frac{\dot{l}}{l} + (1 - \gamma) \frac{\dot{d}}{d} + \alpha \frac{\dot{u}}{u} - \alpha \frac{\dot{k}}{k} + a \frac{\dot{h}}{h} \tag{3-3-30}$$

当稳态时，l、u 的时间比例保持不变，则 $\frac{\dot{l}}{l} = 0$；$\frac{\dot{u}}{u} = 0$。方程（3-3-30）可以简化为：

$$\frac{\dot{\lambda}_1}{\lambda_1} - \frac{\dot{\lambda}_2}{\lambda_2} = (1 - \gamma) \frac{\dot{d}}{d} - \alpha \left(\frac{\dot{k}}{k} - \frac{\dot{h}}{h} \right) \tag{3-3-31}$$

对方程（3-3-1）取对数可得：

$$\ln y = \ln A + \alpha \ln k + (1 - \alpha)(\ln u + \ln h) \tag{3-3-32}$$

求导，可得：

$$\frac{\dot{y}}{y} = \alpha \frac{\dot{k}}{k} + (1 - \alpha) \frac{\dot{h}}{h} \tag{3-3-33}$$

代入方程（3-3-26），可得：

$$\frac{\dot{y}}{y} = \frac{\dot{k}}{k} = \frac{\dot{h}}{h} \qquad (3-3-34)$$

由方程（3-3-19）可得：

$$\frac{\dot{c}}{c} = -\frac{\rho - \alpha\, k^{\alpha-1}(uh)^{1-\alpha}}{\sigma} = \frac{\alpha\, k^{\alpha-1}(uh)^{1-\alpha} - \rho}{\sigma} \qquad (3-3-35)$$

在方程（3-3-26）的基础上，我们对方程（3-3-11）取对数微分，可得：

$$\frac{\dot{\lambda}_1}{\lambda_1} = \frac{\dot{\lambda}_2}{\lambda_2} + (1-\gamma)\frac{\dot{d}}{d} \qquad (3-3-36)$$

由方程（3-3-12）和方程（3-3-13）可得：

$$\sigma\frac{\dot{c}}{c} = \frac{\dot{d}}{d} + \frac{\dot{\lambda}_1}{\lambda_1} \qquad (3-3-37)$$

由方程（3-3-37）和方程（3-3-17）可得，稳态时，

$$\frac{\dot{d}}{d} = 0 \qquad (3-3-38)$$

即当家庭计划最优时，人力资本积累中的物质资本投入保持不变。

根据方程（3-3-38）和方程（3-3-36），可得：

$$\frac{\dot{\lambda}_1}{\lambda_1} = \frac{\dot{\lambda}_2}{\lambda_2} \qquad (3-3-39)$$

由方程（3-3-14）、方程（3-3-15）和方程（3-3-39）可得：

$$-\alpha\, k^{\alpha-1}(uh)^{1-\alpha} = -n - \delta\, \bar{l}^{\gamma}(1-l) \qquad (3-3-40)$$

将方程（3-3-40）代入方程（3-3-35），可得：

$$\frac{\dot{c}}{c} = \frac{1}{\sigma}\left[n + \delta\, \bar{l}^{\gamma}(1-l)\, d^{1-\gamma} - \rho\right] = \frac{\dot{y}}{y} = \frac{\dot{k}}{k} = \frac{\dot{h}}{h} \qquad (3-3-41)$$

由方程（3-3-41）可知，当个体在教育时间、闲暇时间和工作时间的最优配比保持恒定时，人均产出增长率随着劳动力增长率 n、个体人力资本

累积参数 δ、人均物质资本投入 d、个体跨期替代弹性 $\dfrac{1}{\sigma}$ 的增加而增大，随着时间偏好 ρ 的增大而减小。闲暇时间对产出效率增长呈现非线性关系：一方面，闲暇时间增加，$\bar{l}^{\gamma}$ 会促进经济增长，另一方面，$(1-l)$ 则表现出闲暇时间对工作时间和学习时间的挤出效应。

3. 最佳时间配置

由方程（3-3-6）$\dot{h}=\delta h\,\bar{l}^{\gamma}(1-u-l)\,d^{1-\gamma}$ 可知：

$$\frac{\dot{h}}{h}=\delta\,\bar{l}^{\gamma}(1-u-l)\,d^{1-\gamma} \qquad (3-3-42)$$

因为 $\dfrac{\dot{c}}{c}=\dfrac{\dot{h}}{h}$，所以方程（3-3-41）= 方程（3-3-42）。

所以，可得：

$$u=(1-l)\left(\frac{\sigma-1}{\sigma}\right)+\frac{\rho-n}{\sigma\delta\,\bar{l}^{\gamma}\,d^{1-\gamma}} \qquad (3-3-43)$$

由方程（3-3-2）、方程（3-3-14）、方程（3-3-15）和方程（3-3-39）可得：

$$\alpha\frac{y}{k}=n+\delta\,l^{\gamma}\,d^{1-\gamma}(1-l) \qquad (3-3-44)$$

当物质资本对人力资本积累的参数确定时，方程（3-3-44）可以解出经济效率最优时的闲暇时间比例 l^{**}。

根据时间约束条件

$$u+l+e=1 \qquad (3-3-45)$$

可得：

$$e=1-u-l \qquad (3-3-46)$$

代入 $u=(1-l)\left(\dfrac{\sigma-1}{\sigma}\right)+\dfrac{\rho-n}{\sigma\delta\,\bar{l}^{\gamma}\,d^{1-\gamma}}$，可得：

$$e = 1 - 1 - (1 - l)\left(\frac{\sigma - 1}{\sigma}\right) - \frac{\rho - n}{\sigma \delta \, \bar{l}^{\gamma} \, d^{1-\gamma}}$$

$$= \frac{(1 - l)}{\sigma} - \frac{\rho - n}{\sigma \delta \, \bar{l}^{\gamma} \, d^{1-\gamma}} = \frac{(1 - l)\delta \, \bar{l}^{\gamma} \, d^{1-\gamma} + n - \rho}{\sigma \delta \, \bar{l}^{\gamma} \, d^{1-\gamma}} \tag{3-3-47}$$

所以，稳态时，个体时间配比的最优配置为：

$$u : l : e = (1 - l)\left(\frac{\sigma - 1}{\sigma}\right) + \frac{\rho - n}{\sigma \delta \, \bar{l}^{\gamma} \, d^{1-\gamma}} : l : \frac{(1 - l)\delta \, \bar{l}^{\gamma} \, d^{1-\gamma} + n - \rho}{\sigma \delta \, \bar{l}^{\gamma} \, d^{1-\gamma}} \tag{3-3-48}$$

由于稳态时，

$$l = \bar{l} = l^{**} \tag{3-3-49}$$

因而，

$$u : l : e = (1 - l^{**})\left(\frac{\sigma - 1}{\sigma}\right) + \frac{\rho - n}{\sigma \delta \, l^{**\gamma} \, d^{1-\gamma}} : l^{**} : \frac{(1 - l^{**})\delta \, l^{**\gamma} \, d^{1-\gamma} + n - \rho}{\sigma \delta \, l^{**\gamma} \, d^{1-\gamma}} \tag{3-3-50}$$

二　不含物质资本投入的人力资本积累模型

（一）前提假设及说明

除了人力资本积累中不含物质资本投入以外，本部分与第一部分的理论假设和基本模型基本一样，在此不再赘述。不同之处体现在：

物质资本积累函数：

$$\dot{k} = y - c - nk \tag{3-3-51}$$

人力资本积累方程为：

$$\dot{h} = \delta h \, \bar{l}^{\gamma}(1 - u - l), 0 < l < 1 \tag{3-3-52}$$

效用最大化时，构造的汉密尔顿函数为：

$$H = \frac{c^{1-\sigma} \, l^{\beta(1-\sigma)}}{1 - \sigma} + \lambda_1 \left[k^{\alpha}(uh)^{1-\alpha} - c - nk \right] + \lambda_2 \left[\delta h \, \bar{l}^{\gamma}(1 - u - l) \right] \tag{3-3-53}$$

λ_1 和 λ_2 为物质资本和人力资本的共态变量，分别测量物质资本和人力资本的现值影子价格，当效用最大化时满足横截面条件为：

$$\lim_{t \to \infty} \lambda_1 k_t = 0 \qquad \lim_{t \to \infty} \lambda_2 h_t = 0 \qquad (3-3-54)$$

横截面条件确保在计划期限结束时，任何剩余的物质资本和人力资本在效用方面都为零。

（二）稳态均衡

1. 一阶条件

最大化家庭效用函数的一阶条件为：

$$\frac{\partial H}{\partial c} = 0 \to \lambda_1 = c^{-\sigma} l^{\beta(1-\sigma)} \qquad (3-3-55)$$

$$\frac{\partial H}{\partial u} = 0 \to \lambda_1 k^\alpha (1-\alpha) u^{-\alpha} h^{1-\alpha} = \lambda_2 \delta h l^\gamma \to \lambda_1 = \frac{\lambda_2 \delta \bar{l}^\gamma}{(1-\alpha) k^\alpha (uh)^{-\alpha}} \qquad (3-3-56)$$

$$\frac{\partial H}{\partial l} = 0 \to \beta c^{1-\sigma} l^{\beta(1-\sigma)-1} = \lambda_2 \delta h \bar{l}^\gamma \qquad (3-3-57)$$

$$(\rho - n) \lambda_1 - \frac{\partial H}{\partial k} = \dot{\lambda}_1 \to \frac{\dot{\lambda}_1}{\lambda_1} = \rho - \alpha k^{\alpha-1} (uh)^{1-\alpha} \qquad (3-3-58)$$

$$(\rho - n) \lambda_2 - \frac{\partial H}{\partial h} = \dot{\lambda}_2 \to \frac{\dot{\lambda}_2}{\lambda_2} = \rho - n - \delta \bar{l}^\gamma (1-l) \qquad (3-3-59)$$

2. 均衡稳态最优解

对方程（3-3-55）进行时间微分可得：

$$\dot{\lambda}_1 = -\sigma c^{-\sigma-1} l^{\beta(1-\sigma)} \dot{c} \qquad (3-3-60)$$

两边同除以方程（3-3-55）可得：

$$\frac{\dot{\lambda}_1}{\lambda_1} = \frac{-\sigma c^{-\sigma-1} l^{\beta(1-\sigma)} \dot{c}}{c^{-\sigma} l^{\beta(1-\sigma)}} \qquad (3-3-61)$$

$$\frac{\dot{\lambda}_1}{\lambda_1} = -\sigma \frac{\dot{c}}{c} \qquad (3-3-62)$$

根据方程（3-3-58），代入可得：

$$\frac{\dot{\lambda}_1}{\lambda_1} = \rho - \alpha k^{\alpha-1}(uh)^{1-\alpha} = -\sigma\frac{\dot{c}}{c} \qquad (3-3-63)$$

则:

$$\frac{\dot{c}}{c} = -\frac{\rho - \alpha k^{\alpha-1}(uh)^{1-\alpha}}{\sigma} = -\frac{\rho - \alpha^y/k}{\sigma} \qquad (3-3-64)$$

由方程（3-3-51）$\dot{k} = y - c - nk$ 可知:

$$\frac{\dot{k}}{k} = \frac{y - c - nk}{k} = \frac{y}{k} - \frac{c}{k} - \frac{nk}{k} \qquad (3-3-65)$$

则:

$$\frac{\dot{k}}{k} + \frac{c}{k} + n = \frac{y}{k} = (\rho + \sigma\frac{\dot{c}}{c})/\alpha \qquad (3-3-66)$$

由于稳态时, $\frac{\dot{k}}{k}$ 为常数, 所以 $\frac{c}{k} + \frac{d}{k}$ 也为常数。对 $\frac{c}{k} + \frac{d}{k}$ 分别进行对数微分可得:

$$\frac{\dot{k}}{k} = \frac{\dot{c}}{c} \qquad (3-3-67)$$

方程（3-3-67）意味着人均物质资本的积累速度等于人均消费增长率。对方程（3-3-64）取对数微分, 可得:

$$\ln\left(\rho + \sigma\frac{\dot{c}}{c}\right) = \ln\alpha + (\alpha - 1)\ln k + (1-\alpha)(\ln u + \ln h) \qquad (3-3-68)$$

$$(\alpha - 1)\frac{\dot{k}}{k} + (1-\alpha)\left(\frac{\dot{u}}{u} + \frac{\dot{h}}{h}\right) = 0 \qquad (3-3-69)$$

则:

$$\frac{\dot{k}}{k} = \frac{\dot{u}}{u} + \frac{\dot{h}}{h} \qquad (3-3-70)$$

方程（3-3-70）意味着人均物质资本的积累速度等于工作时间投入增长和人力资本积累速度之和。由于均衡时, 工作时间、受教育时间和闲暇时

间的最佳配比保持不变，所以 $\dfrac{\dot{u}}{u} = 0$，因此，

$$\frac{\dot{k}}{k} = \frac{\dot{h}}{h} \tag{3-3-71}$$

即人均物质资本积累速度等于人力资本积累速度。

对方程（3-3-56）两边取对数，可得：

$$\lambda_1(1-\alpha)\,k^\alpha\,u^{-\alpha}\,h^{1-\alpha} = \lambda_2\delta h\,l^\gamma \tag{3-3-72}$$

$$\ln\lambda_1 + \alpha\ln k - \alpha\ln u + (1-\alpha)\ln h = \ln\lambda_2 + \ln\delta + \ln h + \gamma\ln\bar{l} \tag{3-3-73}$$

$$\ln\lambda_1 - \ln\lambda_2 = \ln + \gamma\ln\bar{l} + \alpha\ln u - \alpha\ln k + \alpha\ln h \tag{3-3-74}$$

经微分，

$$\frac{\dot{\lambda}_1}{\lambda_1} - \frac{\dot{\lambda}_2}{\lambda_2} = \gamma\frac{\dot{l}}{l} + \alpha\frac{\dot{u}}{u} - \alpha\frac{\dot{k}}{k} + a\frac{\dot{h}}{h} \tag{3-3-75}$$

当稳态时，l、u 的时间比例保持不变，则 $\dfrac{\dot{l}}{l} = 0$；$\dfrac{\dot{u}}{u} = 0$。方程（3-3-75）可以简化为：

$$\frac{\dot{\lambda}_1}{\lambda_1} - \frac{\dot{\lambda}_2}{\lambda_2} = -\alpha\left(\frac{\dot{k}}{k} - \frac{\dot{h}}{h}\right) \tag{3-3-76}$$

则：

$$\frac{\dot{\lambda}_1}{\lambda_1} = \frac{\dot{\lambda}_2}{\lambda_2} \tag{3-3-77}$$

对方程（3-3-1）取对数可得：

$$\ln y = \ln A + \alpha\ln k + (1-\alpha)(\ln u + \ln h) \tag{3-3-78}$$

求导，可得：

$$\frac{\dot{y}}{y} = \alpha\frac{\dot{k}}{k} + (1-\alpha)\frac{\dot{h}}{h} \tag{3-3-79}$$

代入方程（3-3-71），可得：

$$\frac{\dot{y}}{y} = \frac{\dot{k}}{k} = \frac{\dot{h}}{h} \qquad (3-3-80)$$

由方程（3-3-64）可得：

$$\frac{\dot{c}}{c} = \frac{\rho - \alpha\, k^{\alpha-1}(uh)^{1-\alpha}}{-\sigma} = \frac{\alpha\, k^{\alpha-1}(uh)^{1-\alpha} - \rho}{\sigma} \qquad (3-3-81)$$

在方程（3-3-71）的基础上，我们对方程（3-3-56）取对数微分，可得：

$$\frac{\dot{\lambda}_1}{\lambda_1} = \frac{\dot{\lambda}_2}{\lambda_2} \qquad (3-3-82)$$

由方程（3-3-58）、方程（3-3-59）和方程（3-3-82）可得：

$$\alpha\, k^{\alpha-1}(uh)^{1-\alpha} = n + \delta\, \bar{l}^{\gamma}(1-l) \qquad (3-3-83)$$

将方程（3-3-83）代入方程（3-3-81），可得：

$$\frac{\dot{c}}{c} = \frac{1}{\sigma}\left[n + \delta\, \bar{l}^{\gamma}(1-l) - \rho \right] = \frac{\dot{y}}{y} = \frac{\dot{k}}{k} = \frac{\dot{h}}{h} \qquad (3-3-84)$$

由方程（3-3-84）可知，当个体在教育时间、闲暇时间和工作时间的最优配比保持恒定时，人均产出增长率随着劳动力增长率 n、个体人力资本累积参数 δ、个体跨期替代弹性 $\frac{1}{\sigma}$ 的增加而增大，随着时间偏好 ρ 的增大而减小。闲暇时间对产出效率增长呈现非线性关系：一方面，闲暇时间增加，$\bar{l}^{\gamma}$ 会促进经济增长，另一方面，$(1-l)$ 则表现出闲暇时间对工作时间和学习时间的挤出效应。

3. 最佳时间配置

由方程（3-3-52）$\dot{h} = \delta h\, \bar{l}^{\gamma}(1-u-l)$ 可知：

$$\frac{\dot{h}}{h} = \delta\, \bar{l}^{\gamma}(1-u-l) \qquad (3-3-85)$$

因为 $\frac{\dot{k}}{k} = \frac{\dot{h}}{h} = \frac{\dot{c}}{c}$，所以，可得：

$$\frac{1}{\sigma}\left[n + \delta\,\bar{l}^{\gamma}(1-l) - \rho\right] = \delta\,\bar{l}^{\gamma}(1-u-l) \qquad (3-3-86)$$

因此,

$$u = \frac{\rho - n - \delta\,\bar{l}^{\gamma}(1-l)(1-\sigma)}{\sigma\delta\,\bar{l}^{\gamma}} \qquad (3-3-87)$$

根据方程（3-3-1）、方程（3-3-58）、方程（3-3-59）和方程（3-3-83），可得:

$$\alpha\frac{\gamma}{k} = n + \delta\,l^{\gamma}(1-l) \qquad (3-3-88)$$

由此，方程可得最优经济增长的闲暇时间为 l^{*}。

根据时间约束条件:

$$u + l + e = 1$$

可得:

$$e = 1 - u - l$$

代入 $u = \dfrac{\rho - n - \delta\,\bar{l}^{\gamma}(1-l)(1-\sigma)}{\sigma\bar{l}^{\gamma}}$，可得:

$$e = 1 - l - \frac{\rho - n - \delta\,\bar{l}^{\gamma}(1-l)(1-\sigma)}{\sigma\delta\,\bar{l}^{\gamma}} = \frac{n - \rho + \delta\,\bar{l}^{\gamma}(1-l)}{\sigma\delta\,\bar{l}^{\gamma}} \qquad (3-3-89)$$

所以，稳态时，个体时间配比的最优配置为:

$$u : l : e = \frac{\rho - n - \delta\,\bar{l}^{\gamma}(1-l)(1-\sigma)}{\sigma\delta\,\bar{l}^{\gamma}} : l : \frac{n - \rho + \delta\,\bar{l}^{\gamma}(1-l)}{\sigma\delta\,\bar{l}^{\gamma}} \qquad (3-3-90)$$

可以简化为:

$$u : l : e = \rho - n - \delta\,\bar{l}^{\gamma}(1-l)(1-\sigma) : \sigma\delta\,\bar{l}^{\gamma+1} : n - \rho + \delta\,\bar{l}^{\gamma}(1-l)$$
$$(3-3-91)$$

由于稳态时，

$$l = \bar{l} = l^* \qquad (3-3-92)$$

因而，最佳时间配置比为：

$$u : l : e = \rho - n - \delta l^{*\gamma}(1-l^*)(1-\sigma) : \sigma\delta l^{*\gamma+1} : n - \rho + \delta l^{*\gamma}(1-l^*)$$
$$(3-3-93)$$

三 纳入真实人力资本的宏观经济增长模型

（一）理论模型

本节以 Mankiw 等（1992）构建的含有人力资本的 Solow 模型为分析基础，其生产函数的基本模型为：

$$Y_{it} = K_{it}^{\alpha} H_{it}^{\beta} (AL)_{it}^{1-\alpha-\beta}, 0 < \alpha < 1, 0 < \beta < 1, 0 < \alpha + \beta < 1 \quad (3-3-94)$$

其中，Y 为总产出，K 为物质资本，H 为人力资本，A 为全要素生产率 TFP，L 为劳动力，i 为国家，t 为时间。为了分析简便，我们假定全要素生产率 TFP、储蓄率和人口增长率外生给定。全要素生产率 A 的增长率为 g，劳动力增长为 n，储蓄率为 s，物质资本折旧率为 δ。当然，有效劳动力（AL）的增长率为 $n + g$。

对于一个在短期内技术进步、人力资本、物质资本和经济制度等保持不变的微观个体来说，假日结构对工作效率影响体现在两个方面：一是通过连续工作带来技能和知识积累所引起的"学习效应"（Learning Effect）（实际上，这类似 Arrow 所说的"干中学"效应），这有助于个体工作效率的提升；二是随着工作时间延长所导致个体精力贬值带来的"疲劳效应"（Fatigue Effect），其会降低个体的工作效率（Eden，2016）。除了"学习效应"和"疲劳效应"，Lee 和 Lim（2014）认为个体为准备日常工作而付出的总时间为"固定成本效应"（Fixed Cost Effect），固定成本效应随着工作时间的增加而递减。考虑到本节关注的重点是假日结构与工作绩效，因而并未将"固定成本效应"考虑在内。

在以往的研究当中，当个体的受教育水平、工作经验、健康状况等条件确定时，其劳动效率通常被假定为固定不变。当然，这是一种理想状况或模型假设。本研究尝试放松这一假设条件，认为个体的日常工作效率受"学习效应"和"疲劳效应"的共同影响，会随着工作时间和休息时间的不同而改变。借鉴 Eden（2016）的做法，本节对人力资本质量 H 进一步具体设定为：

$$H_{real\ it} = (1 - \zeta(t))(M_{it}^{\omega_1} / F_{it}^{\omega_2}) H_{it} \qquad (3-3-95)$$

其中，$\zeta(t)$ 为工作日或休息日的标值，当天为工作日时，$\zeta(t) = 0$；当天为休息日时，$\zeta(t) = 1$，这也意味着方程（3-3-95）中 H_{it} 为无效劳动力供给。ω_1 和 ω_2 分别为"学习效应"和"疲劳效应"对人力资本质量的影响参数，$0 < \omega_1 < 1, 0 < \omega_2 < 1$。$H_{it}$ 为理想的人力资本质量。马红旗和王韧（2014）指出受教育程度所表征的人力资本仅是个体所能达到的潜在人力资本，真实人力资本质量还取决于在个体实践中所处的制度环境、个人意志、经济载体等主客观因素。方程（3-3-95）所表达的意思为：相同教育程度个体的人力资本是异质的，生产实践中的真实人力质量会随着个体的"学习效应"和"疲劳效应"的变化而变。

Eden（2016）指出，"学习效应"在工作日中不断增加，在休息日中逐渐减少，其贬值速度为 δ_m；同理，"疲劳效应"随着工作日的增加也不断加强，在休息日中得到恢复，工作日中"疲劳效应"的积累速度为 δ_f。因而，其"学习效应"和"疲劳效应"的积累路径分别为：

$$M_{it+1} = (1 - \zeta(t)\delta_m) M_{it} + (1 - \zeta(t)), M_{it} \geq 0 \qquad (3-3-96)$$
$$F_{it+1} = [1 + (1 - \zeta(t))\delta_f] F_{it} - (1 - \zeta(t)), F_{it} \geq 0 \qquad (3-3-97)$$

由方程（3-3-96）可知，当天为休息日时，$\zeta(t) = 1$，个体的"学习效应"按照 δ_m 的贬值速度进行衰减；当天为工作日时，$\zeta(t) = 0$，由于连续的工作使"学习效应"增加单位1。由方程（3-3-97）可知，当天为休息日时，$\zeta(t) = 1$，个体的"疲劳效应"会因为休息得以缓解，每休息一天"疲劳效应"减少单位1；当天为工作日时，$\zeta(t) = 0$，由于连续的工作使"疲劳效应"强度按照 δ_f 的积累速度进行叠加。需要特别指出的是，无论是"学习效应"，还是"疲劳效应"，它们的积累路径都不是线性可加的，即连续的工作会使

"疲劳效应"的累积速度加快，$\delta_{f+1} > \delta_f$；连续的休息也同样会增加个体"学习效应"的贬值速度，$\delta_{m+1} > \delta_m$。正如 Anderson 和 Schooler（2000）所说，与经过长假期的个体相比，休假时间短的个体更容易从休息状态恢复到工作状态。为了便于处理，工作日增加的"学习效应"和休息日得到缓解的"疲劳效应"，本节将其贬值衰减速度按照标准化单位 1 处理。

因此，考虑"学习效应"和"疲劳效应"对人力资本影响的 C-D 生产函数表达式为：

$$Y_{it} = K_{it}^{\alpha} \left[(1 - \zeta(t))(M_{it}^{\omega_1} / F_{it}^{\omega_2})H \right]_{it}^{\beta} (AL)^{1-\alpha-\beta},$$
$$0 < \alpha < 1, 0 < \beta < 1, 0 < \alpha + \beta < 1 \qquad (3-3-98)$$

为了便于衡量劳动生产率，令 $y = Y/AL$，$k = K/AL$，$h = H/AL$，则 $h_{real} = h * [1 - \zeta(t)](M_{it}^{\omega_1} F_{it}^{\omega_2})$。当 $\dot{k}(t) = 0$，$\dot{h}(t) = 0$ 时，k 和 h 的稳态值如下，具体算法见 Mankiw 等（1992），本节不再赘述。

$$k^* = \left(\frac{s_k^{1-\beta} s_h^{\beta}}{n + g + \delta} \right)^{1/(1-\alpha-\beta)} \qquad (3-3-99)$$

$$h^* = \left(\frac{s_k^{\alpha} s_h^{1-\alpha}}{n + g + \delta} \right)^{1/(1-\alpha-\beta)} \qquad (3-3-100)$$

那么，

$$h_{real} = h * (1 - \zeta(t)) \left(\frac{M_{it}^{\omega_1}}{F_{it}^{\omega_2}} \right) = \left(\frac{s_k^{\alpha} s_h^{1-\alpha}}{n + g + \delta} \right)^{1/(1-\alpha-\beta)} * (1 - \zeta(t))(M_{it}^{\omega_1} / F_{it}^{\omega_2})$$
$$(3-3-101)$$

方程（3-3-98）两边同除以 AL 可得：

$$\frac{Y_{it}}{AL_{it}} = k^{\alpha} \left[h * (1 - \zeta(t))(M_{it}^{\omega_1} / F_{it}^{\omega_2}) \right]^{\beta} \qquad (3-3-102)$$

方程（3-3-102）两边取对数可得：

$$\ln Y_{it} - \ln A_{it} = \alpha \ln k + \beta \ln h + \beta \ln(1 - \zeta(t))(M_{it}^{\omega_1} / F_{it}^{\omega_2}) \qquad (3-3-103)$$

将方程（3-3-99）和方程（3-3-100）代入方程（3-3-103），可得：

$$\ln Y_{it} = \ln A_0 + gt + \frac{\alpha}{1-\alpha-\beta}\ln\frac{s_k^{1-\beta}s_h^{\beta}}{n+g+\delta} +$$

$$\frac{\beta}{1-\alpha-\beta}\ln\frac{s_k^{\alpha}s_h^{1-\alpha}}{n+g+\delta} + \beta\ln(1-\zeta(t))(M_{it}^{\omega_1}/F_{it}^{\omega_2}) \qquad (3-3-104)$$

我们仅考虑工作日时个体的工作绩效，此时 $\zeta(t)=0$，对方程（3-3-104）进行整理可得：

$$\ln\left(\frac{Y_{it}}{L_{it}}\right) = \ln A(0)_i + gt - \frac{\alpha+\beta}{1-\alpha-\beta}\ln(n+g+\delta) + \frac{\alpha}{1-\alpha-\beta}\ln(s_k) +$$

$$\frac{\beta}{1-\alpha-\beta}\ln(s_h) + \beta(\omega_1\ln M_{it} - \omega_2\ln F_{it}) \qquad (3-3-105)$$

为了控制经济制度、气候等国家因素不同而造成的对因变量的影响，设定 μ_i 为国家的固定效应；为了控制世界性的宏观经济波动（如 2008 年金融危机等）对所有国家经济产出的影响，设定时间虚拟效应 η_t；ϵ_{it} 为模型的误差项。则假日结构设置与劳动生产率的模型最终设定为：

$$\ln\left(\frac{Y_{it}}{L_{it}}\right) = \ln A(0)_i + gt - \frac{\alpha+\beta}{1-\alpha-\beta}\ln(n+g+\delta) + \frac{\alpha}{1-\alpha-\beta}\ln(s_k) +$$

$$\frac{\beta}{1-\alpha-\beta}\ln(s_h) + \beta(\omega_1\ln M_{it} - \omega_2\ln F_{it}) + \mu_i + \eta_t + \epsilon_{it} \qquad (3-3-106)$$

（二）理论假设

假设 1：假日结构通过影响个体日常工作中的"学习效应"和"疲劳效应"进而作用于个体的劳动生产率。

由方程（3-3-96）和方程（3-3-97）"学习效应"和"疲劳效应"的积累路径可知，个体所处的工作—休息模式，即假日结构设置决定的连续工作或连续休息范式会影响个体真实人力资本表现，最终通过方程（3-3-106）直接影响劳动生产率。当"学习效应"大于"疲劳效应"时，$M_{it}^{\omega_1}/F_{it}^{\omega_2}>1$，亦即（$\omega_1\ln M_{it} - \omega_2\ln F_{it}$）$>0$，此时的节日结构设置有利于劳动生产率的提高；反之，则阻碍个体的劳动生产率提高。

假设 2：假日结构与劳动生产率是非线性关系，假日集中度太分散或太集中都不利于个体劳动生产率的提高，存在最优的假日集中度以实现劳动生产率最高。

假日结构对劳动生产率的影响机制通过 $\beta(\omega_1 \ln M_{it} - \omega_2 \ln F_{it})$ 来实现，也就是说，假日结构设置通过影响"疲劳效应"和"学习效应"的综合效应来作用于经济绩效。上文中已经表明，随着连续工作或休息的时间增加，"学习效应"的贬值速度 δ_m 和"疲劳效应"的积累速度 δ_f 呈加速特征，因而其作用机制是非线性的。当假日太集中时，"学习效应"得到不断加强，但"疲劳效应"也相应地得到积累；当假日太分散时，"疲劳效应"可以得到有效缓解，"学习效应"却被频繁的休假中断而降低。因此，假日结构设置所导致的集中度肯定存在一个最优解促使"疲劳效应"和"学习效应"的综合效应最大。

假设 3：假日结构设置需与一国的经济发展阶段相适应，在不同的经济发展阶段，"学习效应"和"疲劳效应"对生产率的相对重要程度不同。

国家所处的经济发展阶段不同，个体对休闲偏好表现出现较大差异。处于工业化进程中的个体会主动放弃休闲时间更加偏向工作，后工业化社会的个体则表现出对休闲的更大偏好（魏翔，2018a）。这就意味着，当一国处于劳动密集型经济时期，"学习效应"对人力资本的弹性 ω_1 就相对更加重要，这就更加适合较为集中的假日结构设置；而当一国进入服务经济或知识经济时代，个体更加偏好休闲，"疲劳效应"对人力资本的弹性 ω_2 就会相对重要，那么，假日结构的分散设置就更有利于个体绩效的体现。

四　纳入假日结构设置的宏观经济增长模型

为了构建纳入假日结构设置的宏观经济增长模型，我们建立基于人力资本积累的生产函数基准模型：

$$y = A k^{\alpha}(uh)^{1-\alpha} \qquad (3-3-107)$$

其中，y 是人均产出，k 是人均物质资本，$u \in (0, 1)$ 是工作时间占比，h

是人均人力资本[①]（Lucas，1988），$\alpha \in (0，1)$是物质资本的产出弹性。A是外生的技术进步，可标准化为 1。物质资本的积累路径与 Solow（1957）一致：

$$\dot{k} = y - c \qquad (3-3-108)$$

其中，c是人均消费。

综合 Becker 等（1965；1990）、Lucas（1988）、魏翔和庞世明（2012）的建模方法，人力资本的积累源于个体的生活方式，即个体对不同经济社会活动的时间配置：

$$\dot{h} = f(t) \qquad (3-3-109)$$

在引入闲暇时间之前，长期增长率由受教育时间决定（Lucas，1988），因为"将闲暇纳入增长模型在许多方面都具有挑战性，如长期均衡的存在性、唯一性和稳定性可能会因为纳入闲暇而改变"（Ortigueira，2000）。因此，首先对上述动态系统的存在性、稳定性和唯一性进行判别。

考虑一个具有 2 个控制变量和 2 个状态变量的一般动态问题，选择控制变量最大化。

令 $L(c，\theta，\rho，t) = \dfrac{c^{1-\theta}-1}{1-\theta}e^{-\rho t}$，则效用函数受约束于（3-3-107）式和（3-3-108）式子，给定初始条件 $k(0) \geqslant 0$，$h(0) \geqslant 0$，则原汉密尔顿函数变为：

$$H(k,h,v,\mu,c,l,t) = L(c,\theta,\rho,t) + v\dot{k} + \mu\dot{h} \qquad (3-3-110)$$

根据方程（3-3-107）、方程（3-3-112）及方程（3-3-113）可以很容易看出，其中的生产函数和效用函数都是严格凹函数，因此满足充分条件。那么满足稳态均衡条件和两个横截面条件等多个条件的（k^*，h^*，l^*，

---

① 本节的人力资本中不考虑健康资本，这部分资本是卫生经济学的考察对象，它主要来自医疗卫生投入、健康保险设置和个体的社会经济条件（如所处环境、饮食质量、睡眠时间等）。于是，本节的假日时间中未对吃饭、睡眠等时间进行量化。关于健康资本和人力资本的关系及其效应影响，可参见相关文献如王弟海、龚六堂和李宏毅（2008）等。

c^*) 和 $v^*>0$、$\mu^*>0$ 是最优化问题的极大值。

将状态方程根据方程（3-3-107）、方程（3-3-108）写成约束方程的形式，即有：

$$y - c - \dot{k} = 0 \quad \text{和} \quad f(t) - \dot{h} = 0 \qquad (3-3-111)$$

应用拉格朗日乘子法，构造增长函数：

$$J' = \int_0^{t_f} \{ L(c,\theta,\rho,t) + v^T(t)(y - c - \dot{k}) + \qquad (3-3-112)$$
$$\mu^T(t)(f(h,l,\delta,\gamma,t) - \dot{h}) \} dt, \ t_f \to \infty = 0$$

将汉密尔顿函数（3-3-111）式代入方程（3-3-112）可得：

$$J' = \int_0^{t_f} \{ H(k,h,v,\mu,c,l,t) - v^T(t)\dot{k} - \mu^T(t)\dot{h} \} dt \qquad (3-3-113)$$

对上述方程（3-3-113）右边后两项 $\dot{k}$ 和 $\dot{h}$ 做分部积分可得：

$$\int_0^{t_f} - v^T(t)\dot{k}dt = \int_0^{t_f} \dot{v}^T k dt - v^T k \big|_0^{t_f} \qquad (3-3-114)$$

$$\int_0^{t_f} - \mu^T(t)\dot{h}dt = \int_0^{t_f} \dot{\mu}^T h dt - \mu^T h \big|_0^{t_f} \qquad (3-3-115)$$

将方程（3-3-114）及方程（3-3-115）代入方程（3-3-113）可得：

$$J' = \left\{ \int_0^{t_f} H(k,h,v,\mu,c,l,t) + \dot{v}^T k + \dot{\mu}^T h \right\} dt - v^T k \big|_0^{t_f} - \mu^T h \big|_0^{t_f} \ (3-3-116)$$

设 $c(t)$, $l(t)$, $k(t)$, $h(t)$ 相对于最优控制 $c^*(t)$, $l^*(t)$ 的变分为 $\delta c(t)$, $\delta l(t)$, $\delta k(t)$, $\delta h(t)$，计算由 $\delta c(t)$, $\delta l(t)$, $\delta k(t)$, $\delta h(t)$ 引起 J' 的变分为：

$$\delta J' = \int_0^{t_f} \left\{ (\delta c)^T \left[\frac{\partial H}{\partial c} \right] + (\delta l)^T \left[\frac{\partial H}{\partial l} \right] + (\delta k)^T \left[\frac{\partial H}{\partial k} + \dot{v}^T \right] + (\delta h)^T \left[\frac{\partial H}{\partial h} + \dot{\mu}^T \right] \right\} dt -$$
$$(\delta k)^T v \big|_0^{t_f} - (\delta h)^T \mu \big|_0^{t_f}$$

$$(3-3-117)$$

使 J' 取极值的必要条件为：对任意的 $\delta c(t)$, $\delta l(t)$, $\delta k(t)$, $\delta h(t)$，都有 $\delta J' = 0$ 成立。因此可以得到泛函唯一极值的必要条件为：

$$\begin{cases} c^{-\theta} - ve^{\rho t} = 0 \\ \dfrac{v}{\mu} - \left(\dfrac{\gamma}{l} + \dfrac{1-\gamma}{1-l} \right) \dot{h} \dfrac{l}{(\alpha - 1)y} = 0 \\ \dfrac{\dot{v}}{v} + \dfrac{y}{k}\alpha = 0 \\ \dfrac{\dot{\mu}}{\mu} + \dfrac{v}{\mu}\dfrac{y}{h}(1-\alpha) + \delta l^{\gamma}(1-\gamma)^{1-\gamma} \\ \lim_{t \to \infty}(e^{-\rho t}vk) = 0 \\ \lim_{t \to \infty}(e^{-\rho t}\mu h) = 0 \end{cases} \qquad (3-3-118)$$

上述方程（3-3-118）前四个条件即为稳态均衡条件，后两个式子即为横截面条件。应用上述条件即可求解到具有存在性和唯一性的最优稳态解。

经过最优化计算可得稳态经济增长路径：

$$g_h = g_c^{*} \frac{1-\alpha}{1+\beta-\alpha} = \frac{1-\alpha}{1+\beta-\alpha}\frac{1}{\theta}[\delta(1-l)l^{\gamma} - (\rho - \lambda)] \quad (3-3-119)$$

$$g_y^{*} = g_c^{*} = g_k^{*} = \frac{1}{\theta}[\delta(1-l)l^{\gamma} - (\rho - \lambda)] \qquad (3-3-120)$$

由方程（3-3-120）显然可知，在稳态时，有效闲暇时间 l^{γ} 对长期经济增长率有正向促进作用，发挥"玩中学"效应。总体上，闲暇时间 l 对经济增长表现为两种作用。一是"互补作用"，即有效闲暇时间 l^{γ} 有助于形成新人力资本，从而推高增长率。二是"替代作用"，即闲暇时间 l 会"挤出"工作时间或受教育时间，从而拉低增长率，表现为方程（3-3-120）中的 $(1-l)$ 项。由上得到如下命题。

命题：假日结构所带来的"玩中学"效应能形成新人力资本，对国家经济增长产生显著的正作用。通过发挥这种新人力资本效应，可以使国家在保持较高闲暇水平的基础上实现"悠闲增长"。

命题表明，工作时间之外的休闲经济（比如零工经济、旅游休闲产业、娱乐体育经济、随时研发、兴趣创新、弹性工作等）能在保证人们较高休闲享受的同时促进经济持续发展，实现经济体"悠闲增长"。

五　纳入闲暇时间数量的微观经济选择模型

（一）基本假设

经济运行环境在完全竞争之中；有效劳动力供给为 $N(t)$，人口增长率为 n；技术进步外生给定；个体的时间可以分为工作时间 $u(t)$、受教育和培训时间 $e(t)$、闲暇时间 $l(t)$；个体人均人力资本水平设定为 h，且与休闲质量无关；人力资本积累不仅取决于人力资本存量 h，还与个体分配在工作、受教育和休闲上的时间比例有关。

（二）稳态均衡

本研究的基本生产函数采用 Lucas（1988）内生增长决定框架：

$$y = A k^{\alpha}(uh)^{1-\alpha} \tag{3-3-121}$$

其中，y 是人均产出，k 是人均物质资本，u 是工作时间配比，h 是人均人力资本，α 是物质资本产出弹性，uh 为有效劳动力供给。为了简便起见，技术进步 A 外生给定为 1，物质资本的积累路径与 Solow（1957）一致：

$$\dot{k} = y - c - nk \tag{3-3-122}$$

则人力资本积累方程为：

$$\dot{h} = \delta h \bar{l}^{\gamma}(1 - u - l), 0 < l < 1 \tag{3-3-123}$$

效用最大化时，构造的汉密尔顿函数为：

$$H = \frac{c^{1-\sigma} l^{\beta(1-\sigma)}}{1-\sigma} + \lambda_1 \left[k^{\alpha}(uh)^{1-\alpha} - c - nk \right] + \lambda_2 \left[\delta h \bar{l}^{\gamma}(1 - u - l) \right]$$

$$\tag{3-3-124}$$

λ_1 和 λ_2 为物质资本和人力资本的共态变量，分别测量物质资本和人力资本的现值影子价格，当效用最大化时满足横截面条件为：

$$\lim_{t \to \infty} \lambda_1 k_t = 0 \quad \lim_{t \to \infty} \lambda_2 h_t = 0 \tag{3-3-125}$$

横截面条件确保在计划期限结束时，任何剩余的物质资本和人力资本在效用方面都为零。

1. 一阶条件

最大化家庭效用函数的一阶条件为：

$$\frac{\partial H}{\partial c} = 0 \rightarrow \lambda_1 = c^{-\sigma} l^{\beta(1-\sigma)} \qquad (3-3-126)$$

$$\frac{\partial H}{\partial u} = 0 \rightarrow \lambda_1 k^\alpha (1-\alpha) u^{-\alpha} h^{1-\alpha} = \lambda_2 \delta h \, l^\gamma \rightarrow \lambda_1 = \frac{\lambda_2 \delta \, \bar{l}^\gamma}{(1-\alpha) k^\alpha (uh)^{-\alpha}}$$
$$(3-3-127)$$

$$\frac{\partial H}{\partial l} = 0 \rightarrow \beta c^{1-\sigma} l^{\beta(1-\sigma)-1} = \lambda_2 \delta h \, \bar{l}^\gamma \qquad (3-3-128)$$

$$(\rho - n)\lambda_1 - \frac{\partial H}{\partial k} = \dot{\lambda_1} \rightarrow \frac{\dot{\lambda_1}}{\lambda_1} = \rho - \alpha k^{\alpha-1}(uh)^{1-\alpha} \qquad (3-3-129)$$

$$(\rho - n)\lambda_2 - \frac{\partial H}{\partial h} = \dot{\lambda_2} \rightarrow \frac{\dot{\lambda_2}}{\lambda_2} = \rho - n - \delta \, \bar{l}^\gamma (1-l) \qquad (3-3-130)$$

2. 均衡稳态最优解

对上述方程进行时间微分，可得：

$$\dot{\lambda_1} = -\sigma c^{-\sigma-1} l^{\beta(1-\sigma)} \dot{c} \qquad (3-3-131)$$

两边同除以方程（3-3-126）可得：

$$\frac{\dot{\lambda_1}}{\lambda_1} = \frac{-\sigma c^{-\sigma-1} l^{\beta(1-\sigma)} \dot{c}}{c^{-\sigma} l^{\beta(1-\sigma)}} \qquad (3-3-132)$$

$$\frac{\dot{\lambda_1}}{\lambda_1} = -\sigma \frac{\dot{c}}{c} \qquad (3-3-133)$$

根据方程（3-3-129），代入可得：

$$\frac{\dot{\lambda_1}}{\lambda_1} = \rho - \alpha k^{\alpha-1}(uh)^{1-\alpha} = -\sigma \frac{\dot{c}}{c} \qquad (3-3-134)$$

则：

$$\frac{\dot{c}}{c} = -\frac{\rho - \alpha k^{\alpha-1}(uh)^{1-\alpha}}{\sigma} = -\frac{\rho - \alpha^\gamma/k}{\sigma} \qquad (3-3-135)$$

由方程 $\dot{k} = y - c - nk$，可知：

$$\frac{\dot{k}}{k} = \frac{y - c - nk}{k} = \frac{y}{k} - \frac{c}{k} - \frac{nk}{k} \qquad (3-3-136)$$

则：

$$\frac{\dot{k}}{k} + \frac{c}{k} + n = \frac{y}{k} = (\rho + \sigma \frac{\dot{c}}{c})/\alpha \qquad (3-3-137)$$

因为稳态时，$\frac{\dot{k}}{k}$ 为常数，所以 $\frac{c}{k} + \frac{d}{k}$ 也为常数。对 $\frac{c}{k} + \frac{d}{k}$ 分别进行对数微分可得：

$$\frac{\dot{k}}{k} = \frac{\dot{c}}{c} \qquad (3-3-138)$$

方程（3-3-138）意味着人均物质资本的积累速度等于人均消费增长率。

对方程（3-3-135）取对数微分，可得：

$$\ln\left(\rho + \sigma \frac{\dot{c}}{c}\right) = \ln\alpha + (\alpha - 1)\ln k + (1 - \alpha)(\ln u + \ln h)$$

$$(\alpha - 1)\frac{\dot{k}}{k} + (1 - \alpha)\left(\frac{\dot{u}}{u} + \frac{\dot{h}}{h}\right) = 0 \qquad (3-3-139)$$

则：

$$\frac{\dot{k}}{k} = \frac{\dot{u}}{u} + \frac{\dot{h}}{h} \qquad (3-3-140)$$

方程（3-3-140）意味着人均物质资本的积累速度等于工作时间投入增长和人力资本积累速度之和。由于均衡时，工作时间、受教育时间和休闲时间的最佳配比保持不变，所以 $\frac{\dot{u}}{u} = 0$，因此，

$$\frac{\dot{k}}{k} = \frac{\dot{h}}{h} \qquad (3-3-141)$$

即人均物质资本积累速度等于人力资本积累速度。

对方程（3-3-127）两边取对数可得：

$$\lambda_1(1-\alpha)\,k^\alpha\,u^{-\alpha}\,h^{1-\alpha} = \lambda_2\delta h\,l^\gamma \qquad (3-3-142)$$

$$\ln\lambda_1 + \alpha\ln k - \alpha\ln u + (1-\alpha)\ln h = \ln\lambda_2 + \ln\delta + \ln h + \gamma\ln\bar{l} \qquad (3-3-143)$$

$$\ln\lambda_1 - \ln\lambda_2 = \ln\delta + \gamma\ln\bar{l} + \alpha\ln u - \alpha\ln k + \alpha\ln h \qquad (3-3-144)$$

经微分，可得：

$$\frac{\dot\lambda_1}{\lambda_1} - \frac{\dot\lambda_2}{\lambda_2} = \gamma\frac{\dot l}{l} + \alpha\frac{\dot u}{u} - \alpha\frac{\dot k}{k} + a\frac{\dot h}{h} \qquad (3-3-145)$$

当稳态时，l、u 的时间比例保持不变，则 $\dfrac{\dot l}{l}=0$；$\dfrac{\dot u}{u}=0$。方程（3-3-145）可以简化为：

$$\frac{\dot\lambda_1}{\lambda_1} - \frac{\dot\lambda_2}{\lambda_2} = -\alpha\left(\frac{\dot k}{k} - \frac{\dot h}{h}\right) \qquad (3-3-146)$$

则：

$$\frac{\dot\lambda_1}{\lambda_1} = \frac{\dot\lambda_2}{\lambda_2} \qquad (3-3-147)$$

对方程 $y = A\,k^\alpha(uh)^{1-\alpha}$，取对数可得：

$$\ln y = \ln A + \alpha\ln k + (1-\alpha)(\ln u + \ln h) \qquad (3-3-148)$$

则：

$$\frac{\dot y}{y} = \alpha\frac{\dot k}{k} + (1-\alpha)\frac{\dot h}{h} \qquad (3-3-149)$$

代入方程（3-3-141），可得：

$$\frac{\dot y}{y} = \frac{\dot k}{k} = \frac{\dot h}{h} \qquad (3-3-150)$$

由方程（3-3-140）可得：

$$\frac{\dot c}{c} = -\frac{\rho - \alpha\,k^{\alpha-1}(uh)^{1-\alpha}}{\sigma} = \frac{\alpha\,k^{\alpha-1}(uh)^{1-\alpha} - \rho}{\sigma} \qquad (3-3-151)$$

在方程（3-3-141）的基础上，我们对方程（3-3-122）取对数微分，可得：

$$\frac{\dot{\lambda}_1}{\lambda_1} = \frac{\dot{\lambda}_2}{\lambda_2} \qquad (3-3-152)$$

由方程（3-3-129）、方程（3-3-130）和方程（3-3-147）可得：

$$\alpha k^{\alpha-1}(uh)^{1-\alpha} = n + \delta \bar{l}^\gamma (1-l) \qquad (3-3-153)$$

将方程（3-3-153）代入方程（3-3-151），可得：

$$\frac{\dot{c}}{c} = \frac{1}{\sigma}[n + \delta \bar{l}^\gamma (1-l) - \rho] = \frac{\dot{y}}{y} = \frac{\dot{k}}{k} = \frac{\dot{h}}{h} \qquad (3-3-154)$$

经计算，可得：

$$\frac{\dot{c}}{c} = \frac{\dot{y}}{y} = \frac{\dot{k}}{k} = \frac{\dot{h}}{h} = \frac{1}{\sigma}[n + \delta \bar{l}^\gamma (1-l) - \rho] \qquad (3-3-155)$$

（三）模型讨论

由方程（3-3-126）可知，当个体在教育时间、休闲时间和工作时间的最优配比保持恒定时，人均产出增长率随着劳动力增长率 n、个体人力资本累积参数 δ、个体跨期替代弹性 $\frac{1}{\sigma}$ 的增加而增大，随着时间偏好 ρ 的增大而减小。闲暇时间对产出效率增长呈现线性关系：一方面，休闲时间增加，$\bar{l}^\gamma$ 会促进经济增长，另一方面，$(1-l)$ 则表现出休闲时间对工作时间和学习时间的挤出效应。因此，最优的闲暇时间值可能存在。由方程（3-3-121）、方程（3-3-123）和方程（3-3-155）可知，闲暇时间通过综合作用于人力资本的积累速度，进而作用于经济产出。

将方程（3-3-155）两边取对数后，然后对 l 求一阶偏导数，并令其等于 0，可得：

$$l^* = \frac{\gamma}{1+\gamma} \qquad (3-3-156)$$

即当满足假设条件时，个体的最优闲暇时间存在。由闲暇时间 $l = 1 - u$

可知：

$$l = \frac{1-\gamma}{1+\gamma} \qquad (3-3-157)$$

因此，当工作时间与闲暇时间之比为 $\gamma/1-\gamma$，即工作时间和休闲时间按照"干中学"和"闲中学"对人力资本的弹性来配置时，人力资本积累速度和经济增长率可以达到最优，则：

$$u = \frac{\gamma}{1-\gamma}l \qquad (3-3-158)$$

此时，人力资本增长率等于物质资本增值率，则：

$$\dot{k} = \dot{h} = y - c - nk \qquad (3-3-159)$$
$$\dot{h} = \delta h\,\bar{l}^{\gamma}(1-u-l),0 < l < 1 \qquad (3-3-160)$$
$$y = \dot{h} - c - nk \qquad (3-3-161)$$

则：

$$y = \delta h\,\bar{l}^{\gamma}(1-u-l) - c - nk \qquad (3-3-162)$$

把方程（3-3-158）代入上面，

$$y = \delta h\, l^{\gamma}\left(1 - \frac{l}{1-\gamma}\right) - c - nk \qquad (3-3-163)$$

由方程（3-3-163）可知，闲暇时间对经济产出的影响呈现非线性关系，最优的闲暇时间 l^* 存在，且与个体的人力资本存量 h、人力资本积累效率 δ、人均消费 c、人均物质资本 k、人口增长率 n 等参数相关。

六 纳入闲暇时间配置的微观经济选择模型

（一）基本条件

假设个体每天可自由支配的闲暇时间为 L，在看电视、看视频、上网玩游戏、打麻将、运动健身、阅读学习、技术培训、艺术欣赏、社会交往、逛街、购物等休闲活动上分配的时间分别为：l_1，l_2，l_3，$l_4 \cdots l_n$。为了便于分析，我们将 L 量化为单位 1，则：

$$l_1 + l_2 + l_3 + \cdots + l_n = L = 1,0 \leq l_1,l_2,l_3,l_4 \cdots l_n \leq 1 \qquad (3-3-164)$$

现有文献对于休闲活动种类的划分尚没有统一标准，代表性的观点有功能型和价值型两类。功能型是根据休闲活动的目的取向将休闲方式划分为成就型、社交型和耗时型等（许玲丽等，2017）；价值型则是根据时间利用的价值高低将休闲行为依次划分为反社会、伤害自我、寻求刺激、情感参与、积极参与和创造性参与六种等级（高德胜，2006），也有学者依据活动带来的价值属性将休闲活动划分为积极型和消极型两种。本节在美国休闲学家纳什价值等级划分方式的基础上，借鉴认知心理学和教育心理学中的"即时满足"和"延迟满足"概念（Mischel 和 Underwood，1974；任天虹等，2015），将六种休闲等级简化为即时满足类和延迟满足类两种。当然，每种休闲活动都能给个体带来一定的效用：即时满足类休闲活动可以在当下给个体带来较大效用，而延迟满足类休闲活动则可以在未来给个体带来更大收益。假定即时满足类和延迟满足类两种休闲活动所占用的时间为 L_1、L_2，则：

$$L_1 + L_2 = L = 1,0 \leq L_1,L_2 \leq 1 \qquad (3-3-165)$$

其中，个体的闲暇时间在 L_1、L_2 之间自由配置。假设个体选择即时满足类休闲活动带来的即时效用为 $v(L_1)$，在边际效用递减的影响下，即时满足类休闲活动带来的效用函数满足 $v' > 0,v'' < 0$。在阅读学习、运动健身、社会交往等延迟满足类休闲活动上的时间配置，可以通过提升个体的人力资本质量来提高未来的预期收入 $S(L_2)$。那么，个体的收入现值为 $\dfrac{S(L_2)}{i}$（i 为正数的主观贴现率）。那么，个体的综合效用函数为：

$$V = v(L_1) + \frac{S(L_2)}{i},0 \leq L_1,L_2 \leq 1,v' > 0,v'' < 0 \qquad (3-3-166)$$

对于时间偏好 ρ_j 较大的个体来说，更愿意选择能带来即时满足的休闲活动（Song，2011）。因此，在即时满足类休闲活动上配置的时间较多，即：

$$1 \geqslant L_1 > L_2 \geqslant 0 \qquad (3-3-167)$$

反之，对于时间偏好 ρ_j 较小的个体来说，更愿意在延迟满足类活动上配置更多时间，即：

$$1 \geqslant L_2 > L_1 \geqslant 0 \qquad (3-3-168)$$

（二）基础模型

本节以 Romer（1990）的内生增长模型为建模基础，总人口为 N，物质资本为 $K = Nk$，劳动力为 $L = Nl$，人力资本为 $H = Nh$，技术进步为 A；经济部门分为科研部门、中间品部门和最终品部门。其中，人力资本投入科研部门比例为 H_A，投入最终品部门比例为 H_Y，且 $H_A + H_Y = H$。为了简化分析均衡解的动态变化，我们假定劳动力 L、总人力资本 H 和人力资本分配到各部门的比例固定不变，则基础模型可设置为：

$$Y(H_Y, L, K) = H_Y^{\alpha} L^{\beta} K^{1-\alpha-\beta} \qquad (3-3-169)$$

其中，K 为不同物质资本类型的一个加性可分函数 $\sum_{i=1}^{\infty} x_i$。假设生产最终产品投入的物质资本为 η 单位，不失一般性，物质资本积累方程为：

$$\dot{K}(t) = Y(t) - C(t) \qquad (3-3-170)$$

则最终品生产部门方程（3-3-169）可以被重写为：

$$Y(H_Y, L, x) = H_Y^{\alpha} L^{\beta} \int_0^{\infty} x(i)^{1-\alpha-\beta} di \qquad (3-3-171)$$

对于科研部门而言，利用非竞争性的技术存量 A 和配置到科研部门的人力资本 H_A 来产生新的设计和知识，则技术累计方程为：

$$\dot{A} = \delta H_A A \qquad (3-3-172)$$

其中，δ 为科研部门的效率参数。

（三）模型改进之处

与 Romer（1990）相比，本研究的改进之处体现了代表性主体的异质性差异：一是放松了对人力资本质量固定不变的假设；二是放弃了理性代理人时间偏好一致性假设。

第一，前人的大部分研究多采用受教育程度来表征人力资本。因此，在短期内，人力资本可以被当作常数来处理。然而，马红旗、王韧（2014）认为受教育程度仅代表了个体的潜在人力资本水平，而真实的人力资本质量取决于经济载体在特定体制环境下的发挥程度。也就是说，具有相同潜在人力资本水平（即相同受教育程度）个体的工作绩效和劳动生产率并不一致，因为个体的真实人力资本水平还受到后天环境影响。由上文分析可知，休闲活动具有"双刃剑"属性：积极健康的休闲活动不仅有助于身体健康，还可以促进个体人力资本水平提升，而消极有害的休闲活动则会损害身心健康、消磨精神气质，从而不利于个体潜在人力资本水平的发挥。因此，个体增加 1 单位的延迟满足类闲暇时间会获得正向的人力资本回报 d；反之，增加 1 单位的即时满足类闲暇时间则可以获得负向的人力资本折旧 e。那么，真实人力资本水平可以设置为：

$$h_{real} = \zeta_j h \tag{3-3-173}$$

其中，ζ_j 为真实人力资本的效率参数，j 为个体，效率参数 ζ_j 受到后天人力资本回报 d 和人力资本折旧 e 的双向影响，则：

$$\zeta_j = 1 + d L_2 - e L_1 \tag{3-3-174}$$

将方程（3-3-174）代入方程（3-3-173）可得：

$$h_{real} = (1 + d L_2 - e L_1) h \tag{3-3-175}$$

因而，将闲暇时间更多配置在延迟满足类休闲活动个体的人力资本将出现"溢价效应"，即 $d L_2 - e L_1 > 0$；反之，将更多闲暇时间配置在即时满足类休闲活动上的人力资本会出现"折旧效应"，即 $d L_2 - e L_1 < 0$。为了便于分析，我们假设分配到科研部门和最终品部门的人力资本 H_A、H_Y 具有相同的效率参数 ζ_j。

第二，体现异质性时间偏好。在前人的相关研究中，无论是恢复体验理论、人格一致性假说，还是目的投资论，都忽略了个体的时间偏好问题。宏观经济学基本框架中的同质性时间偏好假设也一直备受质疑，因为相比之下，异质性主体的宏观模型更能解释经济现实。实际上，因闲暇时间是与个体维持生存无关的、可以被任意支配的自由时间，个体对闲暇时间的利用方式可以很好地反映个体的时间偏好 ρ_j（Lynn，2006）。具体来说，将闲暇时间多配置到看电视、玩游戏、赌博等能带来"即时满足"休闲活动上的个体往往具有较高的时间偏好 ρ_j，而在运动健身、学习培训、社会交往等能带来"延迟满足"活动上配置较多时间的个体则经常具有较低的时间偏好 ρ_j。

（四）均衡产出

与 Romer（1990）的研究一样，我们令 r 代表利率，P_A 代表新设计的价格，$\pi(t)$ 为垄断利润，w_H 代表每单位人力资本的租金价格，则人力资本的租金价格 $w_H = P_A \delta A$。因为市场是竞争的，则新设计的价格 P_A 将会竞买直到它等于垄断者所能获取的净利润现值，即

$$\pi(t) = r(t) P_A \qquad (3-3-176)$$

不失一般性，消费者效用函数设置为：

$$\int_0^\infty U(C) \, e^{-\rho_j t} dt, U(C) = \frac{C^{1-\sigma} - 1}{1-\sigma} \qquad (3-3-177)$$

则消费者的跨期最优条件为：

$$\dot{C}/C = (r - \rho_j)/\sigma \qquad (3-3-178)$$

当均衡时，利润流贴现现值必须等于新设计的价格 P_A，最终产品部门人力资本工资等于人力资本边际产出，产出稳态增长率 g 等于消费 C、物质资本 K、技术进步 A 等的稳态增长率，经计算可得：

$$H_Y = \frac{1}{\delta} \frac{\alpha}{(1-\alpha-\beta)(\alpha+\beta)(1+dL_2-eL_1)} r \qquad (3-3-179)$$

$$g = \delta(1 + dL_2 - eL_1) H_A \qquad (3-3-180)$$

人力资本的限制条件为 $H_Y = H - H_A$，结合方程（3-3-179）和方程（3-3-180），可得：

$$g = \delta(1 + d L_2 - e L_1)Nh - \frac{\alpha}{(1 - \alpha - \beta)(\alpha + \beta)}r \qquad (3-3-181)$$

又因均衡时，消费函数以相同的速度增长，则：

$$g = \dot{C}/C = (r - \rho_j)/\sigma \qquad (3-3-182)$$

结合方程（3-3-181）和方程（3-3-182），可得：

$$g = \frac{\delta(1 + d L_2 - e L_1)Nh - \dfrac{\alpha \rho_j}{(1 - \alpha - \beta)(\alpha + \beta)}}{1 + \dfrac{\delta\alpha}{(1 - \alpha - \beta)(\alpha + \beta)}} \qquad (3-3-183)$$

（五）模型讨论

由方程（3-3-183）可知，当保持其他参数不变时，产出增长率 g 与个体人力资本存量 h、人力资本效率参数 $(1 + d L_2 - e L_1)$ 成正比，与个体的时间偏好 ρ_j 成反比。与代表性主体宏观模型相比，异质性主体的宏观模型与现实情况更相符，即方程（3-3-183）不仅清晰刻画了具有不同时间偏好和真实人力资本水平个体对经济效率的影响机制，还更好解释了同等受教育水平所产生的劳动生产率差异等代表性主体宏观模型无法解释的现实问题。

在微观层面上，已有大量的研究证明，个体的休闲活动选择可以反映个体性格特征（Diener 等，1984；Lynn，2006），因为个体的人格特征可以显著影响休闲活动选择（Emmons 等，1986）。Song（2011）的研究也进一步证实，个体的时间偏好可以有效影响日常生活中的非市场活动选择：具有较高时间偏好的个体将花费更多的时间在即时满足类活动上，例如看电视和享受美食；而时间偏好较低个体则更偏向于在诸如运动健身、课余培训等延迟满足活动上的时间投入。

综上可知，将闲暇时间配置在运动健身、学习培训等能带来"延迟满足"活动中的个体具有更高的人力资本效率参数 $(1 + d L_2 - e L_1)$ 和更低的时间偏好 ρ_j，因而他们的产出效率 g 更高。相比之下，经常参与看电视、玩游戏、赌博等能带来"即时满足"休闲活动个体的产出效率就往往较低。实际上，无论是人力资本效率参数 $(1 + d L_2 - e L_1)$，还是时间偏好 ρ_j，都具有明显的微观个体特征。所以，本研究也是探索宏观经济增长微观基础的一种有益尝试。

第四节　模型的对比与讨论

一　与相关模型的比较分析

为了便于对模型进行讨论，本部分将本章构建的考虑闲暇效应的内生增长模型与先前的经典文献进行比较，具体如表 3-1 所示。

模型 1 中的 Psariano（2007）人力资本积累方程并未考虑休闲效应，只是将闲暇时间对工作的替代效应和对个体带来的正效应纳入消费函数。因此从最优经济增长的路径来看，闲暇时间将抑制经济增长。即当考虑闲暇时间之后，个体的福利最大并不意味着经济增长最优。与 Lucas（1988）的经济增长相比，Psariano（2007）模型的稳态增长率要明显低于不考虑闲暇效应的增长率。

表 3-1　考虑闲暇效应的内生增长模型比较

项目	模型 1	模型 2	模型 3	模型 4
经典文献	Psariano（2007）	魏翔、庞世明（2012）	本章构建	本章构建
人力资本积累方程 $\dot{h}$	ϑuh	$h\,l^{\gamma}\delta(1-u-l)$	$h\,l^{\gamma}\delta(1-u-l)$	$h\,l^{\gamma}\delta(1-u-l)\,d^{1-\gamma}$
物质资本投入	不含物质资本	不含物质资本	不含物质资本	含有物质资本 $d^{1-\gamma}$
闲暇替代效应	有	有	有	有
闲暇互补效应	无	有	有	有
闲暇时间	内生约束	外生给定	内生约束	内生约束
时间约束	$u+l+e=1$	—	$u+l+e=1$	$u+l+e=1$
l 约束条件	无	无	$\alpha\dfrac{y}{k}=n+$ $\delta l^{\gamma}(1-l)$	$\alpha\dfrac{y}{k}=n+$ $\delta l^{\gamma}d^{1-\gamma}(1-l)$

续表

项目	模型 1	模型 2	模型 3	模型 4
最优增长率 $\dfrac{\dot{y}}{y}$	$\dfrac{1}{\sigma}[n + \vartheta(1-l) - \rho]$	$\dfrac{1}{\sigma}[n + \vartheta\, l^{\gamma}(1-l) - \rho]$	$\dfrac{1}{\sigma}[n + \delta\, l^{\gamma}(1-l) - \rho]$	$\dfrac{1}{\sigma}[n + \delta\, l^{\gamma}(1-l) d^{1-\gamma} - \rho]$

资料来源：笔者整理而得。

模型 2 中魏翔和庞世明（2012）的模型不仅考虑了闲暇替代效应，还将闲暇对经济产出的"闲而优"效应和"闲中学"效应考虑在内。通过分析闲暇的净效应（即闲暇互补效应与替代效应之差）对经济增长的影响路径，得出经济持续增长概率较大的结论。从模型 2 的经济最优增长率可知，如果 l^{γ} 对经济的互补效应大于 $(1-l)$ 带来的替代效应，那么此时的稳态增长率将高于 Lucas（1988）的最优增长。

模型 3 为本章构建的将闲暇时间内生于魏翔和庞世明（2012）闲暇净效应的模型之中。与以往的模型类似，本模型并未将物质资本对人力资本的积累考虑在内。与魏翔和庞世明（2012）的最优增长相比，模型 3 最优经济增长率受到物质资本平均收益的影响，这一点可以通过闲暇时间 l 约束条件 $\alpha\dfrac{y}{k} = n + \delta\, l^{\gamma}(1-l)$ 判断。

模型 4 在模型 3 的基础上考虑了物质资本对人力资本积累的影响。对于物质资本的重要作用，Bowen（1987）认为美国高等教育人力资本中，物质资本的投入占总成本的 22%。因而，在将物质资本投入纳入人力资本积累方程之后，最优增长率取决于物质资本对人力资本的重要程度 $d^{1-\gamma}$。

二 模型讨论

由方程（3-3-41）可知，闲暇的补偿效应 γ 有助于提高人力资本累积速率，人力资本积累速率和劳动力增长速度可以有效促进经济增长。然而，随着闲暇时间 l 增长，一方面对经济增长有促进作用，另一方面也会产生由于减少受教育时间而抑制经济增长的负面影响；劳动力增长率 n 对经济增长和人力资本表现出正向影响，是因为人口越多，则"干中学"和"闲中学"效应对人力资本的作用程度越大；与前人研究结果一样，方程（3-3-41）和方程（3-3-84）中贴现率 ρ 的提高表现为降低经济增长率和人力资本积累速度。对闲暇带来的经济效率分析可以得到以下三个推论。

推论一：闲暇时间与人力资本积累、经济增长之间存在非线性关系。

从方程（3-3-41）或方程（3-3-84）中的表达式 $(1-l)\, l^{\gamma}$ 可知，闲暇时间 l 对人力资本积累速度 g_h、人均经济增长率 g_y 的影响是非线性的。一方面，随着 l 的增加，休闲对人力资本的"闲而优"效应 l^{γ} 也将随之增加；另一方面，随着 l 的增加，工作时间对人力资本的"干中学"效应 $(1-l)$ 却会减少。因此，闲暇时间 l 与表达式 $(1-l)\, l^{\gamma}$ 之间的关系是非线性的。

推论二：闲暇时间与经济效率之间的关系取决于闲暇时间的配置方式。

基于方程（3-3-41）和方程（3-3-84），当个体在闲暇时间内选择消磨时间、伤害自我或是放纵、反社会等消极的休闲活动时，$\gamma < 0$，此时，消极的休闲活动可以消磨个体的意志和精神，从而不利于个人素质和人力资本质量提高；当个体在可支配闲暇时间内选择寻求挑战、追求刺激、有感情投入、积极参与、艺术性或是创造性的休闲活动时，$\gamma > 0$，此时，积极的休闲活动可以促使个体放松身心、充满激情并提高创造力，从而有助于个体人力资本的积累。

推论三：人力资本积累是时间配置的结果，存在最优的时间配比促使最大化人力资本积累效率和经济增长率。

由于闲暇时间 l 与表达式 $(1-l)\, l^{\gamma}$ 之间的关系是非线性的，因此，肯定存在最优化的闲暇时间 l 以最大化人力资本积累速度 g_h 和经济增长率 g_y。当不考虑物质对人力资本积累的影响时，将方程（3-3-84）两边取对数后，然后对 l 求一阶偏导数，并令其等于 0，可得：

$$l^{*} = \frac{\gamma}{1+\gamma} \tag{3-4-1}$$

根据方程（3-3-91）可知，最佳时间配比为：

$$u : l : e = \rho - n - \delta \frac{\gamma}{1+\gamma}^{\gamma} \left(\frac{1}{1+\gamma} \right) (1-\sigma) : \sigma\delta \frac{\gamma}{1+\gamma}^{\gamma+1} : n - \rho + \delta \frac{\gamma}{1+\gamma}^{\gamma} \left(\frac{1}{1+\gamma} \right)$$

$$(3-4-2)$$

因此，当其他参数不变时，个体每天工作时间、受教育时间和纯闲暇时间之比为方程（3-3-92）时，人力资本积累速度和经济增长率可以达到最优。

当考虑物质资本投入对人力资本积累的影响时，对方程（3-3-41）两边取对数，然后对 l 一阶求导，并令其等于 0，可得：

$$\frac{\gamma}{l} + \frac{1}{1-l} + (1-\gamma) \frac{d}{d} = 0 \qquad (3-4-3)$$

将方程（3-3-38）代入上式可得：

$$l^{**} = \frac{\gamma}{1+\gamma} \qquad (3-4-4)$$

所以，当考虑物质资本投入时，最佳闲暇时间保持不变。但此时因物质资本的存在使最佳时间配比发生变化，具体为：

$$u : l : e = \left(\frac{1}{1+\gamma} \right) \left(\frac{\sigma-1}{\sigma} \right) + \frac{\rho - n}{\sigma\delta \frac{\gamma}{1+\gamma}^{\gamma} d^{1-\gamma}} : \frac{\gamma}{1+\gamma} : \frac{\left(\frac{1}{1+\gamma} \right) \delta \frac{\gamma}{1+\gamma}^{\gamma} d^{1-\gamma} + n - \rho}{\sigma\delta \frac{\gamma}{1+\gamma}^{\gamma} d^{1-\gamma}}$$

$$(3-4-5)$$

当其他经济参数固定不变时，与方程（3-3-92）相比，考虑物质资本投入的最佳时间配比取决于物质资本投入对人力资本的重要程度。在现实世界中，我们看到人力资本生产活动需要大量的物质资本投入，如大楼、教室、设备和其他实验设施等。从经验上来看，物质资本投入对人力资本的重要性在 0.22~0.51 区间（Bowen，1987），具体的数值要取决于各种限定的经济参数和受教育程度：高等教育、中等教育和初等教育对物质资本的依存度可能会存在较大不同。

第二篇

中国居民的休闲状况调查与现状评估

第四章　中国居民休闲行为特征分析

在检验闲暇时间配置对劳动生产率的影响之前，我们需要对中国居民的闲暇时间配置（即居民的闲暇时间、休闲活动选择等休闲行为特征）有一个基本面的了解。通过对2014年、2017年和2019年个体闲暇时间配置和休闲行为特征的变化分析，我们能够深入了解近年来居民生活状态和休闲质量的变迁轨迹，然后通过性别、年龄、婚姻状况、收入水平和户籍等维度来剖析不同群体的休闲行为特征。为了便于国际比较，本章在对比国家间劳动生产率差异的基础上，将中国（2019年）、美国（2019年）和日本（2019年）的居民闲暇时间配置和休闲行为选择进行横向对比研究，以揭示三国居民休闲行为特征差异和劳动生产率差异之间的内部联系。

第一节　居民休闲行为比较（2014~2019年）

一　数据说明

（一）数据来源

本部分的数据来源于2014年、2017年和2019年中国经济生活大调查数据库，中国经济生活大调查是关于中国民生经济的最大规模调查，每年发放问卷10万份，调查地域涵盖中国31个省、自治区、直辖市，每个城市的样本调查数量由所在地域的人口多少而定。为了降低调查问卷在发放或填写过程中的误差，每份问卷均由专业的邮局工作人员负责向受调查者询问，调查员做记录。中国经济生活大调查问卷一共分为三个部分。第一部分为经济生活评价，包括工资水平、未来收入预期、房价预期、家庭消费支出、生活质量评价、生态环境、未来期待改善、社会保障和将来行业发展前景等方面；第二部分包括个体时间配置，主要包括通勤方式、上下班通勤时间，除上学、工作和睡觉外的工作日闲暇时间，工作日闲暇时间的休闲活动选择三部分；第三部分为调查对象的人口统计学信息，包括性别、年龄、居住地、户籍所在地、家庭年收入、受教育程度、婚姻状况、家庭住房状况和职业等。

如第一章所述，本章研究的个体闲暇时间是从职业观点来讲的。借鉴于光远（2002）对一般"闲"的定义，指具有固定的工作、按照每天 8 小时工作制生活下的个体闲暇时间。因而，本章的研究对象为那些具有正式工作的个体，而将那些生活在农村地区的农业劳动者、城镇离退休人员、在校学生和没有签订正式劳务合同的灵活就业人员或年龄在 60 岁以上的老年人等样本排除在研究范围之外。

（二）样本基本面统计分析

2014 年、2017 年和 2019 年的有效样本分别为 42949、32404 和 70322。人口统计学方面，分别从性别、年龄、家庭年收入、受教育程度、婚姻状况、居住地、户籍所在地、就业类型和家庭住房状况来进行说明（见表 4-1）。

表 4-1　2014 年、2017 年和 2019 年调查样本的描述性统计

单位：%

变量		2014 年		2017 年		2019 年	
		样本量	占比	样本量	占比	样本量	占比
性别	男	23037	54.21	17517	55.33	38831	61.92
	女	19457	45.79	14143	44.67	23883	38.08
年龄	18~25 岁	7166	16.83	4407	14.99	6158	14.60
	26~45 岁	16732	39.30	12371	42.07	17194	40.76
	46~59 岁	18676	43.87	12631	42.95	18836	44.65

变量		2014 年		2017 年		2019 年	
		样本量	占比	样本量	占比	样本量	占比
家庭 年收入	5 万元以下	27393	64.55	13318	41.42	25847	40.13
	5 万~12 万元	13367	31.50	14006	43.56	27441	42.61
	12 万元以上	1676	3.95	4828	15.02	11117	17.26
受教育 程度	小学及以下	1987	4.67	1825	5.64	5816	8.95
	中学及中专	16192	38.02	11210	34.67	25735	39.60
	大专	16624	39.04	12591	38.95	23113	35.57
	本科	6746	15.84	6044	18.69	9382	14.44
	硕士	785	1.84	512	1.58	711	1.09
	博士	251	0.59	148	0.46	227	0.35
婚姻 状况	未婚有恋人	5216	12.25	4805	14.88	9522	14.76
	未婚无恋人	7188	16.88	5726	17.74	7955	12.33
	已婚	28266	66.36	20433	63.30	43840	67.94
	离异	1512	3.55	1139	3.53	2606	4.04
	丧偶	412	0.97	179	0.55	601	0.93
居住地	城镇	22760	76.39	22746	70.20	44102	71.02
	农村	7036	23.61	9658	29.80	17993	28.98
户籍 所在地	城镇	19819	65.25	19143	59.08	24596	57.66
	农村	10554	34.75	13261	40.92	18062	42.34
就业 类型	事业单位人员	8615	20.17	6684	22.28	12557	25.79
	企业管理人员	9954	23.31	6881	22.93	9564	19.64
	城市户籍企业员工	15531	36.36	10259	34.19	16461	33.81
	进城务工人员	8609	20.16	6122	20.6	10106	20.76
家庭 住房 状况	商品房	12670	29.74	9565	31.84	22149	37.48
	小产权房	15293	35.90	10850	36.12	16085	27.22
	农村住房	7089	16.64	4592	15.29	11724	19.84
	公租房	2443	5.74	1542	5.13	3075	5.20
	自租房	5102	11.98	3493	11.63	6061	10.26

资料来源:《2014~2015 中国经济生活大调查》《2017~2018 中国经济生活大调查》《2019~2020 中国经济生活大调查》,后同;因 2014 年、2017 年和 2019 年在家庭年收入方面的测量维度存在差异,本章对年收入选项进行合并、整理,将样本划分为高等收入阶层(12 万元以上)、中等收入阶层(5 万~12 万元)和低等收入阶层(5 万元以下)。

二 中国居民闲暇时间的变迁趋势

(一)人均闲暇时间

整体来看,近年来的中国居民闲暇时间保持稳定,且有上升趋势。2014

年工作日的日均闲暇时间为 2.68 小时，2017 年的数据为 2.62 小时，而 2019 年的工作日日均闲暇时间增加至 2.81 小时（见表 4-2）。

表 4-2　居民工作日日均闲暇时间变化趋势

单位：小时

变量	样本量	均值	方差	最大值	最小值
闲暇时间（2014 年）	42949	2.68	1.42	0.25	5.5
闲暇时间（2017 年）	32404	2.62	1.54	0.25	5.5
闲暇时间（2019 年）	70322	2.81	1.27	0.25	5.5

（二）居民闲暇时间分布特征

从居民闲暇时间的分布特征来看，日常闲暇时间在 1～2 小时和 2～3 小时的比例最高，占到全体调查样本的五成左右。从 2014 年到 2019 年，近 8 成居民的闲暇时间在 4 小时以下，仅有两成左右居民的闲暇时间超过 4 小时。值得注意的是，与 2014 年相比，2017 年选择 1 小时以下的比例上升了 2.51 个百分点。严重缺乏闲暇时间群体比例升高在一定程度上表明，现代都市生活中工薪阶层的工作节奏加快、生活—工作失衡形势严峻（见表 4-3）。

表 4-3　居民闲暇时间分布特征

单位：%

变量	2014 年		2017 年		2019 年	
	样本	占比	样本	占比	样本	占比
1 小时以下	3847	9.01	3635	11.52	6287	8.95
1～2 小时	11716	27.43	7506	23.80	18467	26.28
2～3 小时	10647	24.93	7837	24.85	17796	25.32
3～4 小时	7938	18.59	6173	19.57	11826	16.83
4～5 小时	5542	12.98	3497	11.09	9068	12.90
5 小时及以上	3019	7.07	2893	9.17	6834	9.08

（三）闲暇时间的地域特征

按照国家统计局的划分标准①，我们将对比中国东部、西部、中部和东北地区四大区域居民工作日的日均闲暇时间。结果显示，随着时间推移，各区域的闲暇时间基本稳定。具体来看，以2019年为例，西部地区居民闲暇时间最多，约为2.95小时；而东北地区的闲暇时间最短，每天仅为2.73小时左右。有学者认为这可能与各区域工业基础不同有关：东北地区是中国最大的老工业基地，而西部地区工业化程度相对较低，因此其区域的居民闲暇时间较多（王鹏飞、魏翔，2015；Wang和Shi，2006）。除此之外，按照城市的行政级别，本部分又分析了直辖市、省会城市、计划单列市和地级市居民的闲暇时间差异。结果表明，城市行政级别越高、人口密度越大的城市，其居民的闲暇时间越少（见表4-4）。

表4-4 不同区域居民闲暇时间分析

单位：小时

变量	2014年	2017年	2019年	变量	2014年	2017年	2019年
东部地区	2.66	2.59	2.89	直辖市	2.64	2.56	2.73
中部地区	2.61	2.55	2.83	省会城市	2.66	2.52	2.82
西部地区	2.73	2.77	2.95	计划单列市	2.69	2.62	2.96
东北地区	2.51	2.49	2.73	地级市	2.68	2.64	2.98

（四）休闲活动比较

不同区域间居民选择休闲活动的模式基本一致（见图4-1）。居民选择频率最高的活动类型为消极休闲活动，然后依次是居家休闲活动、社交休闲活动、购物休闲活动和运动休闲活动。由此可见，我国居民对看电视、上网等消极休闲活动和居家休闲活动等"静态"的休闲活动较为偏爱。这可能

① 根据国家统计局公布的《东西中部和东北地区划分方法》，将我国的经济区域划分为东部、中部、西部和东北四大地区。其中，东部包括北京、天津、河北、上海、江苏、浙江、福建、山东、广东和海南；中部包括山西、安徽、江西、河南、湖北和湖南；西部包括内蒙古、广西、重庆、四川、贵州、云南、西藏、陕西、甘肃、青海、宁夏和新疆；东北包括辽宁、吉林和黑龙江。

是由于中国长期受儒家、道家文化的影响（Schutte，H. 和 Ciarlante，D.，1998），与对休闲追求的理解为一种平静的生活有关。当然也有学者指出，这主要是由于我国居民的工作压力大、生活成本高，因此受制于收入和家庭责任，会选择花费少、成本低的消极休闲活动。

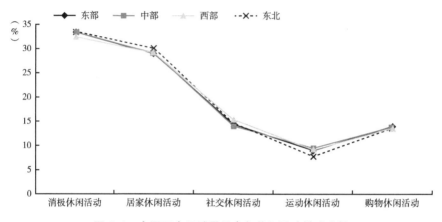

图 4-1 中国四大区域居民参与休闲活动模式比较

从区域间对比来看，除运动休闲活动以外，四大区域居民在对消极休闲活动、居家休闲活动、社交休闲活动和购物休闲活动的偏爱上并无较大差异。四大区域居民在对运动休闲活动的选择上出现了显著性差异，其中，中部地区居民对运动休闲活动更为偏爱，而东北地区居民对此类活动的选择明显少于其他地区，这可能和东北地区气候较为寒冷有关（见表4-5）。

表 4-5 不同区域居民参与休闲活动模式的比较

单位：%

活动类型	东部	中部	西部	东北	显著性
消极休闲活动	33.5	33.4	32.5	33.6	$X^2 = 4.8$；d. f. $= 3$；$p > 0.01$
居家休闲活动	29.0	29.2	29.2	30.2	$X^2 = 3.6$；d. f. $= 3$；$p > 0.01$
社交休闲活动	14.4	14.0	15.4	14.7	$X^2 = 5.1$；d. f. $= 3$；$p > 0.01$
运动休闲活动	9.0	9.5	9.2	7.8	$X^2 = 16.4$；d. f. $= 3$；$p < 0.01$
购物休闲活动	14.1	13.9	13.7	13.7	$X^2 = 4.8$；d. f. $= 3$；$p > 0.01$

三　中国居民休闲行为的变迁趋势

与 2014 年相比，2019 年居民在闲暇时间内的休闲活动选择并没有发生明显变化：手机上网、看电视、健身锻炼成为居民选择最多的休闲活动。整体来看，居民更加偏好"静态"的休闲活动。与 2011 年 12.56% 的研究结果相比，2014 年和 2019 年居民对健身锻炼的选择比例有明显提升，这在一定程度上表明人们对身体健康的重视程度在不断提高。

从动态趋势来看，与 2014 年相比，2019 年居民在业余培训、手机上网、阅读，以及看电影戏剧、棋牌、唱歌等文化娱乐和社会交往或赴宴等休闲活动的选择上出现显著差异。其中在业余培训，看电影戏剧、棋牌、唱歌等文化娱乐和手机上网方面，居民选择的比例显著上升；而在阅读、看电视和社会交往或赴宴等休闲活动方面选择的比例显著下降。究其原因，这可能是由于随着居民物质生活的持续改善，居民更加注重自身技能的提高和精神文化的追求，因而在业余培训和看电影戏剧、棋牌、唱歌等文化娱乐方面选择的比例有明显上升。当然，随着智能手机的普及，用手机上网居民比例明显增多，而选择阅读的比例却下降了 8.9 个百分点。值得关注的是，随着中央八项规定和反腐工作的深入开展，居民在社会交往或赴宴方面的选择比例下降了 6.1 个百分点（见表 4-6）。

表 4-6　居民休闲活动选择模式比较

单位：%

变量	2014 年		2019 年		Sig.
	频数	占比	频数	占比	Chi2 检验
业余培训	12443	4.00	7407	7.88	p<0.001
手机上网	42630	13.69	17543	18.66	p<0.001
健身锻炼	42483	13.65	12587	13.39	p>0.05
电脑上网	30571	9.82	10388	11.05	p>0.05
看电影戏剧、棋牌、唱歌等文化娱乐	12443	4.00	10800	11.49	p<0.001
看电视	42630	13.69	10917	11.61	p>0.05

续表

变量	2014 年		2019 年		Sig.
	频数	占比	频数	占比	Chi2 检验
社会交往或赴宴	42483	13.65	7121	7.57	p<0.001
补觉	30571	9.82	8110	8.63	p>0.05
购物	12443	4.00	4596	4.89	p>0.05
阅读	42630	13.69	4543	4.83	p<0.001

第二节 休闲行为的组群差异分析

一 不同群体的闲暇时间差异

从性别的角度来看，男性的人均闲暇时间要普遍高于女性。这主要与家庭中的角色分工有关：在日常生活中，打扫卫生、买菜做饭等家务和照顾孩子、老人等责任大部分由女性来完成；也正因为如此，有研究进一步证实女性的休闲活动空间局限于家庭内部或近距离的空间（郭鲁芳、韩琳琳，2009；许晓霞、柴彦威，2012；王鹏飞、魏翔，2015）。与女性相比，男性普遍有闲，与此相对应的是男性工资水平比女性高的现实。用贝克尔家庭经济学的理论分析，男性的市场工资水平高于家务非市场工作价值，因而在家庭内部最优的比较优势中，女性较大可能地承担了非市场工作。

与年收入在"5 万元以下"的低收入群体相比，年收入在"12 万元以上"的高收入群体的闲暇时间显著增加。无论是 2014 年，还是 2019 年，高收入群体比低收入群体的日均闲暇时间都多半个小时。从数据的结果来看，"有钱有闲"和"无闲也无钱"阶层出现了，而且已经具有了初步固化趋势。高收入群体所从事的职业回报率较高，较高的工资水平又会使其具有更大的选择空间；对于低收入者而言，生活的压力迫使其不会主动地选择更多闲暇时间。这一点也可以从不同受教育程度组群的闲暇时间数据得到验证：

总的来说，随着受教育程度的增加，居民闲暇时间水平也逐步提高。其中，具有博士学历居民比具有小学及以下学历的居民每天多近 1 个小时的"净闲暇时间"。因为具有较高学历个体的工资水平和职业回报率也往往较高，从而更有机会进入"有闲有钱"阶层。

与王鹏飞和魏翔（2015）的研究结果一样，闲暇时间随着个体年龄的增长，呈现先减少、后增加的正"U"形曲线，处在"26～45 岁"年龄段群体的闲暇时间最少。这很好理解，因为处于这一年龄段群体都是家庭和单位的"中坚力量"，加之"上有老、下有小"的现实原因，其闲暇时间较少。从职业的角度来说，闲暇时间也存在显著性差异。数据显示，事业单位人员的闲暇时间最多，企业管理人员的闲暇时间次之，城市户籍企业员工和进城务工人员的闲暇时间较少。

婚姻状况一直是人口统计学特征分析很重要的一项内容，从表 4-7 的

表 4-7　不同组群居民的闲暇时间分析

单位：小时

变量		2014 年	2019 年	变量		2014 年	2019 年
性别	男	2.709587	2.646386	受教育程度	小学及以下	2.569451	2.473288
	女	2.647749	2.590257		中学及中专	2.608279	2.596588
家庭年收入	5 万元以下	2.583835	2.457126		大专	2.675093	2.590005
	5 万～12 万元	2.815852	2.665197		本科	2.84413	2.735192
	12 万元以上	3.170346	2.949513		硕士	3.011146	3.086426
年龄	18～25 岁	2.703565	2.774336		博士	3.229084	3.118243
	26～45 岁	2.663355	2.595849	婚姻状况	未婚有恋人	2.753499	2.675338
	46～59 岁	2.686094	2.676474		未婚无恋人	2.702873	2.751877
居住地	城镇	2.739444	2.642637		已婚	2.645855	2.566963
	农村	2.657973	2.596015		离异	2.911045	2.748683
就业类型	事业单位人员	2.804498	2.728942		丧偶	2.858617	2.581006
	企业管理人员	2.715692	2.714903	家庭住房状况	商品房	2.723796	2.661997
	城市户籍企业员工	2.640735	2.531996		小产权房	2.68175	2.620968
					农村住房	2.649951	2.590483
					公租房	2.693512	2.711576
	进城务工人员	2.587263	2.445198		自租房	2.602362	2.567492

结果来看，已婚群体的闲暇时间最少。这可能和家庭的生命周期有关：当进入婚姻以后，家庭需要两个人共同维护和付出，加上对孩子的照料和对双方老人的付出，因而留给自己的闲暇时间较少。

二 不同群体的休闲行为差异

（一）区域差异

整体来看，中国四大区域居民的休闲活动选择较为一致：手机上网、电脑上网、看电视、阅读和看电影戏剧、棋牌、唱歌等文化娱乐活动成为居民闲暇生活的主流选项。四大区域对比来说，东部地区居民对手机上网活动的选择更为偏爱，东北地区居民对业余培训和看电影戏剧、棋牌、唱歌等文化娱乐的选择明显低于其他地区居民（见表4-8）。

表4-8 中国四大区域居民参与休闲活动模式比较

单位：%

变量	东部地区	中部地区	西部地区	东北地区
业余培训	4.67	5.56	5.03	3.68
手机上网	15.06	14.87	14.56	14.75
健身锻炼	13.57	13.44	13.62	13.91
电脑上网	10.40	9.41	9.84	11.47
看电影戏剧、棋牌、唱歌等文化娱乐	5.64	6.12	5.83	4.84
看电视	13.22	13.21	13.17	13.28
社会交往或赴宴	12.10	12.18	12.35	12.62
补觉	9.88	8.81	9.46	10.28
购物	3.98	4.80	4.33	3.18
阅读	11.47	11.60	11.80	11.99

（二）性别和年龄

从性别差异角度来看，男性在社会交往或赴宴活动上的选择明显高于女性，而女性则对购物更为偏爱。不同休闲活动选择偏好不仅体现了男女的性格差异，还和社会的传统文化差异有关。受"男主外、女主内"的传统思想影响，女性参与社交活动往往受到家庭限制较多。不同年龄段群体的休闲活动也呈现规律性：随着年龄增长，中老年群体对业余培训，健身锻炼，看电影戏剧、棋牌、唱歌等文化娱乐和看电视的活动选择较多，而年轻人对手机上网、电脑上网、社会交往或赴宴的选择更为偏爱。究其原因，我们认为：一方面，年轻人的智能手机普及率较高，对网络的依赖性更强；另一方面，受健康状况的影响，中老年人对健身锻炼的关注度更高（见表4-9）。

表4-9　不同性别和年龄群体的休闲行为比较

单位：%

变量	年龄			性别	
	18~25 岁	26~45 岁	46~59 岁	男	女
业余培训	4.24	4.63	5.19	4.87	4.82
手机上网	14.97	14.88	14.53	14.85	14.86
健身锻炼	13.54	13.50	13.76	13.64	13.52
电脑上网	10.86	10.37	9.52	10.26	9.96
看电影戏剧、棋牌、唱歌等文化娱乐	5.17	5.57	5.82	5.80	5.58
看电视	13.07	13.20	13.36	13.18	13.25
社会交往或赴宴	12.57	12.28	12.32	12.33	12.19
补觉	9.94	9.71	9.36	9.49	9.65
购物	3.70	4.09	4.46	3.92	4.50
阅读	11.81	11.67	11.89	11.65	11.68

（三）受教育程度

由表4-10的统计结果可知，从整体趋势来看，随着受教育程度的提高，个体对手机上网和看电视等休闲活动的选择比例下降，而对阅读的选择偏好增加。当然，我们认为受教育年限较多个体对知识的依赖性更强是一个主要原因。除此之外，按照安德鲁·霍尔丹（2016）的解释，阅读产生慢思考，而网络则产生快思考；慢思考有助于个体更看重自己的"延时"回报，而快思考使个体更加注重眼前利益和"即时"消费收益。值得注意的是，低学历组群的个体对业余培训的选择更多，而高学历组群对社会交往或赴宴活动参与的概率更大。有研究认为，由于受教育程度的限制，学历较低个体更需要补充新的知识和技能。除此之外，依据贝克尔的人力资本理论，更高层次的受教育程度意味着更高的收入水平，因此参与到花费较高的社交休闲活动频率就高（王鹏飞、魏翔，2015）。

表4-10　不同受教育程度群体的休闲行为比较

单位：%

变量	小学及以下	中学及中专	大专	本科	硕士	博士
业余培训	4.76	5.18	4.74	4.69	4.35	4.53
手机上网	14.50	14.73	14.97	15.07	13.91	13.98
健身锻炼	14.36	13.54	13.48	13.60	14.06	14.43
电脑上网	11.36	9.67	10.18	10.51	10.78	10.74
看电影戏剧、棋牌、唱歌等文化娱乐	5.86	5.91	5.61	5.62	5.29	5.33
看电视	13.06	13.31	13.29	12.86	13.25	12.74
社会交往或赴宴	12.16	12.21	12.22	12.24	13.12	12.65
补觉	9.42	9.29	9.70	9.80	9.83	9.41
购物	3.61	4.47	4.08	4.11	3.64	3.99
阅读	10.91	11.69	11.73	11.50	11.77	12.21

（四）收入水平

相比收入在"5万元以下"的低收入群体，高收入群体在业余培训、手机上网、电脑上网、购物和看电影戏剧、棋牌、唱歌等文化娱乐等休闲活动上的选择更多。因为对于低收入群体而言，无论是业余培训、购物和看电影戏剧、棋牌、唱歌等"动态"活动，还是手机上网和电脑上网等"静态"活动都需要一定的资金支持才能实现，因而其选择的概率较低。这也不难理解为什么低收入群体会对健身锻炼、看电视和阅读等"低消费"休闲活动更加偏爱（见表4-11）。

（五）婚姻状况

1. 不同婚姻状况居民的休闲时间差异

数据表明，已婚居民的休闲时间最短，仅为每天2.65小时，显著小于未婚、离异或丧偶居民的日常休闲时间，这主要是由于已婚居民需要陪伴家人、照顾小孩或处理家务，无酬劳动时间过多在一定程度上挤占了已婚居民的日常休闲时间，因此休闲时间相对较少。未婚无恋人、未婚有恋人、离异和丧偶居民的休闲时间分别为 2.70 小时、2.75 小时、2.91 小时和 2.86 小时（见图 4-2）。

表 4-11　不同收入水平群体的休闲行为比较

单位：%

变量	收入水平		
	5 万元以下	5 万~12 万元	12 万元以上
业余培训	4.77	4.91	5.79
手机上网	14.44	15.34	15.98
健身锻炼	13.72	13.39	13.40
电脑上网	10.00	10.15	11.03
看电影戏剧、棋牌、唱歌等文化娱乐	5.22	6.17	7.91
看电视	13.37	13.17	12.01
社会交往或赴宴	12.55	11.91	11.11
补觉	9.53	9.68	9.22
购物	4.19	4.16	4.45
阅读	12.22	11.12	9.12

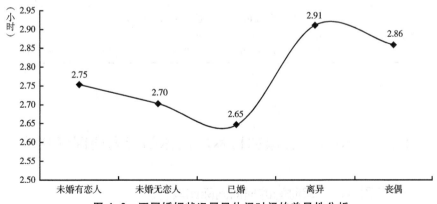

图 4-2　不同婚姻状况居民休闲时间的差异性分析

2. 不同婚姻状况居民在休闲活动上的差异

数据显示,已婚的居民对消极休闲活动的选择比例最高,丧偶的居民对居家休闲活动和运动休闲活动的选择较多,离异的居民参加社交休闲活动的比例最大,而未婚有恋人的居民对购物休闲活动更为偏爱。表明婚姻状况正常(包含未婚有恋人)的居民对消极休闲活动及购物休闲活动选择较多,相较而言,婚姻状况不幸的居民(包含未婚无恋人、离异和丧偶)对居家休闲活动、社交休闲活动和运动休闲活动的选择较多。这一点也不难理解,婚姻状况正常的居民生活稳定,因此,看电视、上网或是购物等与日常生活行为密切相关的活动就成为其主要的休闲活动类型;离异的居民因为有继续追求生活伴侣的内在需要,因此其社交休闲活动较多;而丧偶的居民,因为其情绪低落,所以其居家休闲活动较多,丧偶的居民对于运动休闲活动的偏爱也多为发泄情绪、放松自我(见表4-12)。

表4-12 不同婚姻状况居民休闲时间的差异性分析

单位:%

变量	消极休闲活动	居家休闲活动	社交休闲活动	运动休闲活动	购物休闲活动
未婚有恋人	76.8	67.4	40.8	21.9	40.5
未婚无恋人	77.4	68.8	39.6	21.5	36.1
已婚	82.2	71.5	32.8	21.6	31.8
离异	70.7	68.6	43.3	24.8	34.1
丧偶	69.8	78.3	41.7	30.0	27.0
Sig.	$X^2 = 378.6$ d.f. = 4; $p < 0.001$	$X^2 = 246.1$ d.f. = 4; $p < 0.001$	$X^2 = 258.4$ d.f. = 4; $p < 0.001$	$X^2 = 135.9$ d.f. = 4; $p < 0.001$	$X^2 = 128.1$ d.f. = 4; $p < 0.001$

第三节 中国、美国和日本居民休闲行为的国际比较

一 三国居民闲暇时间的横向国际比较

由表4-13的数据可知,三国居民的闲暇时间存在显著性差异。美国和

日本居民的日均闲暇时间都超过 5 个小时，而中国仅为其他两国的一半左右，闲暇时间为每天 2.81 小时。对比三国的劳动生产率（人均 GDP）可知，美国和日本远高于中国，三国的人均 GDP 比为 6.95：4.27：1；当纳入年劳动时长以后，这一差距扩大了：三国的时人均 GDP 比依次为 7.86：4.87：1。当我们将总人口替换为总有效劳动力人口计算时，三国劳动生产率比继续扩大为 8.10：4.85：1；同样地，纳入年总劳动时长以后，三国时劳均 GDP 的比进一步扩大至 9.16：5.54：1。

也就是说，无论是按照总人口计算的人均 GDP，还是按劳动力总人口计算的劳均 GDP，当纳入劳动时长以后，中国的劳动生产率与美国、日本的差距要超过我们正常的估计。数据表明，美国真实的劳动生产率为中国的 9 倍，日本为中国的 5.5 倍。

表 4-13　美国、日本和中国三国闲暇时间与劳动生产率比较

变量	美国	日本	中国
闲暇时间（小时）	5.24	5.02	2.81
劳动生产率 1：人均 GDP（美元）	56092.83	34474.17	8069.24
比值	6.95	4.27	1
劳动生产率 2：时人均 GDP（美元）	31.75	19.69	4.04
比值	7.86	4.87	1
劳动生产率 3：劳均 GDP（美元）	111411.9	66742.77	13748.86
比值	8.10	4.85	1
劳动生产率 4：时劳均 GDP（美元）	63.05	38.12	6.88
比值	9.16	5.54	1

注：美国数据来自美国劳工局；日本数据来自日本国家统计局。三国闲暇时间数据均为 2019 年数据，三国劳动生产率数据全部为 2019 年数据，各国生产总值（GDP）数据来自世界银行，总劳动时长数据来自世界大型企业联合会（The Conference Board）。

二　三国居民休闲行为的横向国际比较

（一）美国和日本闲暇时间配置

从闲暇时间的配置来看，看电视、听收音机等静态休闲活动是美国和日

本居民的第一大时间支出选项。从两国对比来看，又分别具有不同的特点：美国居民在社会交往活动、运动休闲活动、学习活动方面的时间支出要大于日本，而日本居民和中国居民一样，对居家休闲和放松的时间支出更多。值得注意的是，美国居民在时间配置上有宗教或精神活动方面的支出，而日本则有兴趣、爱好活动的单项时间支出。当然，美国作为一个基督教国家，在宗教信仰方面的时间配置很容易理解。而兴趣、爱好活动在日本居民闲暇时间的支出为 0.44 小时，说明日本非常重视居民的兴趣和爱好培养，这也可以在一定程度上反映出为什么 21 世纪以来已有 18 位日本人获得诺贝尔奖了（见表 4-14）。

表 4-14 美国和日本闲暇时间配置比较

单位：小时

变量	日本（2019 年）	变量	美国（2019 年）
看电视、听收音机等	2.27	看电视	2.77
休息和放松	1.31	社会交往活动	0.65
学习、培训	0.12	运动、锻炼	0.29
兴趣、爱好	0.44	打电话、发邮件等	0.15
运动	0.14	学习活动	0.48
志愿者等社会活动	0.04	宗教或精神活动	0.13
社交活动	0.19	志愿者等社会活动	0.15
医疗检查或治疗	0.08	专业个体维护服务	0.08
其他活动	0.47	其他活动	0.20

注：美国数据来自美国劳工局，日本数据来自日本国家统计局，两国在休闲活动类别的统计上略有不同。

（二）中国、美国和日本休闲行为模式比较

由表 4-15 可知，中国、美国和日本三国的休闲活动选项并不完全一致，因而本研究借鉴魏翔、王鹏飞和阮英花（2014）的做法，在前人文献的基础上将休闲活动分为：网络类休闲活动，包括手机上网、看电视、听收音机、电脑上网、打电话、发邮件等；居家类休闲活动，包括补觉、休息和放松、居家休息和棋牌娱乐；运动健身休闲活动，包括健身锻炼、参与各项

体育运动等；学习类休闲活动，包括学习、培训、阅读等；社会交往休闲活动，包括社交赴宴、志愿者等社会活动；精神文化休闲活动，包括宗教信仰、看电影戏剧、唱歌、兴趣、爱好等活动；其他休闲活动，包括购物、医疗检查或治疗、专业个体维护服务或其他未包含的活动。

表 4-15　2019 年中国、美国和日本三国居民休闲行为模式比较

单位：%

变量	美国	日本	中国
网络类休闲活动	42.6	44.86	41.32
居家类休闲活动	16.3	20.89	28.63
运动健身休闲活动	10.21	7.77	3.39
社会交往休闲活动	14.66	4.5	7.57
学习类休闲活动	8.76	9.37	6.71
精神文化休闲活动	2.35	2.48	1.49
其他休闲活动	5.12	10.13	10.99

注：美国和日本的精神文化休闲活动并没有统计看电影戏剧、唱歌等文化娱乐活动。美国数据来自美国劳工局；日本数据来自日本国家统计局；中国数据来自国家统计局科技和社会统计司《2019 年时间利用调查数据》。

从表 4-15 的统计数据可知，三国居民在各类休闲活动上的时间配置大体一致：网络类休闲活动和居家类休闲活动为时间分配最多的两项活动。对比来看，中国居民在网络类休闲和居家类休闲两项静态活动中时间支出比例高达七成左右；美国居民在运动健身、社会交往方面的时间配置要远远高于日本和中国居民；在学习类休闲活动和精神文化休闲活动上，中国居民的时间配置也明显少于日美两国。三国居民在休闲活动上时间配置体现出各自居民不同的休闲模式：美国居民在运动健身、社会交往休闲活动上比较突出；与中国相比，日本居民在社会交往休闲活动上的时间配置比例要少 3 个百分点，而在学习类休闲活动上的时间支出要明显高于中国；中国居民在运动健身、学习培训和精神文化休闲活动上的时间支出要显著少于美国和日本居民。

（三）讨论

与美国、日本等发达国家居民每天 5 小时左右的休闲时间相比，我国居民在工作日的休闲时间明显偏少，2019 年仅为每天 2.81 小时。这可能与以下两方面的原因有关。首先，大部分的中国居民仍处于农业、制造业、加工业等传统的劳动力密集行业，因劳动强度大而导致工作日的休闲时间偏少。其次，中国深受儒家和道家的文化影响，居民崇尚勤劳致富，因此对休闲的态度较为消极。休闲时间是制约我国居民休闲质量的第一大障碍因素，会严重阻碍我国居民生活质量的提高和个体经济效率的提升。全国居民休闲时间严重不足的现实给带薪休假的实施带来巨大的紧迫性和必要性，带薪休假制度是其他相关政策得以实施的基础和保证。要坚决杜绝部分企业严格执法、部分企业不完全落实的现象，依法监督，保证带薪休假制度在 2025 年之前完全落实到位。

东部、中部、西部和东北各区域内居民的休闲时间不一，西部地区的休闲时间最长，而中部和东北部地区的休闲时间较短，因此各个区域实施带薪休假政策的时间表可有所差异。各区域应结合本地的休闲时间现状以及经济发展水平、居民收入水平和社会保障水平制定员工带薪休闲的时间和政策落实时间表。例如，东部地区居民的休闲时间较短，但经济发展水平高、居民的收入水平和社保水平在国内相对较高，因此带薪休假制度的落实可以提前，且休假时间可以较全国平均水平有所延长；西部地区现阶段的休闲时间最长，但地区经济发展落后，居民的收入水平等各项生活指标均落后于全国平均水平，其带薪休假制度的实施可以暂缓，且休假的时间长度可以先短后长，逐步实现。

对不同行业和企业之间的具体要求可以有所不同，即可按照行业的属性和企业的性质分阶段划分，应该具体分析企业状况实施不同长度的带薪休假制度。旅游行业、咨询行业、文化创意产业、IT 业等的工作弹性大，其带薪休假制度的实施可以落实在前；国有企业、事业单位以及外资企业等工资水平和社保水平较高的企业也应带头实施。待到带薪休假制度在全社会获得很好的发展时，可扩大覆盖面。在不同行业、企业的不同发展阶段，该项制度的实施深度和内容应有所不同，基本的要点是保证制度实施所带来的各方面影响与当前阶段的发展状况相适应，这也有助于调动企业主动参与的积极性。

在同一个企业内，带薪休假制度的具体实施要根据不同员工的自身属性而有所区别。女性员工在家务劳动和抚育儿童方面所付出的精力较大，休闲时间相对男性较少，因此可以在企业内部向女性员工倾斜，优先保证女性员工的休闲时间，以达到女性员工实现家庭、工作和休闲三者的平衡，以此来提高其工作效率。根据"向后弯曲"的劳动供给曲线，收入水平较高的群体会主动性放弃劳动供给来换取休闲，所以其日常休闲时间较多。而中低层收入水平的员工因经济压力较大，因"休不起"而很少主动放弃工作参与休闲。因此，更应该优先保障中低层收入群体带薪休假制度的实施，让他们"敢于"休息，没有后顾之忧。

（四）结论

从上文的分析可知，三国居民在闲暇时间、闲暇时间配置和劳动生产率上存在显著性差异。据此，我们很难判断是否因闲暇时间配置的不同造成劳动生产率的差异。一方面，两者存在明显的互为因果关系：一国劳动生产率的提高可以提高物质生活水平，进而缩短必要的劳动时间支出，这样可导致居民的闲暇时间增加。与此同时，生活质量不同和文化差异的存在，也会导致不同的闲暇时间配置。另一方面，我们在经济发展水平、社会保障体系建设、收入分配制度等方面与美国和日本相比都还存在巨大差异，制度方面的差异也会导致居民日常行为的不同。因而，我们需要系统的、严谨的理论分析和宏、微观数据来探析闲暇时间配置对劳动生产率的影响。

从第二章的闲暇时间配置对劳动生产率的作用机制的分析可知，闲暇时间内的休闲活动选择是仅为了满足自己所需而进行的个性化、反映其个人偏好和性格特征的时间安排，所以闲暇时间配置成为经济学、管理学和心理学研究个体异质性的交叉领域。由此可见，闲暇时间以及体现个体人格、性格特征的休闲活动选择是能对个体工作绩效产生影响的重要因素。从人力资本的视角来看，人力资本积累是时间配置的结果（Lucas，1988），闲暇时间和

受教育时间、工作时间和培训时间一样都是人力资本积累的重要方式，本书中第三章的模型推导部分已经验证了这一作用机制。当然，闲暇时间配置与劳动生产率的作用机制更需要不同层面的数据给予经验上的支持。因此，在接下来的第五、第六和第七章，将从国际宏观数据、国内微观调查数据和现场案例追踪研究三个方面给予实证分析，以期得到较为稳健和可信的研究结论。

第三篇

闲暇时间配置经济效应的"宏观议题"分析

闲暇时间配置在微观上是指闲暇时间在各种休闲活动上的支出分配模式，而宏观上的闲暇时间配置可以从假日结构的设置来研究。众所周知，现在国际上的假日数量由两部分构成，一是双休日，二是法定节假日。在总假日数量不变的情况下，有的国家假日结构较为分散，例如美国、英国、日本等；有的国家更加偏好放长假，比如我国的"黄金周"制度、周末"拼假"制度等。本部分从假日结构的设置出发，用国际面板经济数据来研究和论证不同假日制度安排对劳动生产率、经济增长和创新绩效等经济产出的影响。

第五章　宏观层面假日结构的经济效应

第一节　假日结构经济效应的有效性问题

一　假日结构有效性的争论

（一）假日政策有效性的代表性观点

自 1995 年双休日制度正式实行以来，中国的假日制度又经历了 1999 年的《全国年节及纪念日放假办法》（俗称五一、十一及春节三个"黄金周"制度）和 2007 年的《国务院关于修改〈全国年节及纪念日放假办法〉的决定》（取消"五一黄金周"，增加清明、端午、中秋三个中国传统节日），至此形成了 52 个双休日和 11 天法定节假日共计 115 天的节假日制度安排。按照《中国国民旅游休闲纲要（2013~2020 年）》（国办发〔2013〕10 号）的要求，到 2020 年，职工带薪休假制度基本得到落实之后，中国居民的年均休假数量达到 123 天，即一年中有超过 1/3 的时间都在"纯休闲"中度过。与其他国家相比，中国的假日数量已经处于较高水平。然而，从假日结构的视角来看，中国的假日集中程度相对较高，即更为偏好连续工作和连续休闲的工作生活模式。比如，中国设置的"黄金周"制度，员工可以通过串休、拼假的方式连续工作 8 天，然后再连续休息 7 天。那么，从世界范围内来看，假日结构对经济效率将产生何种影响以及其对中国假日政策改革带来的启示就成为休闲经济学者关注的热点问题。

具体来看，休闲经济学者对假日政策与经济效率关系的争论主要集中在以下三个方面。一是认为假日政策有效论。公共节假日的增加可以刺激消费，并通过乘数效应产生更大规模的需求，进而进一步促进经济增长（Ford，1926；Knack 和 Keefer，1997；廖凯 等，2009；Fodranova 等，2015）。二是认为假日政策无效论。具有代表性观点的是清华大学假日制度改革课题组等（2009），他们对中国"黄金周"经济效应的长期追踪发现：从"黄金周"设置前后的对比来看，旅游收入整年的增长率没有任何明显变化。三是条件决定论。假日政策是否有效应取决于该国的经济发展阶段（魏翔、李伟、陈琪，2014；Wei 等，2016）、公共节假日的数量（Barrera 和 Garrido，2018）和休闲活动内容（李仲广，2005；Bloom 等，2018）。

从国内外学者对假日政策与经济效率有效性问题的争论可以看出，假日数量、休闲活动内容和经济发展阶段等内容条件是影响假日政策有效性的关键因素。然而，除了上述因素之外，工作日—休息日的制度性安排也进入休闲经济学者的研究视野。连续太长的工作时间或太久的休闲时间都不利于经济增长（Eden，2016），即假日结构同样是影响假日政策有效性的重要变量。Pencavel（2015）指出，相较于对工人工作时长的调整，假日结构改变对经济产出的影响更大。进一步地，Eden（2016）对一周"5+2"工作—休息模式的研究表明，在"疲劳效应"和"经验效应"的共同作用下，每工作两天或三天休息一天的模式更有助于福利改进：一方面，当连续工作时间过长时，个体容易产生"疲劳效应"，从而降低劳动生产率（Dixon 和 Freebairn，2010；Pencavel，2015）；另一方面，连续工作给个体带来的"干中学"效应又可以促进个体效率提升，这也是兼职员工效率要低于全职员工的原因所在（Hirsch，2005；Garnero 和 Rycx，2017）。当个体连续休假时间太长时，需要时间去重新熟悉休假之前的工作和任务，因而人力资本会贬值，这也是失业人员劳动生产率降低的原因所在（Mincer 和 Ofek，1982；Pavoni，2009）。Lee 和 Lim（2014）在对工作时长和生产效率之间的非线性关系进行解释时也认为，随着工作时长的增加，在"学习效应"的作用下会增加个体工作效率和技能，同时也会导致其"疲劳效应"加剧，最优工作时长的确定要根据最初的工作效率和行业特征而定。

可见，假日结构与工作效率的非线性关系也是影响假日政策有效性的关键变量。但让人遗憾的是，到目前为止，现有的大部分研究尚没有给予假日结构问题以足够重视。虽然清华大学假日制度改革课题组等（2009）也认为应该将"集中度假"的休假制度改为"分散度假"，但他们的结论仅是建立在"集中度假"带来的交通拥堵、旅游资源过度利用和旅游服务质量下降等负面影响的基础上而得，并没有进行理论上的系统分析和论证。Lee 和Lim（2014）、Eden（2016）、Garnero 和 Rycx（2017）虽然对假日结构对个体绩效的作用机制进行了探索性研究，但他们仍缺乏经验数据的实证检验。为了弥补国内外学者的研究不足，本研究尝试将"疲劳效应"和"学习效应"纳入新古典经济的分析框架，在此基础上运用 136 个国家 20 年的经济面板数据对假日结构设置和劳动生产率的关系进行验证，为研究假日政策的有效性提供新的研究视角和证据支持。

（二）假日结构有效性的争论

假日政策的有效性问题争论已久，最早可以追溯到 20 世纪二三十年代西方国家的"六天工作制"和"五天工作制"之争，一直延续到现在的"黄金周"存废之争。国内外学者对假日政策有效性问题主要围绕有效性、无效性和条件决定三个方面、五种论点来展开。

一是假日政策有效论。Ford（1926）指出与六天工作制相比，五天工作制会促使工人消费更多的物品和服务，这将会导致更多的工作需求和更高的工资水平；政策效果与大部分批评者的认知相反，闲暇时间增加后，经济的发展速度不是放缓而是加速上升了。假日政策调整后带来的积极经济效应来自内部的作用机制（Barrera 和 Garrido，2018）。首先是"健康和幸福效应"。闲暇时间通过减轻个体日常工作压力、提高个体健康状况和幸福指数，从而引致更高的劳动生产率（Bloom 等，2012；Fodranova 等，2015）。其次是"社会资本效应"。公共节假日有助于个体保持良好的社会网络联系，在共同庆祝节日的聚会中，可以形成稳定的社会凝聚力和社会资本，这最终会促进经济的增长（Knack 和 Keefer，1997）。最后是"消费乘数效应"。公共节假日不仅可以引起巨大的旅游消费需求，还可以通过乘数效应引致更多的生产需求和经济增长。有研究认为，中国的"黄金周"休假制度对旅游经济的巨大推动作用就是一个显著例子（廖凯等，2009）。

二是假日政策无效论。清华大学假日制度改革课题组等（2009）认为"黄金周"制度对旅游业的促进作用被夸大了，如果对比"黄金周"制度实行前后整年的旅游收入增长率，会发现旅游收入增长率没有任何明显变化。除此之外，"黄金周"带来的交通拥堵、旅游资源过度集中消费、短期内旅游成本上升、旅游服务质量不高、游客体验下降等负面影响却越来越明显。因此，课题组认为"黄金周"假日制度政策是无效的，应该将集中休假改为分散式度假，彻底落实员工带薪休假制度，这样既能发挥假日经济拉动效应，又能克服集中休假带来的种种弊端。张信东等（2008）以上市酒店企业的价值变化为研究对象，认为假日政策会在短期内带来一定的正面效应，但从长期来看，"黄金周"制度带来的负面效应更加明显，因此，这种假日政策不利于旅游业的可持续发展。从微观数据来看，资本市场中旅游板块上市公司的平均非正常收益率也并未对"黄金周"等假日政策产生显著反应（魏翔、李伟、陈琪，2014）。

三是经济发展阶段论。魏翔、李伟、陈琪（2014）认为假日制度作为旅游产业政策的一种，其有效与否要看它是否符合当前的经济发展背景和阶段。他们将旅游政策分为旅游收入政策和假日政策两类，认为当前中国旅游产业处于未完成资本积累的时间密集型生产阶段，因而旅游收入政策比假日政策更为有效。假日政策是否有效、闲暇时间是否能发挥补偿效应增加员工的工作绩效进而促进经济增长主要取决于经济社会发展阶段。中国的经验数据表明，当前阶段闲暇时间增加对经济增长并未产生积极作用（Wei 等，2016），因为当个体在工作和闲暇之间进行权衡时，处于工业化阶段国家的休闲时间对工作时间的替代效应大于其对个人的补偿效应，而对于处在后工业化社会的个体而言，休闲时间将对个体产生积极的互补效应（魏翔，2018b）。

四是假日数量最优论。有学者认为，假日政策是否有效不能一概而论，很大程度上与假日数量有关。假日数量与经济增长呈现倒"U"形的非线性关系是由熊彼特式的经济增长模式所推动：一方面，随着假日数量的增加，个体的旅游消费支出增加将促使更多的劳动服务生产和工人雇佣。除此之外，参与休闲式创新的工人数量增加也有助于积极的经济活动；另一方面，假日数量增长将造成工作时间减少，进而导致工作产出降低和员工工作创新数量的减少，最终不利于经济增长（Barrera 和 Garrido，2018）。可见，秉持假日数量最优论观点的学者认为存在一个最优的休闲时间，可以促进经济实现休闲和效率的兼容。

五是休闲内容决定论。除了假日数量，闲暇与效率是否兼容主要取决于休闲属性，即休闲活动的选择种类：积极的、健康的休闲活动可以促进个体人力资本质量的提高，而消极的、有害的休闲方式则会损害人体健康（魏翔、虞义华，2011；Bloom 等，2018）。休闲时间增加不会直接促进经济增长，它与经济效率或经济收益的兼容要看休闲的内容、方式和结构，能促进个人学习效率提升和促进身体、心灵等全面发展的休闲活动都具有促进经济效率提高的生产属性（李仲广，2005；Bloom 等，2018；谢雅萍等，2018）。

诚然，国内外学者已经对假日政策的有效性问题进行了深入研究，并就假日政策有效性的发生条件和内容选择做过探索性分析，这些研究为揭示假日结构的经济效应提供了坚实基础。虽然有学者已经认同假日结构也是影响假日政策有效性的重要维度（Lee 和 Lim，2014；Pencavel，2015；Eden，2016），但对假日结构设置产生的经济影响还缺乏有效的实证支持，假日结构对经济产出的研究机制也尚待深入分析，而这正是本研究的研究价值所在。

二 假日结构对劳动生产率的作用机制分析

（一）研究设计

1. 样本数据来源

本部分所选取的样本以《世界发展报告（2016）》（*World Development Report 2016*）所涵盖的国家或地区为统计基础，并结合 OECD 成员国名录，共计 136 个样本国家。所选取的时间范围为 1995 年、2000 年、2005 年、2010 年和 2015 年五年的跨期面板数据，缺失年份的数据通常用前一年或后一年的有效数据来替代。基于数据的完整性和可得性要求，本研究最终选取 52 个国家、跨期 5 个阶段的 244 组实际样本。为保持统计数据口径的一致性，本部分使用的数据来源于世界银行（The Word Bank），劳动力年均工作时长数据来源于世界大型企业联合会（The Conference Board），假日数量和假日结构来自当年各国假日主管部门官方网站。

2. 变量的选取

因变量为时劳均 GDP ［y_{it}，美元/（人·小时）］。Y_{it} 为各国当年消除通货膨胀的实际 GDP，用 L_{it} 表示当年各国总劳动人口，H_{it} 表示劳动力的年均劳动时长。被解释变量时劳均 GDP 用 $y_{it} = \dfrac{Y_{it}}{L_{it}} / H_{it}$ 来表示，即当年各国劳动力每小时的工作效率。与人均 GDP 相比，时劳均 GDP 更能刻画一国劳动力的真实工作效率。

核心解释变量休假离散指数（x_{it}）。休假离散指数 x_{it} 的构建是为了刻画一个地区当年假日结构的密集程度和集中程度，它由假日得分和假日天数两部分构成：

$$x_{it} = S_{it} / N_{it} = \frac{\sum_{n=1}^{365} M_{itn}}{N_{it}} \qquad (5-1-1)$$

其中，S_{it} 反映了 i 国在 t 年人们"集中休假"的频繁程度和密集程度的总得分，N_{it} 为第 i 国 t 年度的假日总数（含周休日）。M_{ijn} 表示在第 i 国 t 年度中每天的休假得分，$S_{it} = \sum_{n=1}^{365} M_{itn}$：如果第 n 天的前一天或后一天是节假日，则 $M_{itn} = 1$；如果第 n 天的前一天和后一天都是节假日，则 $M_{itn} = 2$；否则，$M_{itn} = 0$。从休假离散指数的构建可知，X_{it} 的数值越大，意味着其假日集中程度越高；X_{it} 的数值越小，其假日集中程度越为分散。

控制变量的选取如下。

物质资本（k_{it}）。为了反映各国物质资本和自然资源禀赋，同时也为了控制各国劳动力的努力程度和不可见的技术水平（Barro，1997），本部分选取各国当年实际 GDP 水平的对数为物质资本的代理变量，取对数是为了降低 GDP 的量级规模。

人力资本（h_{it}）。关于人力资本存量的核算方法有很多，有成本法、收入法和教育指标法，鉴于数据的可得性和国际数据的可比性，本章采用杜伟等（2014）的做法，用各国当年的人均受教育年限来表征人均资本存量 h_{it}（human capital）。Barro（1997）的研究显示，在控制住出生率时，女性小学初等教育水平对经济增长没有显著作用，而只有男性教育水平作用显著；相比之下，25 岁以上人口受教育程度比 15 岁以上人口受教育程度更具解释力。因而，本部分选取 25 岁以上男性受中等和高等教育的平均年限作为人力资本的代理变量。因调查样本中大部分国家男性受高等教育的平均年限小于 1，参考杜兴强和彭妙薇（2017）的处理办法，对受高等教育的平均年限加 1 后取对数。

出生率（br_{it}）。新古典经济增长理论的假设是，更高的出生率将导致更多的资源用来抚养孩子而不是用于商品生产（Becker 和 Barro，1988），因此，出生率越高，劳动生产率和经济增长率会越低。由于出生率通常会随着人均收入的增加而下降（Behrman，1990），因此选取各国前一期的出生率做工具变量以克服内生性。

预期寿命（le_{it}）。基于跨国数据的复杂性和多样性，本部分选取各国的预期寿命作为衡量居民健康状况和社保制度的控制变量（张震，2016）。

失业率（uer_{it}）。失业率是影响劳动力变化水平的三大影响因素之一（马忠东等，2010），根据奥肯定律关于失业率与经济增长的反向变动关系可知，失业率可以反映该国某时间段内的经济发展态势，同时也可以从侧面反映该国劳动力参与情况，因此本部分也选取失业率作为检验影响劳动生产率的控制变量。

除此之外，参照 Barro（1997）的做法，文章还选取通货膨胀率（i_{it}）、政府消费（ge_{it}）和贸易条件（tr_{it}）作为跨国经济增长实证分析的控制变量。表 5-1 为 2015 年各国因变量、解释变量和控制变量相关情况的详细描述。

表 5-1 2015 年 52 个国家截面数据的描述性统计

变量	意义	均值	标准差	极小值	极大值
y_{it}	时劳均 GDP［美元/（人·小时）］	30.91	28.41	0.91	136.09
x_{it}	休假离散指数	1.08	0.74	0.91	1.26
k_{it}	Log（人均物质资本和资源禀赋）	25.24	2.01	20.98	30.34
h_{it}	25 岁以上男性受中等和高等教育的平均年限	0.64	0.47	0.02	1.91
i_{it}	通货膨胀率	3.26	7.94	-29.69	48.09
ge_{it}	政府消费	25.06	11.03	2.33	53.22
tr_{it}	贸易条件：出口价格/进口价格比率	111.65	38.26	42.99	314.10
br_{it}	出生率（个/千人）	2.84	0.52	2.07	3.81
le_{it}	Log（预期寿命,年）	4.27	0.13	3.94	4.42
uer_{it}	失业率（%）	7.16	4.54	0.18	26.26

3. 计量模型设定

本部分的分析样本为连续多年的跨国面板数据，不仅具有因国别不同而存在的个体固定效应，还具有因连续时间而存在的时间固定效应。因此，为了同时解决因国别不同和时间改变的遗漏变量问题，本研究采用固定效应（Fixed Effect）对方程进行评估，其基本模型为：

$$y_{it} = x_{it}\beta + z_i\theta + u_i + \varepsilon_{it} \qquad (5-1-2)$$

其中，x_{it} 为解释变量，z_i 为不随时间而变的个体特征，$u_i + \varepsilon_{it}$ 为复合扰动项。综上所述，为了检验假日结构对劳动生产率是否存在影响效应，本研究建立的计量模型如下：

$$y_{it} = \alpha_0 + \beta x_{it} + \gamma C_{it} + + u_i + \varepsilon_{it} \qquad (5-1-3)$$

其中，y_{it} 为因变量劳动生产率时劳均 GDP，α_0 为常数截距项，x_{it} 为核心解释变量休假离散指数，C_{it} 表示物质资本、人力资本、出生率、政府消费支出（教育和国防支出除外）、贸易条件、通货膨胀和失业率等控制变量；设定 u_i 为国家的固定效应；ε_{it} 为模型的误差项，为时间虚拟效应。

（二）实证分析

1. 固定效应分析

基于跨国面板数据的个体特征差异，我们选取面板固定效应分析作为本研究的主回归分析方程。从表 5-2 的结果可知，加入核心解释变量休假离散指数平方项 x_{it}^2 后，模型 2 的拟合结果更优。结果表明，劳动生产率时劳均 GDP y_{it} 与休假离散指数 x_{it} 的非线性关系明显，即随着假日集中度的增加，劳动生产率呈现先增加、后减少的趋势，促使劳动生产率最优的休假结构存在唯一解。

表 5-2　假日结构对劳动生产率的影响结果分析

变量	模型 1		模型 2	
	系数	标准误	系数	标准误
x_{it}	−26.09 **	14.00	1359.32 ***	500.91
x_{it}^2			−693.21 ***	252.34
k_{it}	3.65 **	1.51	3.86 ***	1.50
h_{it}	30.60 ***	7.92	30.66 ***	7.57
i_{it}	0.042	0.039	0.049	0.036
ge_{it}	0.133	0.155	0.185	0.164
tr_{it}	0.104	0.076	0.108	0.076
br_{it}	−7.80	4.79	−6.06 *	4.435
uer_{it}	−0.322	0.202	−0.408 *	0.224
_cons	−55.74	45.60	−757.56	251.13
rho	0.81		0.81	
N	244		244	
Prob>F	0.0000		0.0000	

注：*、** 和 *** 分别表示 10%、5% 和 1% 的显著水平，下同。

具体来看，表 5-2 模型 1 和模型 2 的固定效应回归结果符合我们的理论预期。首先，重点考察休假离散指数对劳动生产率的作用。数据显示，核心解释变量休假离散指数 x_{it} 对劳动生产率的作用系数显著为正，而休假离散指数的平方项 x_{it}^2 对劳动生产率的作用系数则显著为负，即在一国总休假天数不变的情况下，假日结构太集中或太分散都不利于劳动生产率的提高，这与我们对休假离散指数与劳动生产率的预期结论高度一致。这一结果表明，在"疲劳效应"和"学习效应"的共同作用下，当假日结构较为集中时（集中工作、集中休息的假日模式），工作日中的"疲劳效应"对个体的消极作用大于"学习效应"带来的绩效提高，休息日中"学习效应"的持续衰退程度大于"疲劳效应"缓解工作压力的积极效率，从而不利于工作时的效率恢复，出现"假日综合效应"；当假日结构较为分散时（工作日和休息日交替较为频繁的假日模式），工作日中的"学习效应"因持续中断而对个体的消极作用大于"疲劳效应"带来精力缓解程度的绩效提高。因此，假日结构的设置应该在一定程度上"中和"集中和分散特性，适宜的休假离散指数更有助于工作效率提高。Eden（2016）对一周"5+2"的工作模式进行研究也印证了本研究的结论：每工作 3 天或 2 天休息一天的模式比现有"5+2"的制度更有助于个体劳动生产率的提高。基于模型 2 倒"U"形的曲线参数，我们可计算出劳动生产率最优的休假离散指数。由估计方程 $y_{it} = 1359.325\,x_{it} - 693.21\,x_{it}^{2}$，对 x_{it} 一阶求导等于 0，可得 $x_{it} \approx 0.98$。即最优的休假离散指数约为 0.98。对比来看，我国 2015 年休假离散指数为 1.12，这表明现阶段我国假日结构设置较为集中，在一定程度上抑制了经济效率的提升。

其次，考察控制变量对劳动生产率的作用情况。人力资本 h_{it} 对劳动生产率的作用显著为正，意味着人力资本已经成为促进各国经济发展的主要驱动因素，这再一次验证了 Lucas（1988）和 Romer（1986）的人力资本内生增长理论。与 Barro（1997）的研究结果一致，扣除教育和国防开支的政府公共支出对劳动生产率的负面作用显著，说明庞大的政府开支并不利于经济增长。其背后的原因在于，政府性支出作为非生产性投入，比例越高意味着税收越高，而较高的税负不利于生产。在其他控制变量方面，与前人的研究较为相似，出生率、物质资本、失业率和贸易条件对劳动生产率的作用再一次得到验证。

2. 内生性讨论

本研究采用的个体固定效应评估模型能消除因个体效应造成的遗漏变量问题，可以在一定程度上较好地缓解内生性问题。然而，经济影响因素与最终产出常常会出现互为因果的依存关系，即本研究中的核心解释变量休假离散指数不但影响劳动生产率，而劳动生产率的变化也会在一定程度上影响该国的假日政策和假日结构。控制变量中的政府消费支出和人口出生率等因素已被前人证明存在很强的内生性问题（Barro, 1997）。因此，本研究参考李涛、张文韬（2015）和胡浩等（2018）的处理方法，采用提前一期变量值为方程备用的工具变量，即保持因变量劳动生产率为当期数据，而核心解释变量休假离散指数和控制变量用前一期的数据，然后使用面板工具变量法进一步减弱方程估计的内生性问题，具体结果见表 5-3 模型 3 和模型 4。

表 5-3 内生性检验——面板工具变量法

变量	模型 3		模型 4	
	系数	标准差	系数	标准差
x_{it}	-46.62845^{**}	20.72591	1313.92^{**}	719.30
x_{it}^2			-646.21^{**}	362.412
控制变量	Yes	Yes	Yes	Yes
时间趋势	Yes	Yes	Yes	Yes
_cons	-821.9769	170.9833	-760.68	360.88
rho	0.86		0.87	
N	192		192	
Prob>F	0.0000		0.0000	

从面板工具变量法评估的结果可知，核心解释变量休假离散指数 x_{it} 和其平方项 x_{it}^2 通过了显著性检验，且影响系数的符号并未改变。其他控制变量对因变量的影响结果与 Barro（1997）的研究也较为一致，这在一定程度上增加了本研究的稳定性和可信性。

3. 稳健性检验

由上文分析可知，连续工作带来的技能增加和知识积累可以给个体带来积极的"学习效应",而工作时间延长所导致个体精力下降带来的"疲劳效应"也会随之增加。因此,个体的日常工作效率受"学习效应"和"疲劳效应"的共同影响:当"学习效应"大于"疲劳效应"时,连续工作有利于劳动生产率的提高;反之,则会阻碍个体的劳动生产率。为了验证"学习效应"和"疲劳效应"对个体工作效率影响结论的稳健性,本部分利用实地调研的微观数据对本部分的研究结论进行进一步检验。为此,我们采用现场研究(Field Research)方法对 80 名企业员工的日常工作时间、工作间的闲暇时间和工作绩效等微观数据进行观察和记录。具体做法如下:首先,选取一家企业同一部门的 80 名员工作为研究对象;其次,招聘 18 名在校大学生作为科研志愿者,对其进行正规的时间日志表使用说明培训;最后,对研究对象的工作时间、工作间的闲暇时间和工作绩效进行观察和记录。其中,现场配备 2 名指导老师进行协助,每名志愿者负责 4~5 名员工,每 10 分钟记录一次,连续记录 9 天。

我们用连续工作时间来表征员工的"学习效应",用员工在工作间的闲暇时间(包括休息、喝水、聊天等)来代理"疲劳效应"的缓解程度,当天员工的综合工作绩效作为其劳动生产率的代理变量。为了衡量"学习效应"和"疲劳效应"对个体工作效率的综合影响,本研究根据员工在工作中的"疲劳效应"缓解程度(即工作间闲暇时间),将其划分为"低学习、低疲劳效应型"、"高学习、高疲劳效应型型"和"学习、疲劳效应相间型":以工作间闲暇时间的 1/3 位数和 2/3 位数为划分标准,当工作间闲暇时间大于 2/3 位数时,定义为"低学习、低疲劳效应型";当工作间闲暇时间小于 1/3 位数时,定义为"高学习、高疲劳效应型";中间的 1/3 为"学习、疲劳效应相间型"。然后,基于"疲劳效应"缓解程度的类型对员工当天工作绩效进行方差分析,具体结果见表 5-4。

由表 5-4 的分析结果可知,在"学习效应"和"疲劳效应"的共同影响下,个体的工作绩效在"学习、疲劳效应相间型"时最大,其数值为0.12;而连续工作时间较长时的"高学习、高疲劳效应型"和工作间闲暇时间较多时的"低学习、低疲劳效应型"个体的工作绩效都显著较低,假日结构与劳动生产率的倒"U"形非线性关系得到微观数据的进一步支持。

表 5-4　不同类型群体的工作绩效均值比较

变量	低学习、低疲劳效应型	高学习、高疲劳效应	学习、疲劳效应相间型
均值	0.115758	0.119359	0.124945

表 5-5　不同类型群体工作绩效的方差分析

变量	群组之间	在群组内
df	2	682
F	4.72	4.72
Prob>F	0.0092	0.0092
N	685	
R-squared	0.0137	

4. 机制检验

由前文的理论分析和实证检验可知，休假离散指数与劳动生产率之间存在显著的倒"U"形关系。假日结构设置不同，导致休假离散指数的集中程度出现较大差异，进而通过影响个体工作时的"学习效应"和"疲劳效应"最终作用于劳动生产率。为了检验假日结构带来的"学习效应"和"疲劳效应"对劳动生产率的作用机制，本部分从人力资本和经济结构的调节效应两个维度分别进行验证。

（1）人力资本的调节效应

人均受教育程度代理的人力资本变量只是潜在的人力资本水平，真实人力资本质量取决于"学习效应"和"疲劳效应"的综合作用。工作日中"学习效应"和"疲劳效应"对个体的综合作用为正时，有利于潜在的人力资本水平发挥，从而提高劳动生产率；"学习效应"和"疲劳效应"对个体的综合作用为负时，则不利于劳动生产率的提升。即假日结构配置通过"人力资本"通道而最终作用于劳动生产率。

为了检验假日结构配置对劳动生产率的作用机制，本研究构造休假离散指数和人力资本的交互项 $\mathrm{Log}\, x_{it} \times h_{it}$。由表 5-6 评估模型 5 和模型 6 的结果可知，交互项 $\mathrm{Log}\, x_{it} \times h_{it}$ 的作用系数在 1% 的水平上显著为负。这表明，随着人均受教育程度的提高，休假离散指数越大，其对个体劳动生产率的抑制作用越显著。为了验证结论的稳定性，模型 7 和模型 8 分别评估了因变量为劳均 GDP y_{it} * 时的计量模型，结果显示，交互项 Log $x_{it} \times h_{it}$ 对因变量的影响系数依然显著为负，本部分结果较为稳健可信。

表 5-6　人力资本的调节效应分析

变量	因变量：时劳均 GDP y_{it}		因变量：劳均 GDP y_{it} *	
	模型 5	模型 6	模型 7	模型 8
x_{it}	-14.49 ***	1459.00 ***	-24873.32	1616413 ***
	(15.69)	(503.63)	(17973.65)	(511971.4)
x_{it}^2		-736.43 ***		-820905 ***
		(253.62)		(258796.3)
Log $x_{it} \times h_{it}$	-6.35 ***	-7.31 ***	-9860.09 ***	-10317.62 ***
	(2.74)	(2.66)	(2674.205)	(2545.04)
控制变量	Yes	Yes	Yes	Yes
时间趋势	Yes	Yes	Yes	Yes
_cons	-76.83	-825.69	-87188.01	-922002.4
	(43.70)	(250.93)	(50363.43)	(255160.7)
rho	0.81	0.82	0.80	0.80
N	244	244	352	352
Prob>F	0.0000	0.0000	0.0000	0.000

（2）经济结构的调节效应

假日结构设置促进个体劳动生产率提高的"机会窗口"会随着经济发展阶段的变化而出现不同：处于劳动密集型经济阶段的国家更为适合较为集中的假日结构设置，而进入服务经济阶段以后，较为分散的假日结构设置就更有利于个体工作绩效提升。这是因为劳动密集型产业主要依靠个人工作经验和员工身体素质，连续工作"学习效应"的增加能最大限度地抵消"疲劳效应"带来的损失，所以较为集中的休假模式就是最优的假日安排；但是，如果产业的增长方式主要依靠人力资本和创新能力，连续工作的"疲劳效应"对个体工作绩效的负面影响就更为明显，则适当的降低休假离散指数，通过灵活的假日制度安排更有利于提升国家的经济效率（Eden，2016）。

为了检验经济结构对休假离散指数与劳动生产率之间倒"U"形关系的调节效应，本部分构造休假离散指数和经济结构的交互项 $\text{Log } x_{it} \times es_{it}$。其中，经济结构由当年该国第三产业与第二产业比值来表征。为了降低休假离散指数 x_{it} 与交互项 $\text{Log } x_{it} \times es_{it}$ 的共线性影响，我们对交互项取对数值处理。由表 5-7 的评估结果可知，休假离散指数和经济结构交互项 $\text{Log } x_{it} \times es_{it}$ 对因变量的作用系数显著为正。这表明，休假离散指数对劳动生产率的作用机制受该国经济结构的调节作用明显，即随着经济结构的不断优化，较为分散的假日结构更有利于劳动生产率的提高。

表 5-7 经济结构的调节效应分析

变量	因变量:时劳均 GDP y_{it}		因变量:劳均 GDP y_{it}*	
	模型 9	模型 10	模型 11	模型 12
x_{it}	−54.97***	1182.32***	−58392.79***	1530919***
	(22.77)	(435.53)	(20579.03)	(488122)
x_{it}^2		−618.69***		−795427.7***
		(221.99)		(247974.2)
$\text{Log } x_{it} \times es_{it}$	22.96***	22.29***	12021.44**	12137.23**
	(8.95)	(8.81)	(5778.12)	(5778.812)
控制变量	Yes	Yes	Yes	Yes
时间趋势	Yes	Yes	Yes	Yes
_cons	−21.53	−648.56	−46240.84	−853417.7
	(49.41)	(223.12)	(51134.35)	(245800.5)
rho	0.81	0.82	0.80	0.80
N	244	244	352	352
Prob>F	0.0000	0.0000	0.0000	0.000

5. 异质性检验

本部分的敏感性检验需要重点关注分样本的稳健性分析，以检测模型结果在不同样本中的实现情况。对于跨国数据来讲，发达国家和发展中国家在经济发展阶段、资源利用效率、劳动生产率和居民生活水平等方面存在显著差异。除此之外，居民所处的经济发展阶段不同，休闲时间的收入效应、代替效应和对经济的互补效应会有较大不同，其对休闲时间的偏好也存在较大差异（魏翔，2018b）。因此，对样本按照是否为OECD国家进行分类来检测休假离散指数对各国劳动生产率的影响差异性和敏感性，两类样本国家模型的参数估计结果如表5-8所示。

表5-8 发达国家和发展中国家假日离散度对劳动生产率的面板数据分析

变量	OECD国家		非OECD国家	
	模型13	模型14	模型15	模型16
x_{it}	-44.69	1877.37 **	11.58 *	197.99
	(36.67)	(744.86)	(6.41)	(271.15)
x_{it}^2		-965.60 ***		-92.52
		(373.38)		(134.56)
$\text{Log } x_{it} \times h_{it}$	2.064856	-1.78 ***	-2.84 **	-3.06 **
	(10.96)	(6.033351)	(1.32)	(1.32)
控制变量	Yes	Yes	Yes	Yes
时间趋势	Yes	Yes	Yes	Yes
_cons	9.88	-947.17	-30.74	-136.0039
	(111.14)	(401.19)	(13.98)	(130.7587)
rho	0.83	0.82	0.76	0.87559422
N	141	141	103	103
Prob>F	0.0000	0.0000	0.0000	0.000

对比发达国家和发展中国家的模型，评估结果显示，OECD国家的休假离散指数对劳动生产率的倒"U"形非线性关系进一步得到验证，模型整体拟合情况较好，且通过5%水平上的显著性检验；发展中国家（非OECD）样本的评估系数虽然也呈现先上升、后下降的趋势，但评估结果并未通过显著性检验。这表明对发达经济体而言，休假结构越是集中，其对劳动生产率的反向作用愈加明显。这是因为发达国家已经进入后工业化的服务经济时代，劳动生产率和初始物质禀赋较高，个体对休闲时间更为偏爱，因此"疲劳效应"对其人力资本质量的影响更大，而"学习效应"则相对处于次要位置；在发展中国家，其经济发展正处于"补短板"的劳动密集型经济时期，对于连续工作带来的"疲劳效应"来讲，"学习效应"带来的技能提升更有助于个体工作效率提高。实际上，经过对模型的测算，OECD国家的最佳休假离散指数为

0.96，略小于全样本的最优值 0.98，这一结果表明，经济发展水平越高，其假日结构的设置越分散，越有利于个体绩效的体现。值得注意的是，无论是以 OECD 国家为代表的发达经济体，还是以非 OECD 国家为代表的发展中国家，休假离散指数和人力资本的交互项 $x_{it} \times h_{it}$ 都通过了显著性检验。

三 对假日结构有效性的进一步讨论

（一）讨论

由上文分析可知，假日结构设置得太过集中或分散都不利于个体劳动生产率的提高，而且假日结构的有效性还与国家所处的发展水平和经济结构有关。实际上，除了经济因素以外，假日结构设置与国家的文化传统和居民的消费习惯等深层次原因也密切相关。从文化传统上来看，以欧美为代表的西方国家居民普遍具有休假意识：在带薪休假和度假权利神圣不可侵犯传统的影响下，每年 7~9 月①是欧美居民的家庭"休假季节"，这也是很多海外客户在 7~9 月回复工作邮件较慢的原因所在。在儒家文化的影响下，中国习惯上推崇"勤劳致富"，因此文化上的休假基因并不深厚。从消费习惯上来看，欧美国家居民多为轮休式或灵活性的度假模式，具体的度假时间可以根据家庭需要而自主选择；而中国则多为全国性的集中式休假，在法定节假日前后会主动性地选择"拼假"和"凑假"。

当然，导致国家间休假模式差异的影响因素还有制度上的差别。从表面上看，中国居民较为偏好"黄金周"或"拼假"、"凑假"的度假模式，而背后深层次的原因在于，①中国居民的日常生活较为忙碌，缺乏休闲时间。《中国劳动力动态调查：2017 年报告》的数据显示，2016 年中国居民的周劳动时长超过 44.75 小时，即年均劳动时长超过 2300 小时。相比之下，美国人 2016 年的年均劳动时长为 1766 小时，而德国人的这一数据仅为 1367

---

① 每个国家的休假时间略有不同，但大多集中在 7 月、8 月、9 月这三个月，例如波兰集中在 7 月初至 7 月底；比利时在 7 月中旬至 8 月初；挪威和德国是 7 月、8 月、9 月三个月轮休；西班牙是 7 月 7 日至 8 月 4 日；葡萄牙是 7 月 14 日至 7 月 27 日；法国是 7 月最后一周至 8 月，几乎全部放假。

小时。因此，在缺乏日常休闲时间的现实中，中国居民对长假期意愿表现得更为强烈。②带薪休假制度并未得到全面落实。中国居民热衷于集中休假的另一个原因是带薪休假制度在企业层面上落实不够，居民缺乏长时间的休假机会。除去春节这个特殊的假期之外，居民真正的休假时间只有"十一黄金周"一个。所以，改善中国居民休假习惯的前提在于满足居民的休假需求，重点在于落实带薪休假制度。我们可以借鉴德国的经验做法：德国的相关法律规定，每年员工的带薪休假不能被任何经济补偿形式所代替。

此外，假日结构与经济效率的非线性关系也表明，假日结构设置可以成为一个很好的政策工具：当连续工作时间过长，"学习效应"积累的效率提高不足以抵消"疲劳效应"带来的人力资本损失时，可以通过休息日来缓解；当连续休假时间过长时，"疲劳效应"带来的精力缓解不足以弥补"学习效应"对效率的减少时，可以通过缩短假期长度来解决。通过灵活的假日结构设置方式，可以促使经济效率水平一直在高位运行。Eden（2016）通过将"5+2"的工作制度改变为每工作 2 天或 3 天休息 1 天的"2+1"+"3+1"的工作—休息模式已经验证了这一观点。此外，经济学家还进一步证实：如果国家的产业以劳动密集型产业为主，企业的发展主要依靠经验和体力，那么即便假日的总时间减少，集中休假（长假制度）就是最优的假日安排。但是，如果国家的增长主要依靠工人的能力、创新和人力资本，那么则可以在增加假日总时间的基础上，通过高频率地实施短假期来提高国家的总产出和总效率（Eden，2016）。

（二）对中国假日政策的启示

2019 年，中国的人均 GDP 已经超过 1 万美元。经济学家们普遍认为，中国已经成为中等收入国家，经济增长正处在从数量向质量、从规模向效率转变的关键时期。如果假日结构和假日安排的调整能顺应经济发展结构化改革的需求，那么国家和个人的福利将都能得到增加。具体的表现就是，在适当的时候可以增加假日总量，而假日结构应该逐渐向分散化、扁平化转变，实施"公共短假期+个人带薪长假期"的灵活配置模式。

一方面，假日总量有逐渐提升的必要和趋势。Aguiar 等（2013）对美国居民从 2003 年到 2010 年的时间配置分析也表明，当经济处于大萧条时期，可以通过减少市场工作时间、增加闲暇时间的方式刺激居民产生新的消费需求，进而通过扩大内需规模和拉动消费升级来促进经济内生增长。因此，实施多个公共短假期和灵活带薪长假期相结合的假日结构模式，不仅可以避免旅游资源过度集中消费，还可以提高国家和个人的经济效率，促使个人的生活品质得到较大提升。由此我们看到，在经济萧条的时候，假日总量确实有提升的余地和必要，这可以使人们有更多的休闲时间来发展消费经济、旅游经济、休闲娱乐经济，实现生活创新，通过内需增长和内生增长更快脱离增长泥潭。在当前的经济形势下，中国的假日总量有适当提高的必要性。

另一方面，假日结构应该由集中型向分散化、扁平化转变，通过"挪假"来实施的"黄金周"集中休假制度不是中国的正确选项。假日经济的内部结构优化对劳动生产率和经济增长有重要影响作用。具体而言，在公共假日安排中，更加高频地放短假比集中放长假更有效率。居民对探亲或长途旅游的"长假需求"可以通过个人的带薪假期和公共假日来自主实现。有研究表明，为女性实施一个额外的短假以帮助生育期的女性更好地结合自身情况来灵活安排将有效提高女性的劳动参与率和劳动生产率。因此，中国假日改革的结构化方向是给予民众更多的灵活假期，高频的公共短假期+自选的带薪休假是更有效的假日安排。

（三）研究小结

第一，假日结构设置模式对劳动生产率存在非线性关系，随着休假离散指数的增长，劳动生产率呈现先上升、后下降的倒"U"形曲线。假日结构设置太过集中或分散都不利于劳动生产率的提高。第二，在"学习效应"和"疲劳效应"共同作用下，休假离散指数存在最优解，即当 $x_{it}=1.08$ 时，个体的劳动生产率最高。当连续工作时间/休息时间太长时，"学习效应"带来的促进作用无法抵消"疲劳效应"带来的负面作用；当工作和休闲时间交替频繁时，"疲劳效应"带来精力恢复也不足以中和"学习效益"衰退带来的消极作用。因而，劳动生产率提高的机会窗口取决于合理的节日结构设置和适中的休假离散指数。第三，假日结构对劳动生产率的非线性影响关系是通过人力资本的中介效应来完成的。假日结构设置通过调节不同的"学习效应"和"疲劳效应"比例来实现真实人力资本水平，进而影响经济绩效。

为此，我们应该首先适时推动假日结构改革。中国应在改革"五一黄金周"的基础上，继续推动"十一黄金周"的改革，同时把重阳节和元宵节这两个重要的历史文化节日纳入法定假日范畴。这样在总量不变的情况下，不但可以消除集中休假带来的交通拥堵、旅游资源过度消费和员工"假日综合症"等种种弊端，还可以增加2个传统文化"小长假"，推动中国假日结构向分散化、扁平化改革。其次，推行弹性工作制。弹性工作制有利于减少通勤时间，增加居民日常休闲时间。随着城市化的日益推进，居民日常通勤时间不断增加。可以在更多的城市尝试在每周40小时工时不变的情况下，实现"错峰"上下班，减少交通拥堵带来的效率无效。基于行业特点，弹性工作制可以在金融业、旅游业和文化咨询等知识密集型服务业先行先试。最后，制定差别化的假日政策。假日结构的最佳设置与一国的经济发展程度密切相关，应当根据国家的具体情况因地制宜，制定差别化的假日制度。

第二节　假日结构如何影响经济增长率

伴随着不断的科技进步和经济增长，我国2021年的人均GDP已达1.25万美元，逼近高收入国家门槛。这使我国居民的生活质量显著提高，其中一个重要体现即在收入提高的同时，居民的闲暇时间也在持续增加。具体地，2018年我国居民日均自由可支配时间为3小时56分，比十年前的2008年平均每天增加12分钟。虽然我国的闲暇水平尚不及欧美发达国家，但已超过日本、新加坡和泰国等发达国家和新兴市场国家。因此，我国的经济增长出现了"悠闲"慢增长态势。这种"悠闲"态势来自何处？是否有利于经济高质量发展？这正是本节致力于解答的核心问题。

　　闲暇时间对经济增长的作用研究早已有之。早在 20 世纪 80 年代就有学者开始分析闲暇时间对经济增长的影响。此时的闲暇时间被处理成工作和受教育的替代品，呈现典型的新古典特征。如 Ortigueira（2000）设定个人时间是一个常数，被用于工作、闲暇和接受教育，三者相互替代。于是，将更多时间用于接受教育而不是纵情玩乐以提高个人的人力资本积累，从而促进经济增长。这种处理显然有不合理之处，其假设闲暇时间的固有价格对所有消费者（甚至是异质消费者）都是相同的，忽视了闲暇时间会影响消费进而作用于经济增长。对这些不合理性进行修正是该研究领域经济学家感兴趣的方向。如 Gali（1999）利用价格黏性模型和西方七大工业国的数据证实，技术进步会增加闲暇时间从而导致消费增多，经济产出被推高。但是，Ortigueira（2000）在卢卡斯（Uzawa-Lucas）的内生增长模型中引入工作—闲暇选择却发现闲暇时间增加会带来消费的边际效用递减，抑制了经济实现内生增长。

　　总而言之，上述研究主要考察的是闲暇时间对消费、就业等需求侧的作用，并未揭示闲暇时间变化对供给侧的影响，而本研究的目的正是考察闲暇时间是否对供给要素具有长期作用。本研究认为，闲暇时间对经济的长期作用取决于经济中的闲暇因素能否有效转化为新人力资本。此处的新人力资本来源于闲暇时间中的"玩中学"效应。其具体含义是，闲暇时间中的旅游、休闲、文艺等积极活动相当于一种非正式学习，是除正规教育外人力资本积累的另一种主要来源（Lechner，2009）。"玩中学"效应带来的人力资本之所以被称为"新人力资本"，主要是因为在正规教育时间内形成的传统人力资本主要是塑造和提升个体的认知技能（即计算、阅读、弹奏、绘画等知识可习得性技能），而闲暇中的非正式学习可以提高个体的非认知技能（即坚毅、自控、开朗等性格技能）（Heckman 和 Kautz，2013）和个体人力资本中不可复制的部分（Bloom 和 Canning，2000）。关于新人力资本的详细解析将在下部分展开。

　　本研究的边际贡献在于，考察了闲暇时间内"玩中学"新人力资本的增长效应，确认了"悠闲增长"的可能性和作用域，为人力资本理论提供了新的注解。基于时间配置人力资本理论，"玩中学"和"校中学"相对应，全面反映了现代社会人力资本的两个主要组成部分：一是来自受教育时间内的正规教育型人力资本（传统人力资本），二是来自闲暇时间内的非正规教育型人力资本（新人力资本）。"玩中学"是"校中学"时间配置的对偶部分，对应于"校中学"对个体认知素质的提高，"玩中学"重在对个体的非认知素质加以提升（Heckman 和 Kautz，2013），补全了现代人类全面发展的人力资本环节。

本章余下的内容安排如下：第一部分为有效闲暇形成新型人力资本并产生增长效应的研究基础和构建的基准理论模型，展现有效闲暇如何发挥"玩中学"效应，从而形成新人力资本以促进经济增长；第二部分利用主要国家的跨国面板数据对研究命题进行实证检验；第三部分是机制分析，研究"玩中学"效应的产生原因和传导机制；第四部分考察我国如何利用"玩中学"新型人力资本效应来实现高质量发展。

一 经济发展可以实现"悠闲"增长吗？

（一）闲暇时间创造新人力资本的研究基础

传统人力资本理论关注教育、在职培训以及健康所形成的人力资本，对闲暇时间所蕴含的人力资本积累有所忽略。这主要是因为经济研究通常根植于一定的时代环境，经典人力资本理论的发生背景是工业化社会。Caballe 和 Santos（1993）在对卢卡斯模型转移动态的讨论中最早关注到了时间概念，但仍将闲暇时间视作对工作时间的替代。这类研究的共同特点是将"工作—闲暇选择"（即劳动供给）引入内生增长模型，却将闲暇时间处理为独立于人力资本积累的变量，这类闲暇时间被称为"原始时间"（Raw Time）或"非有效闲暇"（Unqualified Leisure）（Ortigueira，2000）。而有效闲暇（Quality Time）是指那些和人力资本积累相关的闲暇时间（Ortigueira，2000；Gòmez，2008）。与传统经济学家不同的是，社会经济学家最先注意到人力资本积累越来越依靠兴趣学习、视野开拓、性格塑造等闲暇时间中的非正规教育；他们发现，"闲暇的价值不在于它本身，而在于它能做什么"；

在此基础上，"非有效闲暇"被"有效闲暇"所替代（Ortigueira，2000）。大量社会学、心理学和管理学等跨学科研究证实了有效闲暇的存在性及有效性。健康而积极的休闲活动可以使个体"高度投入，感到自足，忘记时间流逝，被激发出创造性、探索感和冒险精神"（Gunter，1987）。休闲活动能产生有意义的学习，工作、教育、活动一样，休闲活动会成为个体素质的有机组成部分（Csikszentmihalyi，1991）。尤其在现代社会，在休闲体验中最有可能产生有意义的学习（Csikszentmihalyi，1991）。有研究表明，兴趣学习通常发生在闲暇时间内并具有最高的学习潜力（Kelly，1983）。因此，闲暇时间中的非正规学习显然有利于提升个体的工作效率。此外，闲暇时间作为一种"润滑剂"和"助燃剂"，是一种内在回报（Intrinscly Rewarding），能改善经济交易中社会交往和自由选择的质量（Walker 等，2005），大大促进创新的产生。上述闲暇时间对个体非认知素质的提高作用即"玩中学"效应（Learning by Playing，LBP）（魏翔、庞世明，2012）。区别于源自正规教育的传统人力资本，那些源自闲暇时间中"玩中学"效应的人力资本被视为"新人力资本"。正如 Kawaguchi 等（2013）所指出的，现代社会的参与者们将利用经济发展馈赠给他们的时间礼物来享受更多的闲暇时间，并从闲暇时间中获得精力恢复和人力资本积累。

由于对闲暇时间中新人力资本的认识较为薄弱，闲暇时间与经济增长之间的积极关系未得到应有的重视。Lucas（1988）将人力资本的作用分为内部效应（Internal Effect）和外部效应（External Effect）。前者是指个体的人力资本能提高自身的生产率和收益，后者是指平均人力资本水平能提高所有生产要素的生产率。但在这种区分中，回避了一个重要问题，即除了工作时间里的活动以外，闲暇时间内的活动显然也会对人力资本的形成与积累产生类似内、外部效用，有必要在经济增长模型中考虑闲暇时间的作用。经济史学家们通过观测发现，1860~1990 年，美国劳动者每周的闲暇时间大约增加了 25 小时，增加的这些时间主要用于看电视、上图书馆等闲暇活动，然而对这些闲暇时间的计量却未被纳入正式的国民经济统计中，因此经济增长速度被低估了（Fogel，2000）。为了解释和挖掘上述被低估的增长部分，经济学家们开始逐渐认识到闲暇时间中所蕴含的人力资本因素，并尝试将闲暇时间作为影响人力资本质量的外生变量纳入内生增长模型（Ortigueira，2000）。研究发现，闲暇学习中形成的新人力资本在现代经济社会尤其重要，很可能成为未来人力资本积累的主要途径。遗憾的是，相关研究尚未将闲暇时间进行内生化进而明晰闲暇时间在人力资本积累中的因果链条。为了弥补上述缺憾，本节不仅将闲暇时间和人力资本视为一种"结合"，还将闲暇时间内生于人力资本的积累路径。

本节证实，闲暇活动所释放的劳动生产率会对经济增长起到重要作用，有必要不断探索现代经济体系中更复杂的人力资本实现形式，从而更精确地测度经济增长的真实水平。不失一般性，本节把对人力资本积累产生实质作用的闲暇称为"有效闲暇"，在本节的理论模型中用 l^γ 表示。其中 l 是单纯的闲暇时间（Raw Time）；γ 表示闲暇活动对人力资本积累的贡献程度，即"玩中学"效应的大小（魏翔、庞世明，2012）。

（二）模型："悠闲"对增长的作用

建立基于人力资本积累的生产函数基准模型：

$$y = Ak^{\alpha}(uh)^{1-\alpha} \qquad\qquad (5-2-1)$$

其中，y 是人均产出，k 是人均物质资本，$u \in (0,1)$ 是工作时间占比，h 是人均人力资本（Lucas，1988），$\alpha \in (0,1)$ 是物质资本的产出弹性。A 是外生的技术进步，可标准化为 1。

$$\dot{k} = y - c \qquad\qquad (5-2-2)$$

其中，c 是人均消费。

综合 Lucas（1988）、魏翔和庞世明（2012）的建模方法，人力资本的积累源于个体的生活方式，即个体对不同经济社会活动的时间配置：

$$\dot{h} = f(t) \qquad\qquad (5-2-3)$$

其中，t 是时间配置向量，表示当事人在各类活动上的时间使用（Time Use）配比，$t = (u, l, e)$。其中，$u \in (0,1)$ 是工作时间占总时间的比例，表示形成工作经验形式的人力资本；$e \in (0, 1)$ 是受正规教育时间占总时间的比例，表示形成学位、学历、认知技能形式的人力资本（Lucas，1988）；$l \in (0, 1)$ 是假日时间（含娱乐、旅游、度假、社交、康体等休闲活动时间，但不含吃饭、睡觉、个人护理等活动时间）占总时间的比例。$u + l + e = \bar{T}$。因为在固定工作制下，人们很难自由选择工作时间，此时工作时间 u 可看作外生变量 $\bar{u}$，于是上述恒等式可简化为 $e + l = \bar{T} - \bar{u}$。为了便于分析，将闲暇时间和教育时间的总时间标准化为 1，则 $e + l = 1$。根据本节前文中闲暇时间对人力资本具有实际影响的理论基础，闲暇时间应进入人力资本积累路径：

$$\dot{h} = \delta h l^{\gamma} (1 - l)^{1 - \gamma} \qquad (5 - 2 - 4)$$

其中，$\gamma \in (0, 1)$ 反映了闲暇时间中休闲、娱乐、旅游等活动对人力资本积累的新贡献。具体而言，γ 代表闲暇时间的人力资本形成率或"玩中学"效应强度（魏翔，庞世明，2012）。假设"玩中学"和"校中学"共同塑造总人力资本时具有边际报酬不变特性，于是"校中学"的人力资本形成率为 $(1 - \gamma)$。其中，$\delta \in (0, 1)$ 是总人力资本的转化率。

值得注意的是，单纯的闲暇时间并不是发挥"玩中学"效应、形成新人力资本的充分条件，只有那些有助于提高劳动生产率、增进人力资本积累的闲暇形式才能产生"玩中学"效应。为此，借鉴 Gòmez（2008）对有效闲暇（Quality Time）的阐述，本节将 l^{γ} 形式的闲暇称为有效闲暇，用以指代"玩中学"效应。式（5-2-4）表现了闲暇时间参与人力资本积累的完整过程：一方面，有效闲暇 l^{γ} 的投入能直接增进人力资本，体现"玩中学"效应；另一方面，单独的闲暇时间 l 对受教育时间只具有替代作用 [即式（5-2-4）中的 $(1 - l)$ 项]。

考虑到人力资本外部性，得到生产函数：

$$y = A k^{\alpha} (uh)^{1 - \alpha} h^{\beta} \qquad (5 - 2 - 5)$$

其中，$\beta > 0$ 是人力资本对生产率的正外部性效应参数。个人效用函数为：

$$u(c) = \int_0^\infty \frac{c^{1-\theta} - 1}{1 - \theta} e^{-\rho t} \mathrm{dt} \qquad (5-2-6)$$

则现值汉密尔顿函数为：

$$H(k,h,v,\mu,c,l,t) = \frac{c^{1-\theta} - 1}{1 - \theta} e^{-\rho t} + v(y - c) + \mu[\delta h l^\gamma (1 - l)^{1-\gamma}]$$

$$(5-2-7)$$

其中，c，l 为控制变量，k，h 为状态变量，v 和 μ 是汉密尔顿乘数。由 $\frac{\partial H}{\partial c} = 0$，可得：

$$c^{-\theta} = v e^{\rho t}；由 \frac{\partial H}{\partial l} = 0，可得 \frac{v}{\mu} = \left(\frac{\gamma}{l} + \frac{1 - \gamma}{1 - l} \right) \dot{h} \frac{l}{(\alpha - 1)y}；由 \dot{v} = -\frac{\partial H}{\partial k}，$$

可得

$$\frac{\dot{v}}{v} = -\frac{y}{k}\alpha；由 \dot{\mu} = -\frac{\partial H}{\partial h}，可得 \frac{\dot{\mu}}{\mu} = \frac{v}{\mu}\frac{y}{h}(\alpha - 1) - \delta l^\gamma (1 - \gamma)^{1-\gamma}。其$$

中，横截面条件为：

$$\lim_{t \to \infty} e^{-\rho t} v k = 0；\lim_{t \to \infty} e^{-\rho t} \mu h = 0 \qquad (5-2-8)$$

在引入闲暇时间之前，长期增长率由受教育时间决定（Lucas，1988），因为"将闲暇纳入增长模型在许多方面都具有挑战性，如长期均衡的存在性、唯一性和稳定性可能会因为纳入闲暇而改变"（Ortigueira，2000）。因此，首先对上述动态系统的存在性、稳定性和唯一性进行判别，在此基础上经过最优化计算得到稳态增长路径：

$$g_h = g_c^* \frac{1 - \alpha}{1 + \beta - \alpha} = \frac{1 - \alpha}{1 + \beta - \alpha}\frac{1}{\theta}[\delta(1 - l)l^\gamma - (\rho - \lambda)] \quad (5-2-9)$$

$$g_y^* = g_c^* = g_k^* = \frac{1}{\theta}[\delta(1 - l)l^\gamma - (\rho - \lambda)] \qquad (5-2-10)$$

由式（5-2-10）显然可知，在稳态时，有效闲暇 l^γ 对长期经济增长率有正向促进作用，发挥"玩中学"效应。总体上，闲暇时间 l 对经济增长表现为两种作用。一是"互补作用"，即有效闲暇 l^γ 有助于形成新人力资本，从而推高增长率。二是"替代作用"，即闲暇时间 l 会"挤出"工作时间或受教育时间，从而拉低增长率，表现为式（5-2-10）中的（$1-l$）项。由上得到如下命题。

命题：有效闲暇所带来的"玩中学"效应能形成新人力资本，对国家经济增长产生显著的正作用。通过发挥这种新人力资本效应，可以使国家在保持较高闲暇水平的基础上实现"悠闲增长"。

命题表明，工作时间之外的休闲经济（比如零工经济、旅游休闲产业、娱乐体育经济、随时研发、兴趣创新、弹性工作等）能在保证人们较高休闲享受的同时促进经济持续发展，实现经济体"悠闲增长"。

二 经济"悠闲增长"的跨国经验研究

（一）研究设计

1. 样本说明

本节选取《世界发展报告 2020》（*World Development Report 2020*）涵盖的 138 个样本国家 1995~2019 年的经济面板数据，样本范围覆盖了全世界主要国家和经济体，具有较好的代表性。为了保证数据统计口径的一致性和有效性，本节的主要数据均来自世界银行数据库。人均受教育程度的数据来自联合国教科文组织历年的《人类发展报告》，假日变量的数据来源于专门的假日数据库并经手动整理而得。

2. 变量选取

基于 Barro（1997）对新古典经济增长模型的扩展，跨国增长决定因素的分析框架为：

$$Dy = f(y, y^*) \qquad (5-2-11)$$

其中，Dy 为人均 GDP 的增长率，y 为当前人均 GDP 水平，y^* 为人均 GDP 的收敛目标或稳定水平。

本节的核心解释变量是理论模型中有效闲暇（l^r）形式的"玩中学"新人力资本，以公共假日的数量和质量来衡量国家层面的有效闲暇变量。需

要指出的是，因本节研究的对象是国家层面的有效闲暇，所以假日数量统计
的是该国当年的法定节假日。本节构造"假日分散度"指标来反映假日质
量，构造依据来自 Eden（2016）的研究。其通过劳动生产率模型和美国的
电力生产力数据证明，假日分布形式对生产者的劳动生产率和产出绩效具有
显著影响。为此，本节构造了假日分散度变量：

$$X_{it} = 1 - \frac{\sum_{n=1}^{365} M_{itn}}{2N_{it}} \qquad (5-2-12)$$

其中，X_{it} 是假日分散度，排除全年无休和全年无连休的极端情况，存在
$X_{it} \in (0, 1)$。M_{itn} 表示 i 国第 t 年度中第 n 个假日的假日性质得分：如果第
n 个假日的前一天或后一天是节假日，则 $M_{itn} = 1$；如果第 n 个假日的前一天
同时后一天都是节假日，则 $M_{itn} = 2$；否则，$M_{itn} = 0$。当保持节假日天数不变
时，假日分散度 X_{it} 的数值越大，意味着本年度中假日分布的分散程度越高。

由假日分散度公式可得到两点结论。①假日总量不变的情况下，假日分
散度越大，假日安排越平滑（即假日分布越分散），进而越有利于提高生产
者的绩效或生产率。②假日分散度不变的情况下，假日总量越多的国家越有
余地进一步提高假日分散度及劳动生产率，从而假日总量对假日分散具有一
定的潜在促进作用。总而言之，假日分散度能很好反映假日安排的内部结构
状况，但对假日总量的反映不太敏感。因此，本节同时用假日分散度（闲
暇质量）和假日总量（闲暇数量）来全面测度有效闲暇变量。为了探测假
日分散度作为有效闲暇代理变量之一的可行性，绘制世界上 138 个主要国家
的假日分散度和劳动生产率的关系图（见图 5-1）。图 5-1 显示，假日分散
度越高（即公共假日的年度分布越发散），国民的劳动生产率越高。因此，
用假日分散度来代理有效闲暇具有合理性。

作为主要解释变量的传统人力资本（HC_{it}）与经济增长的影响关系得
到国内外学者的诸多共识，但在人力资本的测算方法上还未取得广泛赞同
（王士红，2017）。基于数据的可得性，教育指标法成为国际上人力资本测
度最常用的方法。因此，本节选取人均受教育年限代表传统人力资本

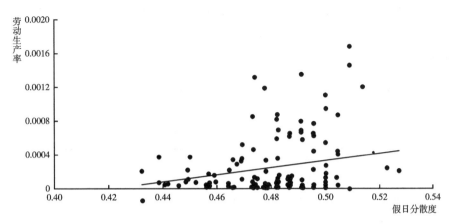

图 5-1　世界主要国家的劳动生产率和假日分散度关系散点图

资料来源：世界银行 Barro-Lee 数据库，代表年份为 2015 年。

（HC_{it}）。当然，教育指标法测度人力资本的准确性受到一定程度的质疑。因此，为了克服教育指标法测度人力资本的某些局限性，借鉴 Antunes 和 Soukiazis（2012）的指标设置，本节采用"每百万 25 岁以上人口拥有的专利数"来反映人力资本水平中的创新程度。此外，虽然"玩中学"新人力资本对增长贡献的主要落脚点在于"玩中学"对个体心理健康、心智水平和情绪能力等非认知技能的提升上，但是，"玩中学"对疲劳恢复、体质提高等方面的作用可能会体现为健康资本的提高，因此有必要对健康资本加以控制。为此，借鉴 Barro（1997）的做法，本节用"人均预期寿命"作为健康资本的代理变量从而控制住健康资本的增长效应。

控制变量包括物质资源禀赋、出生率、通货膨胀和贸易总额。其中，"物质资源禀赋"用该国初始 Log（GDP）水平来衡量，因为初始 GDP 水平可以综合衡量该地区的物质资本和不可见的技术水平，同时该变量也衡量了经济收敛的程度（Barro，1997）。"出生率"用来衡量一国潜在新生劳动力的供给水平或人口因素。一般认为，"通货膨胀"对长期经济增长来说不是一件好事，而实现稳定的低通货膨胀是央行货币政策的重要目标（Kacapyr，1998），为此，本节采用世界银行公布的消费者价格指数（CPI）来控制通货膨胀率。"净贸易指数"（即在一定时期内一个国家出口相对于进口的盈利能力和贸易利益的指标）衡量了一国经济的开放程度。其中，设定 2010年的净贸易指数为 100。

被解释变量、核心解释变量和其他变量的描述性统计特征见表 5-9。

表 5-9　变量及其统计特征分析

变量	观测值	均值	标准差	最小值	最大值
人均 GDP 增长率	3353	1.2800	1.6910	-62.3781	3.3298
假日分散度	2795	0.4888	0.0197	0.3913	0.5513
假日总量	2800	113	3.5423	104	138
受教育程度	3170	7.6710	3.3687	0.7000	14.1000
Log(寿命预期)	3308	4.2169	0.1567	3.4351	4.4419
专利申请数	2172	6694	25667	1	313052
Log(GDP)	3352	24.6392	2.0374	20.1751	30.6957
净贸易指数	2950	115.3099	38.7428	21.3967	458.5745
通货膨胀率	3090	9.3243	35.4663	-60.4964	1058.3740
Log(出生率)	3120	3.0128	0.5466	1.8563	4.0024

资料来源：人均受教育程度来自联合国教科文组织历年的《人类发展指数报告》，假日数据来自假日数据库 https://www.timeanddate.com/holidays/uk/2015。其余经济数据来自世界银行数据库。由于各变量缺失值不同，因此有效观测值也不同。一些国家的通胀率为负值，如安哥拉在 2010 年的通货膨胀率是负 60%。

3. 估计策略

本节的核心解释变量有效闲暇被设定为假日总量和假日分散度。估计时，先对变量进行内生性检验，如存在内生性则选取合适的工具变量，并对工具变量进行有效性检验。此外，考察不同国家假日变量的组内差异和组间差异，如图 5-2 和图 5-3 所示。选择的代表性国家尽可能覆盖了主要的发达国家和发展中国家、涉及五大洲地区。选择的典型时段为 2015～2018 年，不采取过长的时间段是为了更严格地审查变量的变化程度。图 5-2 和图 5-3 显示，假日变量（假日分散度和假日总量）在每个国家的离散程度均比较明显，每个国家的趋势线有比较大的起伏，说明假日变量的差异并没有被国家固定效应所吸收。同时，即使是同一个国家在不同时期的假日指标也都有变化。由上可知，假日指标在组内和组间存在离散差异，不会被国家固定效应所完全吸收，这为下一步的实证分析提供了合理性来源。

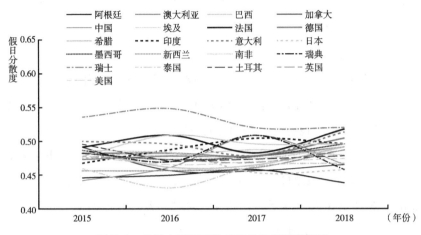

图 5-2 世界主要国家的假日分散度变化程度

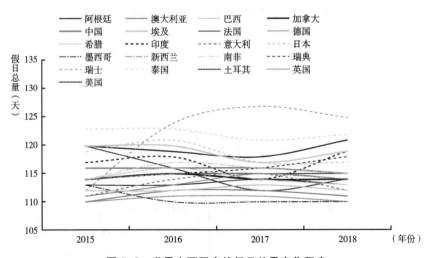

图 5-3 世界主要国家的假日总量变化程度

在以上基础上，使用固定效应工具变量法进行估计：

$$g_{yit} = \alpha + \beta X_{it} + \gamma HC_{it} + \delta Control_{it} + \mu_i + \varepsilon_{it} \qquad (5-2-13)$$

其中，g_{yit} 为国家当年的人均 GDP 增长率；X_{it} 为有效闲暇变量；HC_{it} 为传统人力资本，包括"人均受教育年限"和"预期寿命"；$Control_{it}$ 为一系列影响跨国经济增长的控制变量，包括物质资源禀赋、贸易条件、通货膨胀、出生率等。μ_i 用来控制国家固定效应，ε_{it} 是误差项。

（二）内生性分析

1. 检验内生性

虽然面板数据能在一定程度上缓解遗漏变量所导致的内生性问题，但是模型中的内生解释变量仍然需要使用工具变量法予以解决。为此，需要对评估方程进行 Hausman 检验。表 5-10 的检验结果表明，Hausman 检验的 p 值为 0.000，在 1% 水平上拒绝所有变量为外生的原假设。此外，由于异方差的存在，需要进行稳健的杜宾—吴—豪斯曼检验（DWH）。检验结果的 F 统计量和 λ^2 统计量在大样本下渐进等价，同时二者的 p 值都小于 0.05，可认为估计方程存在内生性问题。

表 5-10　对解释变量的内生性 Hausman 检验

解释变量	(b) iv	(B) ols	(b-B) Difference	sqrt(diag(V_b-V_B)) S. E.
假日分散度	3.3357	3.4882	-0.1524	—
25 岁以上男性受中等和高等教育程度	-2.0508	-0.2265	-1.8243	0.1531
Log(寿命预期)	1.3155	0.9186	0.3968	—
专利申请总数	0.0001	0.0001	5.68e-06	—
Log(GDP)	0.0589	0.0753	-0.0164	0.0035
Log(出生率)	1.0209	0.9322	0.0886	0.0305
通货膨胀率	-0.0090	-0.0093	0.0004	—
进出口贸易总额	1.44e-13	9.01e-14	5.42e-14	—
chi2(9)	(b-B)′(V_b-V_B)^(-1)(b-B)= 86.28			
Prob>chi2	0.0000			

杜宾—吴—豪斯曼检验（DWH）

Durbin(score) chi2(2) = 19.3621(p = 0.0001)

Wu-Hausman F(2254) = 9.8891(p = 0.0001)

值得说明的是，假日制度和经济发展的内生性关联并不强烈。第一，假日政策取决于国家长期的历史文化积习、社会观念和经济状况基本面，这几大因素都具有稳定性和持续性，与经济增长之间的内生性较弱。第二，大量的先行研究显示，文化制度—经济之间的内生性非常复杂，其强度常常被高估。假日制度作为一项文化制度，它和经济发展之间的内生性也不应被过度解读。Becker 和 Woessmann（2009）就深刻地说明新教伦理和资本主义国家经济发展之间的内生性被过度解读了。本节机制分析部分的研究也证实，假日变量对经济增长的影响具有传导性，不能高估假日制度本身和经济增长之间的内生性。

2. 克服内生性

由于假日数量取决于各国外生的假日政策，因此我们主要考察假日分散度的内生性。选用当期储蓄率作为假日分散度的工具变量，这是因为，①储蓄率代表了当事人对当前消费和未来消费的跨期偏好，即时间偏好率。时间偏好会影响工作—闲暇选择进而和假日的分布相关。②储蓄率的滞后项可能影响经济增长，但是当期储蓄率难以影响当期增长率——二者的相关性分析证实了这点。蔡昉和都阳（2020）甚至认为，在人口红利消失、要素积累推动的增长模式难以维系的情况下，高储蓄率与经济增长的联系将不再紧密。相反，高储蓄率可能通过挤压消费，给经济增长动力带来不利影响。

为了进一步增强工具变量的可靠性，还选取解释变量（假日分散度）的滞后 5 期值作为解释变量的工具变量——Barro（1997）也采取了类似做法。对滞后解释变量和当期储蓄率变量做工具变量有效性检验。结果显示，Kleibergen-Paap rk LM 统计量的 p 值为 0.000，强烈拒绝不可识别检验；弱工具变量也在 5% 的水平上通过沃德检验，表明可以拒绝"弱工具变量"原假设。为了进一步考察弱工具变量，对滞后 5 期假日分散度和当期储蓄率这两个工具变量进行冗余检验。弱工具变量检验的两个统计量 P 值小于 0.05，拒绝工具变量的冗余检验。至此，本研究选取的工具变量通过有效性检验。

3. 回归结果

在当期储蓄率作为工具变量、滞后 5 期假日分散度和当期储蓄率同时作为工具变量两种情形下进行固定效应工具变量法回归，结果分别如表 5-11 的模型 1 和模型 2 所示。

表 5-11　工具变量法回归结果

变量	模型 1 IV＝当期储蓄率		模型 2 IV＝当期储蓄率和滞后 5 期变量	
	系数	标准差	系数	标准差
假日分散度	471.0760 ***	92.1867	506.2704 ***	97.4578
假日总量	0.9414 ***	0.1889	0.8908 ***	0.1847
25 岁以上男性受中等和高等教育程度	1.6508 ***	0.5105	1.3501 ***	0.4602
Log（寿命预期）	－36.9874 ***	10.0790	－14.6551	11.3115
专利申请数	0.0001	0.0001	5.36e-06	0.0001
Log（GDP）	0.0999	0.5683	－0.1733	0.5556
净贸易指数（2010 年为 100）	0.0176 **	0.0086	0.0072	0.0093
通货膨胀	－0.0722 ***	0.0206	－0.0843 ***	0.0232
Log（出生率）	－1.7463	2.3428	－1.1796	2.5001
常数项	－188.3925	81.5955	－286.2274	102.8599
观测值	1567		1430	
Wald Chi2	408.7102		466.6401	
Prob>Chi2	0.0000		0.0000	
Sigma_u	6.8011		6.9158	
Sigma_e	5.7902		5.3342	

注：* 、** 、*** 分别表示在 10%、5%、1% 的水平上显著；各模型的 Prob>F＝0.0000。

　　模型 1 和模型 2 的回归结果显示，有效闲暇（假日分散度和假日总量）对经济增长的促进作用为正且十分显著，证实了本节理论命题的内容，即有效闲暇所代表的"玩中学"人力资本对经济增长具有显著的正向作用，在此处表现为，保证一定规模的假日总量并且假日结构尽量分散能提升经济增长率（Eden，2016）。同时，"校中学"（男性受教育程度）的系数也显著为正，这表明，"玩中学"和"校中学"具有类似的以"学"促增长的人力资本作用。

　　此外，控制变量中传统人力资本的符号显著为正，符合主流理论的传统

预测。通货膨胀和物质资源禀赋的符号为负，与前人的研究较为一致
（Barro，1997）。作为人口增长的代理变量，出生率的对数值对经济产出显
示出负面影响，但不显著，说明人口增长未必会拉低经济增长。

（三）稳健性分析

保持工具变量不变，替换被解释变量和解释变量对原方程重新估计。
具体地，将被解释变量替换为 GDP 增长率（模型 3）、将核心解释变量
假日分散度替换为假日集中度（模型 4），同时将被解释变量替换为 GDP
增长率、将假日分散度替换为假日集中度（模型 5），估计结果如表5-12
所示。

表 5-12　替换变量的稳健性分析结果

变量	模型 3		模型 4		模型 5	
	系数	标准差	系数	标准差	系数	标准差
假日分散度	511.9079 ***	98.2619	−506.2703 ***	97.4578	−511.9078 ***	98.2618
假日总量	0.8933 ***	0.1862	0.8908 ***	0.1847	0.8933 ***	0.1862
控制变量	有	有	有	有	有	有
常数项	−298.0507	103.7085	220.0429	40.4194	213.8571	40.7529
观测值	1567		1567		1567	
Wald Chi2	783.8500		408.7100		783.8503	
Prob>Chi2	0.0000		0.0000		0.0000	
Sigma_u	6.7444		6.8811		6.7444	
Sigma_e	5.8230		5.7982		5.8238	

注：*、**、*** 分别表示在10%、5%、1%的水平上显著；各模型的 Prob>F = 0.0000。

模型 3 中核心解释变量的符号显著为正，和模型 1、模型 2 的结果一
致。模型 4 和模型 5 中的假日集中度的符号显著为负，这是因为假日集中
度 =（1-假日分散度）。因此，该结果与模型 1、模型 2 的估计结果一致。
同时，假日总量的符号和显著性在模型 1~5 中均保持一致。由上可知，原
回归具有较好的稳健性。

三 机制分析

（一）发现"玩中学"

本节探索性地研究了现代经济体由于闲暇时间增加所带来的"玩中学"人力资本。这种新型人力资本在现代社会中越来越重要，成为传统人力资本（来自教育领域、健康领域和培训领域的人力资本）的有益补充。为了发现和识别这种新人力资本，本节从"闲暇要素"出发，选取经济体的"假日总量"和"假日分散度"作为代理变量，从闲暇总量和闲暇质量两个方面综合测度"玩中学"新人力资本。

本节的研究首先从理论上确认了"玩中学"增长效应的存在：利用时间配置理论（Time Allocation），将闲暇时间引入内生增长模型，从而识别了"玩中学"新人力资本在增长中的位置，证实"玩中学"新人力资本作为一种可积累的人力资本，对经济增长可产生显著的动态提升作用。随后，本节的全球样本数据分析证实了上述发现。由此可知，通过积极健康的有效闲暇安排可以支撑经济长期增长，如果忽略该效应，人力资本和生产率的增长贡献都会被低估（魏翔、虞义华，2011）。

（二）"玩中学"如何影响经济增长？

"玩中学"新人力资本可以使劳动者从密集烦琐的劳动生产中暂时脱离，在闲暇中补充体力，恢复劳动激情，提升劳动绩效。因为无论是"玩中学"促进的健康人力资本，还是"玩中学"产生的非认知能力人力资本，都可以不同程度地提高个体的人力资本质量，而人力资本的质量提升可以显著提高个体的劳动生产率。因此，"玩中学"新人力资本可通过影响劳动生产率促进经济增长。"玩中学"对个体的作用不仅体现在疲劳的恢复和健康的提升，还能增进情绪价值，提高社交能力、性格技能等心智水平。因此，"玩中学"新人力资本既和健康资本有共同的交集，可以代表健康资本的作用，同时也超越了健康资本概念，代表了健康以外的心理、素养等软性人力资本因素，集中体现为对整体劳动生产率的积极作用。具体而言，一方面，闲暇活动有利于身体更健康、更有活力，能够承受更长的工作时间、工作强度，于是个体的健康资本得以提高，产生更高的生产率，获取更高的工资溢价；另一方面，"玩中学"对劳动生产率的作用超越健康资本的范畴，对非认知能力的提高亦有显著贡献。研究表明，闲暇活动通常是群体活动，能提高社交能力，使个体在劳动力市场更有竞争力（Rooth，2011）。人们通过具有交互性的闲暇活动，既提高了心智水平和行为能力（Bloom 和 Canning，2000），还使社会交往和合作技能不断增强（Rooth，2011）。

提高劳动者的闲暇时间有利于缓解和消除劳动者的疲劳，提高其劳动生产率，维持劳动力的再生产，实现劳动的可持续性。所以，本节采用劳动生产率的增速作为中介变量来甄别"玩中学"效应的传导机制。其中，劳动生产率用劳均 GDP 来衡量，而经济增长率用人均 GDP 增长率来衡量。劳均 GDP 和人均 GDP 之间既存在差异也具有相关性。一方面，考虑到人力资本因素，"劳均"和"人均"之间存在显著差异。个人的健康状况、受教育程度、休闲偏好等人力资本要素会带来劳动参与率差异，这会使劳均 GDP 和人均 GDP 之间产生显著差异。另一方面，劳均 GDP 和人均 GDP 的分母不同，但分子都是 GDP，使两个变量之间存在一定的相关性。

具体地，假日分散度（X）可能通过劳动生产率的增速（M）这一中介变量影响人均 GDP 增长率（Y）。这种因果链（玩中学—劳动生产率提高—经济增长提速）可表达为：

$$Y = cX + e1 \qquad\qquad (5-2-14)$$
$$M = aX + e2 \qquad\qquad (5-2-15)$$
$$Y = c`X + bM + e3 \qquad\qquad (5-2-16)$$

其中，假日分散度（X）对人均 GDP 增长率（Y）的总效应是 c。劳动生产率的增速（M）对人均 GDP 增长率（Y）的中介效应为 $a \times b$ 或 $c - c`$。而假日分散度对人均 GDP 增长率（$Y$）的直接效应为 $c`$，$e1$、$e2$ 和 $e3$ 为其他变量和误差项。

根据以上分析，设置如下回归模型：

$$Glp_{it} = \alpha_0 + \alpha_1 X_{it} + \alpha_2 HC_{it} + \alpha_3 Control_{it} + \varepsilon_{it} \qquad (5-2-17)$$

$$g_{yit} = \beta_0 + \beta_1 Glp_{it} + \beta_2 X_{it} + \beta_3 HC_{it} + \beta_4 Control_{it} + \varepsilon_{it} \qquad (5-2-18)$$

其中，Glp_{it} 为某国当年劳动生产率的增速；g_{yit} 为某国当年人均 GDP 的增长率；X_{it} 为假日分散度；HC_{it} 为传统的人力资本和预期寿命；$Control_{it}$ 为一系列影响跨国经济增长的控制变量，包括物质资源禀赋、贸易条件、通货膨胀、出生率等。

本节借鉴温忠麟等（2004）的中介效应分析方法，检测劳动生产率在"玩中学"新人力资本提升经济增长过程中的传导机制，检验结果如表5-13所示。

表 5-13　劳动生产率的中介效应

模型	$Y = cX + e1$		$M = aX + e2$		$Y = c'X + bM + e3$	
变量	系数	标准差	系数	标准差	系数	标准差
假日分散度	471.0760 ***	92.1867	315.2248 ***	69.3861	230.3300 ***	55.7764
假日总量	0.9414 ***	0.1889	0.6142 ***	0.1406	0.4622 ***	0.1120
劳动生产率增长率					0.7442 ***	0.0349
人均受教育年限	1.6508 ***	0.5105	0.8746 **	0.3784	0.9666 ***	0.2829
Log（寿命预期）	-36.9874 ***	10.0790	-30.5345 ***	7.7212	-13.9103 **	5.6292
专利申请数	0.0001	0.0001	9.15e-06	0.0001	8.09e-06	8.11e-06
Log（GDP）	0.0999	0.5683	0.4859	0.4276	-0.1525	0.3080
净贸易指数（2010年为100）	0.0176 **	0.0086	0.0091	0.0067	0.0098 **	0.0048
通货膨胀	-0.0722 ***	0.0206	-0.0515 **	0.0158	-0.0285 **	0.0116
Log（出生率）	-1.7463	2.3428	-2.1315	1.7509	-1.0580	1.2388
常数项	-188.3925	81.5955	-104.7258	63.6586	-106.4162	47.3199
观测值	1567		1529		1529	
Wald Chi2	408.7100		475.3800		2280.8000	
Prob>Chi2						
Sigma_u	6.8011		4.6000		3.5968	
Sigma_e	5.7902		4.2663		3.0642	

注：*、**、*** 分别表示在10%、5%、1%的水平上显著；各模型的 Prob>F = 0.0000。

由表 5-12 可知，有效闲暇代表的"玩中学"新人力资本对经济增长具有显著促进作用，与前文结果完全一致。对式（5-2-17）的检验显示，"玩中学"新人力资本对劳动生产率具有显著的正向作用，并且假日分散度（即闲暇质量）的影响力度要明显高于假日总量（即闲暇数量），这一点也符合理论模型的预测和之前计量分析的结果。由式（5-2-18）的回归结果可知，中介变量（劳动生产率的增速）对经济发展的影响有显著的正向作用，弹性系数为 0.744。此时，有效闲暇（"玩中学"新人力资本）对经济发展的促进作用依然显著，只是系数有所下降。说明劳动生产率变量起到了中介传导作用，中介效应大约为 $c-c` =241$。相应地，假日分散度对增长的总效应约为 471，直接效应约为 230。综上可知，"玩中学"新人力资本对经济增长的影响通过劳动生产率增速的传导作用得以实现。

四 对中国假日结构改革的启示

（一）高度重视人力资本积累的不同路径

我国社会正在进入老龄化和少子化时代，旧的人口红利逐渐消失，经济增速逐步放缓。未来的增长更加依靠高质量的人力资本和人才队伍，提高我国的人力资本水平和人口素质迫在眉睫。与之相应，国内对人力资本的研究愈加深入，展现出鲜明的中国特色。这些研究既丰富了西方人力资本理论，又对现实政策的改善起到了积极作用。我国研究者立足国情，针对我国存在的高房价、雾霾扩散等问题揭示了其对人力资本可持续发展的深层抑制作用（张莉等，2017；陈诗一、陈登科，2018）。基于以上研究，我们观察到，我国经济由高速增长转向高质量发展的过程中，科技不断进步，服务经济日益成为推动经济增长的重要力量。在此背景下，人们的闲暇时间不断增加、休闲活动日趋活跃。然而，对人力资本的研究大多采用传统的分析框架，对工作之外的新型人力资本关注不多，这可能会低估智能经济所带来的"新人口红利"。为此，有必要从闲暇时间配置所引发的新型人力资本角度探索人力资本对我国经济增长的作用。这种必要性至少体现在以下两个方面。

一方面，从劳动供给端来看，技术进步和收入增长不断提高居民的平均闲暇水平，使人们在时间配置上出现结构性变化，长期内将降低劳动力供给水平。在这种格局下，如果社会能提供多种形式、多种渠道的人力资本实现路径，就能弥补人口老龄化对劳动市场的负面效应。传统人力资本理论对闲暇时间增多背景下人力资本积累的多路径研究尚有不足。有必要认识到，现代社会中人力资本的积累不仅依靠正规教育，亦将越来越依赖闲暇时间中的非正规教育。

另一方面，从劳动需求端来看，在当前我国经济增速放缓的大背景下，人们提高自身素质、应对收入波动的需求十分迫切。智能科技和闲暇时间的同步提升催生了在线教育、家庭娱乐、运动休闲等非正规教育产业的蓬勃发展（Aguiar 等，2013）。这种发展趋势促使人们冲破原有学习模式，寻求新型人力资本的积累方法。于是，在闲暇时间中进行探索性研究、兴趣型学习，接受非正规教育正在成为"玩中学"等隐性人力资本形成的有效途径。

（二）努力形成居民休闲的合理结构

本研究揭示，发挥"玩中学"效应以形成新人力资本能帮助增长放缓的经济体实现高质量发展。为此，经济体需具备一定的闲暇数量（公共假日数量），这对当前的我国而言是个自然而然的结果。因为随着我国的科技进步和人口结构调整，经济增速放缓的过程中释放出了较多的闲暇时间。然而，正如本研究所发现，仅有一定数量的闲暇时间并不能保证形成新人力资本，还需要闲暇时间配置具有较高质量才能提高劳动生产率。如图 5-4 所示，印度的假日时间远高于我国，经济发展水平却低于我国，而英国的假日时间略低于我国，但经济发展水平高于我国。这表明单纯的假日时间数量并不能直接形成"玩中学"效应。因此，当假日时间达到一定数量后，假日时间的质量就变成形成"玩中学"新人力资本的关键因素。为此，就需要从完善居民休闲的配置结构入手。

实际上，发达经济体比欠发达经济体的居民休闲假日结构更为合理、对提高生产率更有效。具体表现为，发达国家的假日分散度更高，能更充分地发挥假日经济效果。从图 5-5 不难看出，发达国家具有相对更高的假日分散度，这种假日结构更为平衡地配置居民的休闲时间，有利于提高劳动生产

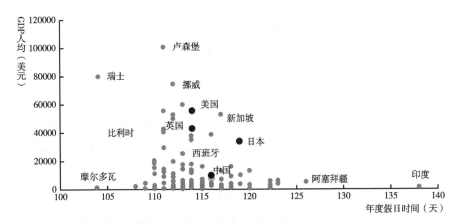

图 5-4　主要国家经济发展和假日数量的关系

资料来源：世界银行 Barro-Lee 数据库，年份为 2015 年，共计 138 个调查样本。其中包含 34 个 OECD 成员国，36 个撒哈拉以南的非洲国家，18 个拉丁美洲国家，20 个东南亚国家以及 13 个北非和中东国家。

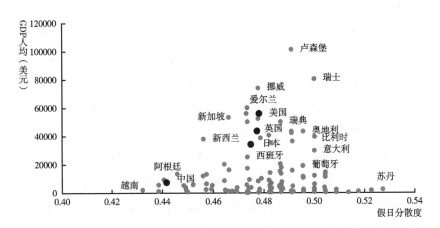

图 5-5　经济发展和假日结构的关系

资料来源：世界银行 Barro-Lee 数据库，年份为 2015 年。

率，形成"玩中学"新人力资本。魏翔和庞世明（2012）的研究显示，我国进入 1990 年代后的高增长率和假日总量的关系不大，却和同期推行的居民休闲计划、假日制度改革有一定关系。由此可见，为了更好地形成新人力资本，我国下一步的重点不在于增加更多的假日，而在于优化现有的假日配置结构,进行更深层面的假日制度改革。具体而言,假日改革的方向不应是通过行政手段人为地"挪"出更多长假,而是要进一步提高假日分散度,全面落实"带薪休假",抑制企业中的过度加班文化,逐步取消"黄金周"制度,增强传统节假日的稳定性,使周末双休、公共假日、员工假期在全年尽量均衡地分布,并形成制度稳定性。由此提高假日分散度,可以优化居民休闲结构、促进平台经济、零工经济和休闲经济的发展,进而有利于形成新人力资本。

（三）积极拓展非正规教育的新兴业态

当前,我国正在从一个高速增长的国家向高质量发展国家转变。高质量发展的内在表现之一就是高质量生活和高效率生产,这意味着我们需要在更少的劳动时间内获得等量甚至更多的产出。闲暇时间增加、工作强度降低会使传统行业的投资、就业承受压力,加剧结构性失业,降低传统人力资本对经济增长的贡献力度。与此同时,闲暇水平和技术水平的交互提高创造出更多的新技术岗位。例如,我国的互联网经济、人工智能技术和新兴服务业取得跨越式发展,创造出机器人操作员、快递骑手、网约车司机、电竞主播、带货主播、跨境电商等海量新就业岗位。这些新岗位的涌现提醒我们,在重视传统人力资本的同时,需要高度关注闲暇时间所蕴含的新人力资本。

与传统人力资本构成中的认知能力相比,新人力资本理论强调非认知能力的重要作用(Heckman 和 Kautz,2013)。当然,与正规教育获取的认知能力不同,非认知能力主要来自闲暇时间内的非正规教育,例如,通过旅行、社交和娱乐等活动改善和提高个体在性格技能和情绪水平等"内隐"方面的非认知能力。也就是说,非认知能力新人力资本的主要载体是非正规教育所创造出的新兴业态。非正规教育通常在闲暇时间内通过从事各类积极的闲暇活动得以完成。区别于一般意义上的正规教育活动,这些闲暇活动具有自主选择、时间灵活、趣利结合、高度共享的特点。而零工经济、平台经济和共享经济正是符合上述特点,又具备高技术、高效率特点的新兴业态。发展这些新兴业态,能快速形成基于非正规教育的新人力资本。

为了保证上述新兴业态的发展，需要不断创新制度环境。有必要在服务经济发达的大中城市积极推进弹性工作制，完善灵活就业人员的社会保障、劳动保护和工作福利，这能极大帮助数字化行业和高新技术行业获得充分的人力资本，实现快速迭代和增殖。此外，大力发展人机协同、万物互联的高端服务业，通过提高服务业的劳动生产率来增进制造业的全要素生产率。

（四）积极采取应对措施

本部分利用时间配置理论，将闲暇时间引入内生增长模型，确认了基于有效闲暇的"玩中学"新人力资本在经济增长中的积极作用。跨国实证结果显示，"玩中学"新人力资本对经济增长的正向效应在各国之间显著存在，新人力资本的增长效应主要通过劳动生产率的传导作用得以实现。本研究拓展了经济学界对闲暇时间的研究视角，揭示了现代社会中人们追求自由、经济形态高度灵活背后的经济学含义。由此我们得到一些政策启示，具体有以下政策建议。

第一，促进文、旅、体、娱高度融合，探索新人力资本的积累路径。"玩中学"效应对经济增长的促进作用为探索人力资本积累的不同路径提供了可能性，非正规教育所创造的新型业态是新人力资本形成的重要载体。在线教育、家庭娱乐、运动休闲、艺术欣赏等在闲暇时间内进行的非正规教育成为突破正规教育方式形成新型人力资本的有效途径。为此，一是优化人才培养体系。教育部门应优化人才培养体系，重视非正规教育对人力资本积累的重要作用。在教育实践中，建立具有良好韧性和社会适应性的人才培养动态制度，促使正规教育和非正规教育实现有效衔接和有机配合，共同促进个体人力资本质量的提高。二是大力促进业态融合，探索建立文、旅、体、娱高度融合的休闲综合体。非正规教育作用于人力资本积累的重要路径是在闲暇时间内实现"玩中学"效应，而文、旅、体、娱的高度融合业态和休闲场所正是新人力资本形成的主要载体。

第二，完善公共假日体系，优化新人力资本的制度环境。研究可知，假日过于集中不利于发挥"玩中学"效应。我国政府未来应注重假日的结构性调整，解决假日"共时化"问题。即尽可能避免人为"挪假"形成过于集中的长假制度，需进一步加大力度鼓励和落实"带薪休假"、"春秋假"和"2.5天周休日"等灵活多样的休假制度。尽量将一部分休假权让渡给企业和个人，以便形成可以随劳动生产率优化而灵活选择的休假模式。因此，一是要完善制度保障，加强督促各类企业完全落实带薪休假制度。二是优化假日结构设置。各地因地制宜，根据经济发展阶段，适时调整假日结构由集中化向扁平化转变。三是选取试点行业探索弹性工作制的实现形式。选取科技、知识、金融等对人力资本要求较高的服务业试行弹性工作制。

第三，推进"工作—闲暇平衡"，突破新人力资本的发展瓶颈。工作—闲暇平衡（Work-Leisure Balance，WLB）是指通过解决工人们在工作和生活之间的冲突来提高产出效率。工作—闲暇平衡有助于减轻工人压力，使工作更加愉快，进而提高工作满意度。归根结底，人们只有很好地实现了工作—闲暇平衡，才能有意愿和能力来寻求新型人力资本的开发和积累，突破发展上限。从国际经验来看，为了帮助居民实现工作—闲暇平衡，有很多可行的政策值得我国政府参考。具体地，建议合理抵制"竭泽而渔"的过度加班文化，创建家庭和谐型（Family-Friendly）工作环境；鼓励有条件的大型企业面向优秀员工推出"儿童抚养战略"（Childcare Strategy）。政府可以实施工作家庭的课税扣除（Working Families Tax Credit）和欧盟"父母假期指导方针"（Parental Leave Directive）等类似政策来提高居民的闲暇购买能力，进而增进闲暇活动的质量。

当然，本研究也存在一些不足之处和研究缺憾。首先，虽然本研究选用综合假日变量来表征有效闲暇及"玩中学"效应具有合理性和可行性，但对这种复杂人力资本的测度还需进一步细化。比如，假日中也包含学习型活动和教育类活动，未来可以用更细致的微观数据来识别这些活动是属于正规教育还是非正规教育，更准确地反映"玩中学"效应。其次，"玩中学"效应隐含了国家间文化制度差异对经济增长的影响，存在一定内生性。尽管本研究对内生性问题做了有效处理，在一定程度上消除了结果偏差。但是，对文化—经济内生性的克服是长期而艰巨的任务，未来仍需要寻找更好的工具来克服内生性。再次，关于"玩中学"效应的内部发生机制，需要进一步甄别疲劳效应和知识效应的存在方式和作用机理。最后，本研究对国别异质性的分析还有待进一步展开，未来需要进行更多的识别工作。

第四篇

闲暇时间配置经济效应的"中观链条"分析

在闲暇时间配置作用于经济效率的过程中，需要在中观层面检验闲暇时间对劳动生产率的影响。与宏观层面闲暇时间作用于经济增长的影响不同，闲暇时间对劳动生产率的影响属于中微观层面的研究。也就是说，闲暇时间配置对劳动生产率的影响是其作用于经济增长的理论基础。为此，本部分从工作—生活均衡到闲暇时间数量，再到闲暇时间配置，层层深入，以链条式的分析范式详细验证了闲暇时间配置对劳动生产率的影响。

第六章　闲暇时间数量的经济效应

第一节　工作—生活均衡的经济效应研究

工作—生活均衡有助于提高个体的工作效率已经取得了学者的广泛共识。然而，工作—生活均衡对劳动生产率的影响却鲜有在中国情景下取得验证。为此，本部分从时间配置的视角出发，用工作时间和休闲时间的比值来衡量工作和生活的均衡状况，并利用《2017 年中国时间利用调查数据（CTUS）》来检验时间配置对劳动生产率的影响。

一　工作—生活均衡的经济学要义

（一）研究背景

工作—生活均衡有助于提高个体的工作效率已经取得了学者的广泛共识（Adame-Sanchez 等，2016）。然而，工作—生活均衡对劳动生产率的影响却鲜有在中国情景下取得证实。工作是现代社会大多数人获取收入和社会认同的主要途径，在中国也一直有"勤劳致富"的文化传统。然而，面对在中国出现的"996"、"007"和"过劳死"等社会现象，我们需要重新审视工作时长与劳动效率这一传统议题。工作时长与劳动生产率的关系一直存在争论。有学者认为较短的工作时长有助于倒逼工人提高劳动效率（Wei 等，2018；Wise，1980），而另一些学者则认为工作时间是技能熟练程度的必要前提，较短的工作时长不利于劳动生产率的提升（Leslie，1984）。实际上，工作时间与休闲时间都是日常生活中不可缺少的重要组成部分。中国素有"文武之道,一张一弛"的谚语,现在我们也依旧主张"劳逸结合"。因此,在中国少子化、老龄化日益加深的背景下,探讨如何通过劳动者的工作—生活均衡来实现我国劳动力市场的稳定发展以及劳动生产率的提高具有重要的现实意义。

从以往研究来看,工作时间和休闲时间对劳动生产率都存在双向影响机制(Cette 等,2011;Leslie,1984;魏翔、虞义华,2011)。在"学习效应"和"疲劳效应"的综合作用下,工作时长对个体劳动生产率存在非线性影响(Lee 和 Lim,2014),因为连续工作带来"疲劳效应"的边际效应在逐渐提高,而"学习效应"的边际效应的递减趋势明显(Tan 等,2021)。休闲时间对经济产出产生"替代效应"的同时,不仅可以通过缓解"疲劳效应"促进个体的身体和精神健康,还可以带来促进个体劳动生产率提高的"互补效应"(魏翔、庞世明,2012)。因此,无论是工作时间,还是休闲时间,都会对个体的产出效率产生双向影响。这也意味着,为了达到劳动者的效率最大化,应该同时考虑工作时间和休闲时间两种因素。"工作—生活均衡"(Work-Life Balance,WLB)起初的研究主要限于工作—家庭冲突和平衡,后来扩展到身心健康和休闲经济等其他领域(金家飞等,2014)。在美国、加拿大、英国等许多西方国家,其对工作—生活均衡的话题已经进行了较为充分的讨论,工作—生活均衡有助于提高雇员的工作效率已经取得了广泛共识(Peshave 和 Gujarathi,2015),因为工作—生活均衡不仅可以通过提高个体工作满意度来促进工作绩效提升,还可以通过减缓大脑的"疲劳效应"来提高工作热情和工作绩效(Peshave 和 Gujarathi,2015)。因此,将工作时间与休闲时间相结合,探究时间配置对个体劳动生产率的影响是十分必要的。

因此,本部分通过构建纳入休闲时间和工作时间的内生增长模型,利用2017 年中国时间利用调查数据(CTUS),探究工作—生活均衡对劳动生产率的影响。本部分的贡献在于以下几点。第一,客观地衡量工作—生活均衡。从时间配置的视角出发,用工作时间和休闲时间的配置比例来衡量工作—生活均衡，进而定量分析工作—生活均衡对劳动生产率的影响。虽然许多学者在工作—生活均衡领域做了大量研究，但很少有学者从客观角度来衡量工作—生活均衡，因为大多数研究是对个人工作与生活的平衡进行主观评估。与以往的研究不同，本研究采用工作时间与休闲时间的客观比率作为工作—生活均衡的代理变量。第二，探讨了时间配置对劳动生产率的作用机制。从时间配置的视角出发，创新性地构建了纳入"学习效应"和"疲劳效应"的内生增长模型。在深入分析时间配置对劳动生产率作用机制的基础上，对其进行实证检验。第三，丰富了中国背景下"工作—生活均衡"领域相关文献，为推行弹性工作制提供理论支持。工作与生活的均衡已成为工作场所的一个关键问题，它在个人幸福感中发挥着重要作用。然而，在研究和实践中，中国很少关注到工作—生活均衡与工作绩效之间的关系（Hua等，2018）。因此，本研究实证分析了中国居民工作—生活均衡对劳动生产率的影响，丰富了中国背景下工作—生活均衡领域的研究文献。

（二）工作—生活均衡与工作效率

1. 工作时间与劳动生产率

大量研究表明，个体的劳动生产率会受到性别、年龄、户籍、受教育程度等个体特征的显著影响（李实等，2014）。除此之外，时间也是影响个体劳动生产率高低的重要因素（Craine，1973）。自工业革命以来，人均工作时间减少而劳动生产率提升成为大多数发达国家的经济现实。Wise（1980）认为，过长的工作时间不利于个体劳动生产率提高。Leslie（1984）则认为，持续的工作时间可以帮助个体提高工作技能，进而有助于提高劳动生产率。虽然关于工作时长与劳动效率的争论仍在继续，但工作时长减少可以部分解释劳动生产率提升已经被越来越多的实证分析所证实（Dew-Becker 和 Gordon，2012）。由 Arrow（1962）的"干中学"效应可知，工作时长带来的"干中学"效应（亦称为"学习效应"）可以有效促进个体劳动生产率提高，因为连续的工作可以有效提高个体的工作技能和熟练程度，这也正是全职员工的工资性收入高于兼职员工的原因所在（Hirsch，2005）。然而，连续工作在带来"学习效应"的同时，也会增加个体的"疲劳效应"，连续工作时间越长，其带来的边际"疲劳效应"也会随之增加（Dixon 和 Freebairn，2012）。Cette 等（2011）通过对 OECD 18 个国家的跨国面板数据进行分析，发现了"疲劳效应"的存在，研究还指出"疲劳效应"随着工作时长的增加而不断变大，最终导致工作时长的收入回报率逐渐降低。Lee 和 Lim（2014）进一步指出，在"学习效应"和"疲劳效应"的综合作用下，工作时长和劳动生产率之间存在多个门槛效应。当然，"学习效应"和"疲劳效应"产生的综合效应还取决于多重因素，如个体工作时间的初始值、所处的行业特征等。

2. 休闲时间与劳动生产率

在传统古典经济学的分析框架中，休闲时间大多作为经济产出的"替代效应"而存在。休闲时间对劳动生产率的积极效应源自人们对休闲属性的重新认识：休闲不再单纯地作为消费活动，其本身的生产属性随着消费和生产的相互关系而得到重视认可（李仲广，2005）。王琪延和叶婷（2005）进一步认为，在自由支配时间内获得的体力恢复和自身的全面发展是人力资本等生产要素的增值和再生产过程。休闲时间对劳动生产率提升作用的理论基础是休闲的学习属性、生产属性和创新属性被逐步纳入内生增长模型之中（Eicher，1999）。

魏翔和虞义华（2011）从经济学的分析框架出发，对休闲和经济产出的关系进行了探索性的理论分析。他们认为休闲对经济产出的影响，除了传统的"替代效应"外，因休闲具备的学习属性、社会属性和生产属性，从而能够给经济系统带来重要的"互补效应"。魏翔和庞世明（2012）进一步认为休闲的互补效应包括以下几种。①"闲而优效应"。积极的休闲活动不仅可以带来健康的身体，还可以提高个体人力资本的积累，从而提高员工的工作表现（Lu 和 Hu，2005）。②"闲中学"效应。工作时长减少而带来的休闲时间增加，有助于推动休闲文化大众化，积极的休闲活动可以提高整体国民的精神文化和知识水平（Nyland，1989）。因此，个体在休闲时间内的学习活动可以通过"溢出效应"，促进整个社会的素质提升和全社会技术效率的进步。③"等势效应"。休闲时间内进行的家庭生产和家庭护理等活动，因其具备一定的市场价值（货币和时间），使家务劳动"等势于"市场生产。这样，休闲时间就如同物质资本要素一样，是生产活动的一种要素投入。因此，工作—生活均衡有助于提高雇员的工作效率已经取得了国内外学者的广泛共识（Peshave 和 Gujarathi，2014；Talukder，2018）。充足的休闲时间可以提高个体的身体健康程度，进而提高个体在工作时间内的警觉程度和劳动生产率（Lee 和 Lim，2014）。

3. 工作—生活均衡与劳动生产率

Peshave 和 Gujarathi（2014）指出，员工是具有感情和情绪变化的人类，而不是工作机器，所以员工不能一直保持较高的工作效率。他们对印度酒店行业进行深入调查后发现，过多的工作负担和工作时长将导致个体的个人时间和社交时间严重不足，多种角色中工作生活冲突造成的压力将降低个体的工作表现。研究显示，连续工作导致的"疲劳效应"会严重阻碍大脑活力和效率表现，而工作—生活均衡将有效减少大脑疲劳和工作压力，从而提高员工士气、承诺和责任感。除此之外，工作—生活均衡也有助于减少工作和生活上的摩擦，从而提高员工工作上的绩效表现和工作满意度（Maurya，2015）。也有学者对农民工城镇就业的工作时间和业余生活进行了实证分析，研究发现：农民工过长的劳动时间和单调的业余生活已经成为制约农村劳动力转移的重要因素（程名望等，2012）。

Sheppard（2016）在构建工作需求—资源模型的基础上，运用访谈所得数据进行分析，研究发现：在控制工作环境、员工承诺、工作满意度等其他变量后，工作—生活均衡依然显著提高了组织文化水平和员工的整体工作效率。因为与固定工时制相比，弹性工作制不仅可以有效解决家庭和工作的冲突，达到更好的工作—生活均衡，还有助于提高企业和雇员的效率表现（Hayman，2009）。当然，也有学者对工作—生活均衡和工作绩效的关系提出了不同的观点。随着工作时间的延长，高绩效的管理实践将导致严重的负面溢出效应，即工作中的高绩效管理与工作—生活均衡相矛盾（White 等，2003）。为此，Beauregard 和 Henry（2009）对两者之间的作用机制进行了进一步研究，他们发现工作—生活均衡可以通过增强社会交流、节约企业成本、提高员工生产力等方式促进企业组织的绩效提高。

二 工作—生活均衡对劳动生产率的内在作用机理

（一）基本假设

Lucas（1988）认为人力资本积累是一项社会活动，在各项活动中的时间配置将影响人力资本的积累效率。本研究在构建纳入"学习效应"和"疲劳时间"的内生增长模型时，沿用了这一研究思路，因而以 Lucas（1988）的内生增长理论为基本模型：

$$y = A k^{\alpha} h^{\beta} \qquad\qquad (6-1-1)$$

其中，y 为人均产出，A 为全要素生产率，k 为人均物质资本，α 是物质资本产出弹性，h 为人均人力资本，β 为人力资本产出弹性。

（二）真实人力资本

在对人力资本存量核算的过程中，用人均受教育年限来代理人力资本存量是经济学者较为常用的方法（Hall 和 Jones，1999）。然而，这一做法忽略了工作经验、技能程度、健康状况和精神状态等其他人力资本因素（Jones，2014）。据此，马红旗和王韧（2014）将人力资本的形成划分为两个阶段：一是供给层面上形成的潜在人力资本阶段，二是经济载体与潜在人力资本相结合形成的真实人力资本阶段。因而，他们认为，受教育程度所代理的仅是个体的潜在人力资本水平，而不是个体所能达到的真实人力资本水平。因人力资本必须依附于个体而存在，真实人力资本的形成必须与经济载体的社会属性和所处的体制环境相结合才能形成真实的人力资本水平。所以，个体的真实人力资本水平取决于潜在人力资本水平（人均受教育程度）和个体在工作过程中的效率参数。假定个体在工作中的效率参数为 δ，则个体工作过程中的真实人力资本水平为：

$$h_{real} = \delta_i h(t) \qquad\qquad (6-1-2)$$

当体制环境等外在因素保持稳定时，影响人力资本效率参数 δ_i 的因素则聚焦在经济载体的技能状态和精神状态等个人因素方面。在核算影响人力资本效率参数 δ_i 的因素方面，一些学者关于工作时间与工作效率的关系研究，为我们提供了较好的借鉴思路：他们认为，个体的劳动生产率受到"学习效应"和"疲劳效应"的双重影响（Lee 和 Lim，2014；Eden，2016；王鹏飞、魏翔，2020）。

1. 学习效应（Learning Effect，LE）

与 Lucas（1988）所强调的学校学习、正规培训不同，工作中的"学习效应"通常是指向同事学习（learning by watching）或自我学习（learning by doing，"干中学"效应）（Barron 等，1989）。随着工作时间的延长，"学习效应"对个体劳动生产率的影响呈现缓慢发展、加速上升和逐渐饱和的三阶段"S"形曲线（见图 6-1）：因为在开始阶段，个体因熟悉工作或向同事学习而需要准备时间；而当个体熟悉工作之后，随着"干中学"效应的影响，个体的劳动生产率加速趋势明显；当个体达到某个临界状态之后，技能趋于饱和，则劳动时长很难进一步促进劳动生产率的提升（Anzanello 和 Fogliatto，2011）。据此，将工作时长与劳动生产率的关系设定为：

$$LE = \frac{\theta}{1 + \vartheta\, e^{-\gamma w_h}} \qquad\qquad (6-1-3)$$

其中，w_h 是工作时长，θ 是"学习效应"在饱和状态下的渐近线。参数 ϑ 决定学习曲线的开始和停滞临界点，而 γ 则代表劳动生产率的平均增长速度（Lee 和 Lim，2014）。

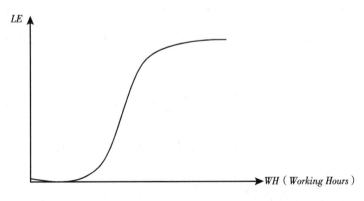

图 6-1　工作时长（WH）与"学习效应"（LE）的关系

2. 疲劳效应（Fatigue Effect，FE）

心理学和行为经济的研究表明，在连续工作的过程中，个体会因为精神紧张、体力疲劳、精神压抑等消极因素而降低劳动生产率。Eden（2016）认为，随着个体工作时间的增加，连续的工作将给个体带来严重的"疲劳效应"，而且"疲劳效应"会随着工作时间的增加呈现加速发展态势（见图6-2）。因而，"疲劳效应"可以被设定为：

$$FE = \frac{\xi(1 - e^{\eta w_h})}{w_h} \qquad (6-1-4)$$

其中，ξ 和 η 为"疲劳效应"影响劳动生产率的效率参数。

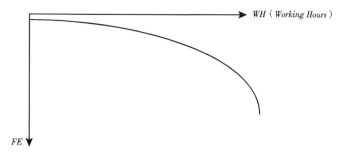

图6-2 "疲劳效应"（FE）与工作时长（WH）的关系

3. 综合效应

在"学习效应"和"疲劳效应"的综合作用下，个体的潜在人力资本水平转化为实际工作中的真实人力资本，因而影响人力资本的效率参数 δ_i 的大小为：

$$\delta_i = \frac{LE}{FE} = \frac{\theta}{1 + \vartheta\, e^{-\gamma w_h}} \Big/ \frac{\xi(1 - e^{\eta w_h})}{w_h} \qquad (6-1-5)$$

因而，随着工作时长的增加，可以将个体的真实人力资本水平划分为三个阶段（见图6-3）：

第一阶段，"学习效应"（LE）大于"疲劳效应"（FE），此时，$\delta_i > 1$。这就意味着，在初始阶段，随着工作时间的延长，"学习效应"带来的效率提升大于"疲劳效应"带来的效率降低，个体的劳动生产率逐渐提高。

第二阶段，"学习效应"（LE）等于"疲劳效应"（FE），此时，$\delta_i = 1$。这就意味着，当工作时间达到临界点之后，"学习效应"带来的正面改进与"疲劳效应"带来的不利影响相互抵消，即随着工作时间的延长，个体的劳动生产率逐渐处于饱和状态。当然，达到临界点所需的工作时长由"学习效应"和"疲劳效应"的参数 θ、ϑ、γ、ξ 和 η 共同决定。

第三阶段，"学习效应"（LE）小于"疲劳效应"（FE），此时，$\delta_i < 1$。这就意味着，在后期阶段，随着工作时间的延长，"学习效应"逐渐趋于饱和，而"疲劳效应"带来的效率降低呈现加速趋势，因而个体的劳动生产率呈现逐渐下降态势。

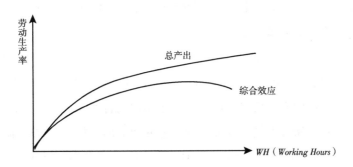

图 6-3 "学习效应"与"疲劳效应"带来的综合效用与劳动生产率关系

综上，将方程（6-1-5）代入方程（6-1-2）可得，

$$h_{real} = \delta_i h(t) = \frac{LE}{FE}h(t) = \left(\frac{\dfrac{\theta}{1 + \vartheta\, e^{-\gamma w_h}}}{\dfrac{\xi(1 - e^{\eta w_h})}{w_h}} \right) \cdot h(t) \qquad (6-1-6)$$

将方程（6-1-6）代入方程（6-1-1），可得

$$y = A\, k^\alpha\, h^\beta = A\, k^\alpha \left(\frac{\dfrac{\theta}{1 + \vartheta\, e^{-\gamma w_h}}}{\dfrac{\xi(1 - e^{\eta w_h})}{w_h}} \right)^\beta \cdot h(t)^\beta \qquad (6-1-7)$$

(三) 研究假设

假设 1：当其他条件不变时，存在最佳的工作时间和休闲时间均衡点以促使个体的劳动生产率最高。

从方程 (6-1-5) 至方程 (6-1-7) 中可知，工作时间增加带来的"学习效应"和"疲劳效应"会随着不同的阶段而给个体的劳动生产率带来差异性影响，两者的综合作用对劳动生产率产生倒"U"形影响。当个体每天的工作时间和休闲时间达到某个临界点时，"学习效应"带来的效率增进与"疲劳效应"带来效率损失相互抵消（即"学习效应"等于"疲劳效应"），此时个体的劳动生产率最高。因此，在日常工作过程中，工作时间和休闲时间存在最佳均衡点以使个体的劳动生产率最高。

假设 2：工作时间和休闲时间最佳均衡点因个体所处的行业、职业和自身属性不同而出现显著性差异。

由上文可知，工作时间与休闲时间的最佳均衡点由"学习效应"和"疲劳效应"的参数 θ、ϑ、γ、ξ 和 η 共同决定，而这些参数的大小会随着行业和个体特征的不同而发生改变。由于不同的行业和职业对工作所需的体力、技能和知识储备不同，因而不同行业和职业的工作时间与休闲时间的均衡点存在较大不同。除此之外，个体的性别、年龄、受教育程度、收入水平、婚姻状况、家庭规模等人口统计学特征也对工作—生活均衡的最佳均衡点存在显著性影响。

假设 3：健康状况是时间配置对个体劳动生产率产生影响的作用渠道。

由方程 (6-1-5) 可知，工作时间的长短可以直接影响个体工作中的"学习效应"和"疲劳效应"。由方程 (6-1-6) 可知，在"学习效应"和"疲劳效应"的共同作用下，人力资本水平会根据不同的工作时间而呈现不同的工作表现。根据人力资本理论，健康是人力资本的重要组成部分（Becker，1965）。因此，我们推断工作时间和休闲时间的时间配置比会通过健康路径来影响人力资本质量，进而对劳动生产率产生影响。因为合理的工作时间和休闲时间配置可以有效促进工作—生活均衡，进而通过促进个体身心健康来提高工作效率（Maurya 等，2015；王欣、杨婧，2020）。

三 工作—生活均衡经济效应的微观验证

（一）数据来源

本研究采用《2017 年中国时间利用调查数据（CTUS）》和《2017 年中国家庭金融调查数据（CHFS）》的匹配数据来研究工作时间和休闲时间配置对劳动生产率的影响。2017 年中国时间利用调查对象为中国大陆地区除新疆、西藏外的 29 个省份的城乡样本家庭的所有不小于 3 周岁的家庭成员。样本家庭是从《2017 年中国家庭金融调查数据（CHFS）》的约 4 万户样本家庭中随机抽取的约 1.2 万户家庭。通过入户访谈填写日志的方法，收集了来自 12471 个城乡样本家庭的 30591 名受访者的活动，记录时间从前一日 4：00 至当日 4：00，时间间隔为 10 分钟。记录信息包括当事人从事了什么活动，在哪里从事这些活动，与谁在一起从事这些活动，从事这些活动时还从事了什么次要活动的详细信息。受访者分布在全国 1417 个社区，应答率为 75%左右。2017 年中国时间利用调查在全国、全国城镇、全国农村均具有代表性。中国家庭金融调查数据详细询问了家庭成员的人口统计特征、工作、收入、消费等多方面信息，为本研究工作时间与休闲时间配置对劳动者工资收入的影响提供了可靠的数据支持。在总样本中选取年龄大于 16 岁，男性年龄小于 60 岁、女性年龄小于 55 岁，收入、工作时间、休闲时间都不为零、不缺失的非农且有稳定工作的劳动者，最终样本量为 4420 个。为消除极端值对研究结论的影响，本研究对收入、时间变量进行了 1%的缩尾处理（潘镇等，2019）。

（二）变量选取

1. 因变量——劳动生产率

本研究借鉴 Gibson 等（2018）的处理方式，用工作时间内的收入水平作为劳动生产率的衡量方式。其中，收入水平为包括工资、奖金、现金福利、补贴、实物收入，并扣除五险一金和税金，劳动时间为一个月内的工作总时长。

$$y = 劳动生产率 = \frac{收入水平}{工作时间} \qquad (6-1-8)$$

2. 核心解释变量——时间配置

本研究用工作时间与休闲时间的时间配置比值来衡量工作生活均衡。工作时间包含个体在正规部门或非正规部门从事有报酬的专职工作,不包含家庭务农、个体工商户等家庭生产经营活动。休闲时间是指以增进健康、调节精神为目的的体育活动和以放松身心为目的休闲活动的时间总和。

$$x = 时间配置 = \frac{工作时间}{休闲时间} \qquad (6-1-9)$$

3. 控制变量

本研究参考了劳动生产率研究的已有文献,选取了个体特征与地区特征两大类控制变量。个体特征变量包括性别、年龄、户口类型、受教育程度、婚姻状态、子女数量、身体健康状况、行业、职业。因为大量研究都表明,个体的性别、年龄、受教育程度、婚姻状态、子女数量等个体特征会显著地影响个体的工资收入(陈琦、徐舒,2014;李实等,2014)。加入户口类型变量,控制城市劳动力市场的二元分割对个体收入的影响。行业与职业主要是控制行业要素密集度和垄断程度等行业因素对行业内个体所固有的工资收入差异和就业身份的影响(李红阳、邵敏,2017)。

需要说明的是,本研究按照国家统计局的分类标准将行业分为四类,第一类是农、林、牧、渔业;第二类是制造业,包括采矿业,建筑业,电力、热力、煤气及水生产和供应业;第三类为生产性服务业,包括交通运输、仓储和邮政业,信息传输、软件和信息技术服务业,金融业,租赁和商务服务业,科学研究和技术服务业;其余为批发和零售业,住宿和餐饮业,房地产业,水利、环境和公共设施管理业,教育业,卫生和社会工作,文化、体育和娱乐业,公共管理、社会保障和社会组织,国际组织,居民服务、修理和其他服务业,称为生活性服务业。

地区特征变量主要是控制城市发展水平、劳动力市场制度、供需关系及经济发展水平等宏观因素(李红阳、邵敏,2018),因而本研究选取的地区特征变量包括城镇登记失业率、人均可支配年收入以及所在的 29 个省份。城镇登记失业率是城镇登记失业人员数与城镇单位就业人员（扣除使用的农村劳动力、聘用的离退休人员、港澳台及外方人员）、城镇单位中的不在岗职工、城镇私营业主、个体户主、城镇私营企业和个体就业人员、城镇登记失业人员之和的比，该指标可以体现劳动力市场的供需关系，从而影响劳动者收入，本研究使用 2017 年城镇登记失业率指标作为控制变量计入方程。详细的数据信息见表 6-1。

表 6-1　变量描述

变量	观测值	均值	标准差	变量说明
劳动生产率	4420	3694.464	2440.184	月工资收入,元
时间配置	4420	4.190	4.692	工作时间与休闲时间的比值
工作时间	4420	8.138	2.139	个体的日工作时长,小时
休闲时间	4420	3.175	1.739	个体的日休闲活动时长,小时
性别	4420	0.584	0.493	0. 男性;1. 女性
年龄	4420	40.781	10.218	个体的年龄范围为 16~60 岁
户口类型	4414	0.403	0.491	0. 非农业户口;1. 农业户口
受教育程度	4418	2.095	1.291	0. 小学及以下;1. 初中;2. 高中、中专;3. 大专;4. 本科及以上
婚姻状态	4420	0.893	0.401	0. 未婚;1. 已婚、再婚、同居;2. 分居、离婚、丧偶
子女数量	4404	0.835	0.650	0. 没有;1. 有 1 个;2. 有 2 个及以上
身体健康状况	4420	2.807	0.833	0. 非常不好;1. 不好;2. 一般;3. 好;4. 非常好
行业	4420	2.200	0.935	0. 第一产业;1. 制造业;2. 生产性服务业;3. 生活性服务业
职业	4372	2.444	1.334	0. 专业技术人员;1. 办事人员和有关人员;2. 生产、生活服务人员;3. 生产制造及有关人员;4. 其他从业人员
所在省份	4420	15.64	8.34	样本所分布的 29 个省份
失业率	4420	3.227	0.668	2017 年,各城市登记的失业率,%
人均可支配收入	4218	24361.39	57864.95	2017 年,居民可用于最终消费支出和储蓄总和,即居民可用于自由支配的收入,元

（三）回归结果分析

首先，为了找到使劳动生产率最大化的工作时间与休闲时间最优配比，本研究设置工作时间/休闲时间这一指标来代理个人时间配置以探究其对劳动生产率的影响，普通最小二乘法回归结果见表6-2。模型1的数据显示，个人时间配置的系数在1%的水平上显著为正，时间配置二次项的系数在5%的水平上显著为负。这表明，时间配置与劳动生产率呈显著倒"U"形关系，过多的工作时间、过少的休闲时间或是过多的休闲时间、过少的工作时间都会导致劳动生产率的下降。

模型1的结果表明，相较于农业户口人员，非农业户口劳动生产率提高7.43%。生产率随着受教育程度的上升显著提高，相较于小学及以下学历，初中没有显著变化，高中及以上学历生产率显著提高，学历越高，系数越大。有伴侣的人生产率相对更高，在1%的统计水平上显著。身体健康状况对于劳动生产率的影响十分显著，健康状况越差，生产率越低。处于制造业与生产性服务业行业的劳动生产率更高，尤其是生产性服务业人员，生活性服务业与第一产业在10%显著性水平上无差异。办事人员和有关人员，生产、生活服务人员以及其他从业人员相较于机关、单位负责人的劳动生产率显著下降。

（四）内生性问题

本研究模型存在内生性问题。一方面，时间配置与劳动生产率的因果关系可能是双向的。时间配置越合理可能导致生产率越高，劳动生产率的高低也可能导致时间配置的显著差异。另一方面，虽然模型中已经加入许多相关的控制变量，但还是可能存在遗漏变量的问题。为了验证想法，本研究进行了内生性检验，Durbin-Wu-Hausan检验的结果，p值为0.0001，在1%统计水平上拒绝原假设，证明了模型存在内生性问题。

为解决内生性问题，借鉴前人的研究经验，本研究使用入户当日被调查者所在区域的昼长时间（Gibson和Shrader，2018）作为时间配置的工具变量，昼长数据来源于中国气象局。对工具变量的选择出于两点考虑。一是工具变量与工作时间、休闲时间直接相关。昼长直接影响工作时间、休闲时间的长短，昼长时间较长地区的工作时间和休闲时间可能更长，所以昼长时间对工作时间和休闲时间的时间配置比值有直接影响。二是工具变量与被解释变量不直接相关。昼长的时间长短与劳动生产率没有直接关联。一阶段回归结果显示，入户当日被调查者所在区域的昼长对工作时间/休闲时间的影响系数均在1%统计水平上显著，一阶段的F值为11.1309，大于临界值10。这说明，估计方程不存在弱工具变量问题。因此，采用入户当日被调查者所在区域的昼长作为时间配置的工具变量是合适的。

本研究采用两阶段最小二乘估计（2SLS）来解决内生性问题。表6-2模型3的结果显示，时间配置与劳动生产率的关系呈现倒"U"形。这说明，在克服内生性之后，本研究结果依然可信。由模型3可知，时间配置的影响系数 $\beta_1 = 0.8721 > 0$，时间配置二次项的影响系数 $\beta_2 = -0.4917 < 0$。令时间配置的一阶导数等于0，计算可得，最优工作时间与休闲时间的配置比值为2.43。这表明，当个体的工作时间与休闲时间的比值为2.43时，可以实现个人劳动生产率最大化。

表6-2 劳动者时间配置对劳动生产率的影响

变量	OLS	2SLS 一阶段	2SLS 二阶段
	模型 1	模型 2	模型 3
时间配置	0.0653 *** （0.022）		0.8721 *** （0.031）
时间配置^2	-0.0150 ** （0.007）		-0.4917 ** （0.023）
性别（男性=0,女性=1）	0.2012 *** （0.015）	-0.1099 *** （0.026）	0.2128 *** （0.035）
年龄	-0.0022 *** （0.001）	-0.0088 *** （0.002）	-0.0046 ** （0.002）
户口类型（非农业=0,农业=1）	0.0743 *** （0.027）	-0.0587 * （0.032）	0.0980 ** （0.045）
受教育程度（小学及以下为参照组）			
初中	-0.0036 （0.025）	-0.1866 *** （0.050）	-0.1147 * （0.067）

续表

变量	OLS	2SLS 一阶段	2SLS 二阶段
	模型 1	模型 2	模型 3
高中、中专	0.1511***	-0.3315***	-0.0458
	(0.028)	(0.054)	(0.097)
大专	0.3123***	-0.3352***	0.0754
	(0.033)	(0.060)	(0.117)
本科及以上	0.5984***	-0.3050***	0.3760***
	(0.033)	(0.063)	(0.109)
婚姻状态(未婚为参照组)			
已婚、再婚、同居	0.2000***	0.1498***	0.2412***
	(0.030)	(0.046)	(0.050)
分居、离婚、丧偶	0.0958**	0.1631**	0.1677**
	(0.046)	(0.081)	(0.074)
子女数量(0 个为参照组)			
一个	0.0312*	0.0917***	0.0624*
	(0.019)	(0.033)	(0.033)
两个及以上	0.0404	0.1780***	0.1763**
	(0.026)	(0.048)	(0.068)
身体健康状况(非常好为参照组)			
健康状况好	-0.0632***	0.0175	-0.0970***
	(0.019)	(0.034)	(0.035)
健康状况一般	-0.1171***	0.0512	-0.1228***
	(0.021)	(0.038)	(0.035)
健康状况不好	-0.1911***	0.1130	-0.1382**
	(0.038)	(0.069)	(0.068)
健康状况非常不好	-0.3587***	0.1095	-0.3871
	(0.119)	(0.194)	(0.248)
行业(第一产业为参照组)			
制造业	0.1720***	0.2356**	0.2111**
	(0.059)	(0.094)	(0.088)
生产性服务业	0.2841***	0.1082	0.3184***
	(0.060)	(0.097)	(0.084)
生活性服务业	0.0632	0.1104	0.1152
	(0.058)	(0.093)	(0.081)

续表

变量	OLS	2SLS 一阶段	2SLS 二阶段
	模型 1	模型 2	模型 3
职业（专业技术人员为参照组）			
办事人员和有关人员	−0.0837 * （0.046）	0.0328 （0.061）	−0.0541 （0.062）
生产、生活服务人员	−0.1307 *** （0.048）	0.0304 （0.066）	−0.1216 * （0.064）
生产制造及有关人员	−0.0407 （0.050）	0.1509 ** （0.072）	0.0562 （0.081）
其他从业人员	−0.1345 *** （0.051）	0.1326 * （0.075）	−0.0740 （0.074）
城镇登记失业率	0.0070 （0.011）	−0.0120 （0.018）	0.0239 （0.019）
社区人均收入	0.0794 *** （0.007）	−0.0120 （0.013）	0.0739 *** （0.012）
昼长时间		0.0022 *** （0.000）	
省份	控制	控制	控制
观测值	4146	3839	3839
F 值		11.1309	
DWH Chi^2/F 值 P-value		17.7173 0.0040	

注：*、**、*** 分别表示为10%、5%、1%水平显著，系数下方括号中数值为其标准误。劳动生产率、工作时间、休闲时间均采用其自然对数值。限于篇幅，省份控制变量没有列出。

（五）异质性分析

考虑到针对不同人群，时间配置对劳动生产率的影响可能有所不同，所以根据性别、受教育程度、户口类型、所从事行业，分别考察个人时间分配对劳动生产率的影响，估计结果见表6-3和表6-4。

第一，表6-3中的模型4和模型5依照性别进行分组，分析男女之间时间配置对劳动生产率影响的差异。回归结果表明，男性时间分配与生产率之间同总样本一样呈现显著的倒"U"形关系，而女性时间分配对劳动生产率的影响并不显著。出现这种性别差异很大的原因可能是女性在做家务、照顾孩子等无酬劳动上付出的时间比男性更多，无酬劳动对女性的时间配置影响更大。

第二，模型6和模型7按受教育程度进行分组，按照国家义务教育规定以及多省市普及高中的现状，将没上过学、小学、初中、高中、中专统一归为大专以下的低受教育程度，将大专、本科、硕士、博士归为大专以上的高受教育程度。回归结果显示，高、低受教育程度劳动者的时间配置与劳动生产率均存在显著倒"U"形关系。对比来看，受教育程度越高的个体，其最佳的工作时间与休闲时间配置比也大，这也就意味着，受教育程度高的个体通常工作时间更长。

第三，模型8和模型9按户口类型进行分组，回归结果表明，农业、非农业户口劳动者的时间配置与劳动生产率均呈显著倒"U"形关系，最优工作时间与休闲时间配比分别为13.18和7.95。这也就意味着，非农业劳动者休闲时间要显著高于农业劳动者，因为中国农业劳动者的产出效率较低，需要充足的工作时间才能完成既定任务。

表 6-3 不同分类标准下的异质性分析

变量	性别		受教育程度		户口类型	
	男	女	大专以下	大专及以上	农业	非农业
	模型 4	模型 5	模型 6	模型 7	模型 8	模型 9
时间配置	0.0914 ** （0.035）	0.0435 （0.027）	0.0992 ** （0.047）	0.0742 * （0.077）	0.1300 ** （0.060）	0.0979 * （0.052）
时间配置^2	−0.0212 * （0.012）	−0.0087 （0.009）	−0.0236 * （0.012）	−0.0144 * （0.020）	−0.0252 * （0.015）	−0.0236 * （0.014）
控制变量	Yes	Yes	Yes	Yes	Yes	Yes
观测值	1729	2417	2615	1536	1689	2457
R^2	0.396	0.334	0.211	0.257	0.267	0.414

　　第四，表 6-4 为不同行业劳动力的最优时间配置情况。结果显示，制造业与建筑业、高端服务业劳动力的时间配置对劳动生产率影响不显著，而低端服务业、文体娱乐行业和科教卫社行业劳动者的时间配置与劳动生产率的倒 "U" 形关系显著。这一结果表明，文体娱乐和科教卫社行业劳动者的日均最优休闲时间要显著高于其他行业。究其原因，这可能和行业的性质有关。Eden（2016）的结果表明，当一国处于劳动密集型经济时，较长的劳动时间有利于经济增长，而当国家以服务经济、知识经济为主时，适当地增加休闲时间可以有效促进个体的工作绩效提高。因此，对于人力资本和知识技能要求较高的高附加值行业而言，工作时间增加产生的 "疲劳效应" 大于产生的 "学习效应"。所以，可以通过适当增加员工的休闲时间和提供休闲空间以促进个体工作绩效提高。对处于增加值较低的行业工作人员来说，工作时间产生的 "学习效应" 要明显大于 "疲劳效应" 带来的损失，因此，传统制造业、低端服务业等低附加值行业员工的最佳休闲时间相对较少。

　　综上所述，个体性别、受教育程度、户口状况、行业特征等因素会导致工作时间与休闲时间的均衡点出现较大差异。不同群体应根据自身状况调节工作时间与休闲时间的分配，以使自身劳动生产率最大化。

表 6-4　不同行业劳动力的时间配置对劳动生产率的影响

变量	制造业与建筑业	低端服务业	高端服务业	文体娱乐业	科教卫社
	模型 10	模型 11	模型 12	模型 13	模型 14
时间配置	0.1431 (0.087)	0.2315 *** (0.080)	0.0113 (0.161)	0.7391 ** (0.365)	0.2304 *** (0.077)
时间配置^2	−0.0295 (0.022)	−0.0554 ** (0.023)	−0.0258 (0.049)	−0.2396 ** (0.114)	−0.0532 ** (0.022)
控制变量	Yes	Yes	Yes	Yes	Yes
观测值	1054	643	266	67	903
R^2	0.290	0.307	0.362	0.659	0.420

　　注：低端服务业指住宿和餐饮业，居民服务、修理和其他服务业；高端服务业指金融业、房地产业以及租赁和商务服务业；文体娱乐业指文化、体育和娱乐业；科教卫社指科学研究和技术服务业，教育业，卫生和社会工作，公共管理、社会保障和社会组织。

（六）研究小结

由本部分的分析可知，第一，工作—生活均衡对劳动生产率存在非线性关系。随着时间配置比值的增大，劳动生产率呈现先上升、后下降的倒"U"形曲线。第二，在"学习效应"与"疲劳效应"的综合作用下，时间配置与劳动生产率的倒"U"形关系表明，最优的时间配置存在。经计算可知，促使个体劳动生产率最高时工作时间与休闲时间的比值约为 2.43。当时间配置在倒"U"形拐点以前，需要增加工作时间来提高劳动生产率；当时间配置达到拐点以后，工作时间的增加反而会降低劳动生产率。第三，作用机制分析表明，工作时间与休闲时间的时间配置可以通过影响劳动者的身体健康状况来作用于劳动生产率。第四，个体的性别、受教育程度、户口状况、行业特征等因素会导致工作时间与休闲时间的均衡点出现较大差异。工作时间与休闲时间的分配需要考虑群体的特征差异以及行业特点。本部分的研究结论为鼓励弹性作息提供了有力的理论支持。

为此，第一，政府应该增加对于劳动力市场超时工作现象的监管。超时工作不仅对劳动者的身心健康存在一定程度上的影响，也降低了劳动生产率，是一种社会福利的净损失，普遍劳动力市场超时工作可能会影响经济的快速增长和社会稳定。正所谓"文武之道，一张一弛"，工作的劳逸和生活的松紧要合理安排，处于均衡状态是可以达到个人劳动生产率最大化的。第二，推行弹性工作制。虽然弹性工作制已经开始试行，但力度和强度都有待提升。政府应更加积极、全面推行弹性工作制，以提高劳动生产率。企业应落实弹性工作制。劳动者个人应合理利用弹性工作制，弹性工作制是增加单位时间内的产出，而不是单纯地减少劳动时间。除此之外，应该基于各行业特征制定差别化的工作时间政策。不同群体所需劳动生产率最大化的时间配置并不相同，宏观政策的调整，应根据行业特征来调节工作时间与休闲时间的分配。例如，文体娱乐业相关行业人员需要更多的休闲时间。企业在适应宏观政策的同时，应发现所在行业的特点，积极调整工作时间。

第二节 居民最优日常闲暇时间存在吗?

一 刍议闲暇时间和经济效率的关系

(一)代表性观点

随着 "996""007" 等工作制度成为网络上讨论的热点话题,工作和闲暇之间的权衡问题又进入学者们的研究视野。虽然心理学上的 "身心恢复理论" 和社会学中 "家庭—工作均衡理论" 已经对闲暇时间的重要作用做了较好的阐释和说明,但如何配置时间以促进个体的劳动生产率最优仍是一个亟待解决的重要议题(Gibson 和 Shrader,2018)。在现有的相关文献当中,已有学者对工作时间和睡眠时间与经济增长的关系进行过探索性研究。Lucas 和 Moll(2014)较早对知识增长和时间配置的关系进行理论研究,他们认为个人的工作时间在运用已经掌握的知识进行生产活动和与他人交流学习寻找新技能活动之间进行分配,这两种活动的时间配置决定了个体的产出效率和经济增长水平。Gibson 和 Shrader(2018)则利用美国居民时间使用调查数据就睡眠时间与劳动生产率的关系进行实证分析,研究发现:劳动者的周睡眠时间每增加 1 个小时可以在短期内使收入回报提高 1%,长期内则可以提升大约 5%。然而,闲暇时间作为时间配置中日益重要的组成部分,现有研究却对闲暇时间与劳动生产率的关系重视不够。

实际上,闲暇时间与经济产出的关系一直是经济学者关注的重点内容。一方面,传统的经济学分析框架认为闲暇时间增加将导致工作时间减少,进而带来的有效劳动力供给损失则在一定程度上降低了经济的最优产出,这一点已在纳入闲暇替代效应的内生增长模型中被证实(Psarianos,2007);另一方面,随着闲暇价值得到普遍认可(于光远,2002;胡志坚等,2003;宋瑞,2007),其带来的消费增加、身心健康增强、人力资本质量提高、工作效率提升等积极效应已被国内外学者广泛证实(Ford,1926;王琪延,2004;魏翔、庞世明,2012;谢雅萍等,2018;Bloom 等,2018)。劳动生产率提高带来的闲暇时间增加已成为不争的事实，但闲暇时间增加对劳动生产率将产生何种影响、最优闲暇时间是否存在以及由此引发的闲暇时间对劳动生产率的作用机制仍有待探讨。到目前为止，新古典经济学和休闲经济学对闲暇时间和经济效率关系的研究主要集中在以下三个方面。

一是闲暇时间对经济产出的替代效应。在传统古典经济学分析框架下，休闲是不具经济价值的非生产性活动，闲暇时间对经济的影响表现为替代关系：闲暇时间增加导致有效劳动力供给减少（Pigou，1920；Knight，1921）。当个体降低对休闲时间偏好而转向更多工作时，工作时间增加导致的劳动力供给水平上升能促进社会的经济产出和市场的均衡数量（Buchanan，1994）。Buchanan（1994）对该观点进行了补充论证，认为当个体消费需求多样化上升时，闲暇时间和经济增长的反比关系不一定成立。Yang（1998）进一步验证了Buchanan（1994）的观点：随着分工的进一步细化和交易效率的提高，人们对休闲需求的增加未必会降低生产效率，甚至会出现闲暇时间和生产效率同时提高的情况。

二是闲暇时间对经济增长的促进效用。首先，闲暇时间增加刺激了消费增长。当周工作时间从六天缩短为五天时，经济的发展速度不是降低而是加速上升：因为闲暇时间增加后，工人将生产更多的物品和服务以满足增加的消费需求，而这又将反过来刺激产生更多的工作需求（Ford，1926）。其次，闲暇时间进入效用函数。闲暇时间和物质产品一样都可以给消费者带来正的福利效应增进：随着人们生活水平的提高，物质产品增加带来的边际福利收益逐渐减小，而在时间约束下，个体有着对"自由时间"的追求，"自由时间"带来的边际福利收益也越来越大（Linder，1970）。进一步的研究显示，当个体的消费水平较低时，效用函数中消费和休闲为替代关系；当收入水平较高时，消费和休闲为互补关系（Hek，1998）。最后，闲暇时间有助于人力资本质量提高。在自由可支配时间内，个体可以缓解压力、恢复体力，从中获得自身的全面发展，同时，闲暇时间也是人力资本生产要素的增值和再生产过程（于光远，2002；李仲广，2005；魏翔、吕腾捷，2018）。个体在享受型闲暇时间内通过开阔眼界、放松精神等健康而积极的休闲活动可以促进其在精神、意志方面的禀赋提高，进而提高人力资本质量和工作绩效（Bloom 等，2018）。Chen（2010）和 Michael（2010）的研究结论与上述研究较为类似，即积极、健康的休闲活动可以有效促进人力资本积累，进而促进经济的长期增长。

三是综合考虑闲暇时间对经济增长带来的"净效应"。当闲暇时间进入效用函数后，个体面临的效用函数和偏好参数变得复杂：闲暇时间进入效用函数能带来正的效应增进，而休闲时间增加导致的劳动力供给不足在一定程度上又会阻碍经济增长（Linder，1970）。在闲暇时间对工作替代效应的基础上，Psarianos（2007）将闲暇效应纳入消费函数，研究发现，当个体闲暇时间内生于经济增长模型后，稳态路径中的人均经济增长率降低了。魏翔和庞世明（2012）在 Psarianos（2007）的基础上，进一步将闲暇时间对其他要素禀赋和要素积累过程产生的互补作用纳入内生增长模型之中，综合考虑闲暇时间带来的劳动力替代效应、消费者福利增进效应和人力资本提高对其他生产要素的溢出效应。结果表明，闲暇互补效应和替代效应相互抵消后的净效应为互补的概率较大，即考虑闲暇溢出效应后，经济持续增长成为大概率事件。

进而，研究经济系统效率最优时的最佳闲暇时间成为亟待学者解决的现实问题。Barrera 和 Garrido（2018）对公共假日数量和经济增长的关系进行研究，结果显示，经济增长随着公共节假日数量的增加呈现"先增加、后减少"的倒"U"形趋势。其进一步指出造成经济增长与节假日数量呈现非线性关系的作用机制在于两种力量的交互作用：一是闲暇时间增加造成寻找创新机会的工作人数增长，二是闲暇时间增加后，工人工作时间减少，从而降低了工作中的创新时长。在两种相反作用力共同推动下的倒"U"形曲线揭示了促使经济产出最优时的最佳节假日数量的存在。有学者对 OECD 国家经济数据的模拟佐证了 Barrera 和 Garrido（2018）的观点，发达经济体理想的最优休假时间存在于：当年均节假日数量为 154 天时，经济稳态增长率最高。除了最佳节假日数量以外，有学者对日常最优闲暇时间也做过探索性研究：在对比中国、日本和美国的闲暇时间与产出效率之后，魏翔（2014）

发现中国居民闲暇时间与效率呈现先减少、后增加的正"U"形曲线关系，而促使闲暇时间拉升产出效率的门槛值为年均 6136 小时。

尽管上述文献已经认识到闲暇时间对经济产出存在替代效应和促进效应，也对闲暇时间和经济效率的作用关系做过实证检验。但遗憾的是，闲暇时间外生给定的研究假设在一定程度上限制了闲暇时间对经济效率系统影响的解释能力。不仅如此，在对闲暇时间作用于产出效率的分析中，多以节假日数量为研究对象（Barrera 和 Garrido，2018）。在仅有的实证分析中，魏翔（2014）对闲暇时间的处理是以年总时长减去年工作时长的估计值来代替，缺乏居民日常真实闲暇时间的微观数据分析。除此之外，前人的研究文献也大多回避了一个重要问题，即闲暇时间对经济产出促进效应的作用机制还有待探究和验证。鉴于此，本研究尝试回答：促使经济产出最优的居民日常闲暇时间是否存在？如果存在，那么闲暇时间对经济产出的作用机制是什么？

（二）我国休息权利的演变过程

自新中国成立之初到改革开放的这段时期，由于我国的劳动生产率较低，用工休息制度基本以劳动和生产为核心展开。1978 年改革开放之后，随着我国劳动生产率的不断提高，闲暇时间逐渐从作为工作时间的附属转变为与工作时间一样重要的存在（王雅林，2000）。实际上，劳动用工制度和假日制度是一枚硬币的"两面"。因此，我们从假日制度改革的视角来梳理我国劳动用工休息制度的演进特征。改革开放以后，我国的假日制度演进基本可以分为三个发展阶段。

第一阶段：假日制度基础期（1978~1993 年）。改革开放初期，我国基本沿用之前的劳动用工休息制度——单休制度，即实行每周休息 1 天、工作 48 小时的假日制度（清华大学假日制度改革课题组等，2009）。根据 1949 年政务院颁布的《全国年节及纪念日放假办法》，居民每年的法定节假日还包括元旦（1 天）、春节（3 天）、劳动节（1 天）和国庆节（2 天）共计 7 天的休息时间。因此，居民全年的法定假日时间为 59 天。该阶段的基本特征是：物质水平得到一定程度的发展，但仍不丰富；居民的日常生活较为忙碌，工作时间是生活的主轴，闲暇时间从属于工作安排。在这一发展阶段，物质资本、劳动力投入对经济增长的拉动效应更为明显，居民更注重"积累"而不是"消费"。

第二阶段：假日制度变革期（1994~2008年）。随着改革开放成效的日益凸显，我国的假日制度进入变革期。1994年3月，我国实行"大小周末"制度，即每周休息2天和休息1天相间的工作休息制度；1995年5月1日起，全国实行5天工作制，双休日制度正式确定下来；1999年修订的《全国年节及纪念日放假办法》将"五一"劳动节和"十一"国庆节延长为3天，法定节假日由7天变为10天，"黄金周"制度正式形成；2008年的假日改革又将"五一"劳动节缩短为1天，同时增设清明节、端午节和中秋节为法定节假日。至此，我国居民全年的法定休闲时间达到115天，居民有近1/3的时间在"纯休闲"中度过。在假日制度变革期，居民的生活水平不断提高，物质产品得到极大丰富，旅游消费和休闲消费对国民经济形成了有效拉动（王琪延、侯鹏，2012），"假日经济"一词逐渐走入学者们的研究视野。

第三阶段：假日制度趋势期（2009年至今）。"黄金周"制度确定之后，我国的假日制度改革朝着柔性化和个性化的方向发展。2013年，国务院办公厅在印发的《国民旅游休闲纲要（2013~2020年）》中明确提出，要在2020年实现带薪休假制度，鼓励"错峰"休假；2015年《国务院办公厅关于促进旅游投资和消费的若干意见》进一步强调弹性休息，鼓励有条件的地区和单位在不缩短周工作时间的基础上实行周五下午和周末连休制度，即每周"2.5天休假模式"。随着数字经济对工作方式影响的进一步加深，灵活用工、零工经济等新型就业形态促使弹性工作制度成为一种新的发展趋势（邱泽奇等，2020）。

从我国假日制度改革的演进过程可以看出，随着劳动生产率的不断提高，居民的法定闲暇时间逐渐增多。实际上，假日制度调整和闲暇时间分配与国家宏观经济发展形势、经济产出效率和产业结构密切相关（Rogerson，2008）。当经济发展水平处在不发达阶段时，较少的闲暇时间、更多的工作时长更有助于促进经济增长；而当经济发展到特定阶段之后，较多的闲暇时间则更能促进全社会整体福利的增进。一方面，技术进步、劳动生产率提高等经济效率的不断改善有效促进了闲暇时间增加（Aguiar 和 Hurst，2007）；另一方面，随着经济增长模式由物质资本和要素驱动转变为更多地依靠人力资本和技术创新，闲暇时间对经济的发展也起到更加积极的促进作用（王鹏飞、魏翔，2020）。特别是进入消费经济时代以后，经济发展的主要动力由投资驱动转换为消费拉动，闲暇时间在经济发展中的地位日益重要。Aguiar 等（2013）对美国居民 2003～2010 年近十年的时间配置分析表明，当经济处于大萧条时期，可以通过减少市场工作时间、增加闲暇时间的方式刺激居民产生新的消费需求，进而通过扩大内需规模和拉动消费升级来促进经济内生增长。

（三）休闲经济学中的理论假说

在传统的经济学分析框架中，休闲一直是劳动供给的替代（Lucas 和 Rapping，1969）。因为当个体的闲暇时间增加时，其工作时间会相应减少，进而会降低劳动力的有效供给。Buchanan（1994）进一步研究发现，当个体将更多的时间用于工作时，劳动力供给水平的提高可以显著促进经济产出的均衡数量。休闲经济学者则认为，休闲时间增加可以有效促进消费进而拉动经济增长（Ford，1926），个体在闲暇时间内通过运动、健身、阅读等积极有益的休闲活动还可以提高人力资本存量进而促进经济实现内生增长（Bloom 等，2018）。因而，在替代效应和促进效应的双重作用下，闲暇时间对经济产出的综合净效应呈现非线性关系。有学者对公共假日数量和经济增长的关系进行实证分析，研究发现两者之间呈现"先增加、后减少"的倒"U"形趋势（Barrera & Garrido，2018）。因此，我们得到理论假说 1。

假说 1：闲暇时间对劳动生产率的影响呈现"先增加、后减少"的倒"U"形趋势，促使个体劳动生产率最优的日均闲暇时间存在。

闲暇时间对劳动生产率的作用机制一直是休闲经济学者探讨的热点问题。持有经济发展阶段论的学者认为，闲暇时间对经济产出的影响取决于该地区的经济发展水平和经济增长方式（魏翔、李伟、陈琪，2014），因为经济体产业结构的不同会显著影响各国在工作时间上的配置状况（Rogerson，

2018），贫穷经济体更倾向将时间配置在商品生产部门，而在结构转型的过程中，发达经济体则将更多的资源和时间配置到商品消费部门（Kuznets，1966）。持有闲暇时间促进人力资本增进论的学者认为，闲暇时间对劳动生产率的促进效应主要体现在个体在闲暇时间内从事积极的休闲活动可以提高人力资本（于光远，2002；魏翔、吕腾捷，2018）。王鹏飞和魏翔（2020）利用世界银行的跨国面板数据就假日结构对劳动生产率的影响进行实证分析，研究发现：对经济发展阶段和人力资本存量高的经济体来说，假日结构对其劳动生产率的影响更为显著。

除此之外，闲暇时间对个体主观幸福感和健康状况的影响可能也是作用于劳动生产率的潜在渠道。越来越多的心理学研究表明，主观幸福感可以有效促进个体工作绩效的提高（刘长在等，2020），而闲暇时间和休闲活动又是促进个体主观幸福感提升的有效方式（Deleire 和 Kalil，2010；Noll 和 Weick，2015）。从健康的视角来看，闲暇时间可以帮助个体有效缓解精神压力和焦虑情绪，进而促进身心健康（Goodman 等，2016），而个体的健康状况是影响劳动生产率的重要因素（张颖熙、夏杰长，2020）。因而本研究认为，主观幸福感和健康状况是闲暇时间作用于劳动生产率的潜在渠道。

综上，我们可以得到假说 2。

假说 2：地区经济发展阶段、人力资本存量、主观幸福感和身体健康状况是闲暇时间作用于劳动生产率的潜在渠道。

二 促进经济效率最优的闲暇时间存在吗？

（一）研究设计

1. 样本说明

本部分数据来源于 2017~2018 年中国经济生活大调查数据库，该调查由国家统计局、中国邮政集团公司和中央电视台财经频道共同参与实施。中国经济生活大调查是迄今为止中国民生经济领域的最大规模调查，每年发放问卷 10 万份，调查地域涵盖中国 31 个省份、154 个城市和 297 个县。每一份调查问卷都由受过专业训练的邮局工作人员和调查员共同完成，这确保了数据收集过程的严谨性和结果的真实性。调查采用分层多阶段随机抽样方式，每个地区的样本数量由人口密度而定，从而确保了调查样本的代表性。① 中国经济生活大调查问卷一共分为三个部分。第一部分为经济生活评价，包括工资水平、未来收入预期、房价预期、家庭消费支出、生活质量评价、生态环境、未来期待改善、社会保障和将来行业发展前景等方面；第二部分包括个体时间配置，主要包括通勤方式、上下班通勤时间，除上学、工作和睡觉外的工作日闲暇时间和工作日闲暇时间的休闲活动选择三部分；第三部分为调查对象的人口统计学信息，包括性别、年龄、居住地、户籍所在地、家庭年收入、受教育程度、婚姻状况、家庭住房状况和职业等。因本节的研究目的是验证闲暇时间对劳动生产率的影响关系，所以研究对象限定为有工作的个体，故而将在校学生、离退休人员、待业/失业者和全职妈妈（爸爸）等排除在外。

2. 变量选取

参照 Gibson 和 Shrader（2018）在研究睡眠时间对劳动生产率影响的做法，本研究用个体收入水平作为因变量劳动生产率（y）的代理变量。问卷中个人年收入水平有 10 个等级，分别是 1 万元以下、1 万~3 万元、3 万~5 万元、5 万~8 万元、8 万~12 万元、12 万~20 万元、20 万~30 万元、30 万~50 万元、50 万~100 万元和 100 万元及以上。为了更准确地衡量劳动生产率，我们用小时工资水平来代理个体的劳动生产率，具体做法为用收入等级除以每天的工作时长，进而得到个体的每小时工资收入等级。核心解释变量（x）为：居民工作日平均闲暇时间（$leisure\ time$）。居民日常闲暇时间是指居民在工作时间之外，除去上学、通勤、睡觉等可自由支配的可利用时间。需要指出的是，本研究调查的闲暇时间为居民日常工作日的闲暇时间，并未将周末和公共节假日等法定闲暇时间包含在内。

----

① 与 2015 年全国 1% 人口抽样调查、2017 年中国家庭金融调查（CHFS）和 2018 年中国家庭追踪调查（CFPS）三个具有代表性的微观数据对比来看，本研究所用调查样本在性别、年龄、受教育程度和居住地等方面的构成比例基本一致，说明本研究所用数据具有较好的代表性。

控制变量由两类变量组成：一类是影响收入水平的因素，另一类是人口统计学变量。在劳动力市场，由于存在男女性别歧视、户籍城乡歧视和职业分割等收入不平等现象（柴国俊、邓国营，2011；余向华、陈雪娟，2012；郭凯明、颜色，2015 等），故而选取性别（sex）、户籍（hukou）和职业（occupation）作为控制变量。当然，人力资本作为影响工资差异的重要来源，受教育程度（education）和年龄（age）等影响，人力资本质量的因素也被纳入控制变量当中。基于婚姻对男性工资溢价能力的形成机制（王智波、李长洪，2016），本研究也将个人的婚姻状况（marital status）纳入控制变量之中。除此之外，考虑到居住地城乡差异对家庭收入不平等的影响（李代，2017），居住地①（residence）也被列入控制变量之中。对于个体的闲暇时间而言，其不仅受到个体特征的影响，家庭资产状况也是对其产生影响的重要因素。因而，本研究用拥有住房状况（housing）和家庭年收入水平（famliy income）来表征家庭资产（李江一等，2015）。

为了控制区域文化差异和经济发展水平带来的差异性影响（刘瑞明等，2020），我们选取居住地人均 GDP、产业结构（第三产业/第二产业比值）和所在区域②为地区控制变量。考虑到所用数据为横截面数据，涵盖城市超过 100 个，因此本研究将城市划分为直辖市、省会城市、计划单列市和一般地级市等 4 类以控制城市固定效应。

3. 描述性统计

由于本节的研究目的是分析闲暇时间与个体劳动生产率的关系，因此，我们将样本中具有工作和工资性收入的个体作为研究对象。除此之外，为了保证数据的完整性，本节在数据筛选的过程中将个人信息不全的问卷或是含有空白选项较多的半完成问卷也都排除在外。为了更为准确地表达样本的基本信息，因变量、核心解释变量和控制变量的基本信息如表 6-5 所示。

---

① 居住地为城市或农村的二分变量。
② 为科学反映我国不同区域的社会经济发展状况，国家统计局将我国的经济区域划分为东部、中部、西部和东北四大区域。

表 6-5　调查样本的描述性统计

变量	解释	观测值	均值	标准差	极小值	极大值
性别	二分变量：男为 0，女为 1	30246	0.453	0.497	0	1
年龄	调查对象的年龄，为分类变量	30246	1.257	0.723	0	3
受教育程度	用样本的受教育程度来衡量	30246	1.775	0.898	0	5
婚姻状况	分为未婚、已婚、离异和丧偶	30246	1.596	0.801	0	3
户籍	二分变量：0 为城市，1 为农村	30246	0.377	0.484	0	1
职业	调查对象所从事工作的职业	30246	2.132	2.010	0	8
收入水平	个体的工资收入水平	30246	2.609	1.637	0	9
闲暇时间	个体日均闲暇时间	30246	2.258	1.414	0	5
家庭收入	家庭的收入水平	30246	2.822	1.633	0	9
住房状况	家庭住房的拥有情况	30246	1.295	1.271	0	4
人均 GDP	所在城市的人均 GDP	30246	7.283	2.314	1.132	35.588
产业结构	所在城市三产与二产比值	30246	1.271	1.396	0.423	9.874
城市类别	分为直辖市、省会和一般地市	30246	1.688	0.463	1	4
所在区域	分为东、中、西部和东北地区	30246	2.065	1.019	1	4

注：年龄分为 18~25 岁、26~35 岁、36~45 岁和 46~59 岁；受教育程度分为小学及以下、中学及中专、大专、本科、硕士和博士。

资料来源：《2017~2018 中国经济生活大调查》。

（二）回归结果分析

作为基准回归，首先对截面数据进行最小二乘（OLS）估计。为了探求闲暇时间对劳动生产率的非线性关系，我们分别将闲暇时间和闲暇时间的平方项放入评估方程；模型 1 和 2 的对比结果显示，闲暇时间对劳动生产率的非线性关系得到支持：随着居民闲暇时间的增加，个体劳动生产率呈现先增加、后下降的倒"U"形曲线。值得注意的是，控制变量中的户籍对年收入的影响在所有评估模型中都不显著。这可能和户籍变量与居住地变量之间存在的多重共线性有关；因为户籍制度和居民的居住地在很大程度上高度相关。除此之外，考虑到由户籍制度所引起的工资差异大多隐藏在部门和岗位差异之中（余向华、陈雪娟，2012），加之本章已将职业和居住地列入控制变量，故而将户籍选项从评估方程的控制变量中删除。

鉴于因变量 y_i 为从 1 万元以下到 100 万以上的多值有序选择数据，本研究宜采用多元有序 Logit 回归模型进行分析。当然，作为对比，我们也将多元有序 Logit 回归模型的分析结果列在表 6-6 中。与模型 2 结果相比，模型 3、模型 4 中所有解释变量、控制变量对因变量的影响系数符号和显著性完全一致，这表明本研究结果较为稳健、可信。本章以多元有序 Logit 回归模型的结果分析为主。

表 6-6　基准回归结果

变量	OLS	OLS	Odered Logit	Odered Logit
	模型 1	模型 2	模型 3	模型 4
闲暇时间	0.044 ***	0.133 ***	0.069 ***	0.125 ***
	（0.002）	（0.009）	（0.003）	（0.015）
闲暇时间^2		-0.011		-0.011 ***
		（0.001）		（0.003）
性别	-0.112 ***	-0.151 ***	-0.226 ***	-0.232 ***
	（0.006）	（0.008）	（0.011）	（0.010）
年龄	0.030 ***	0.047 ***	0.064 ***	0.067 ***
	（0.004）	（0.005）	（0.007）	（0.008）
受教育程度	0.074 ***	0.203 ***	0.016 ***	0.168 ***
	（0.004）	（0.003）	（0.007）	（0.008）
职业	-0.001	0.013 ***	-0.008 ***	0.002 ***
	（0.001）	（0.001）	（0.003）	（0.003）
户籍	-0.006	-0.012	-0.022	-0.021
	（0.005）	（0.007）	（0.017）	0.017
婚姻状况	0.046	0.032 ***	0.016 ***	0.016 ***
	（0.046）	（0.004）	（0.010）	（0.011）
居住地	0.036 ***	-0.083 ***	0.072 ***	-0.072 ***
	（0.008）	（0.008）	（0.019）	（0.019）
地区人均 GDP	-0.0007 ***	-0.0002 ***	-0.0001 ***	-0.0001 ***
	（0.000）	（0.000）	（0.000）	（0.000）

续表

变量	OLS	OLS	Odered Logit	Odered Logit
	模型 1	模型 2	模型 3	模型 4
地区产业结构	0.0001 ***	0.0001 ***	0.0002 ***	0.0002 ***
	(0.000)	(0.000)	(0.000)	(0.000)
家庭资产	0.918 ***	0.917 ***	2.025	2.024
	(0.007)	(0.007)	(0.029)	0.029
城市效应	-0.033 ***	-0.034 ***	-0.065	-0.067
	0.007	0.007	(0.017)	(0.016)
所在区域	-0.031 ***	-0.066 ***	-0.065 ***	-0.065 ***
	(0.003)	(0.002)	(0.007)	(0.006)
_cons	-0.009	0.840	—	—
	(0.019)	(0.738)	—	—
N	30246	30246	30246	30246
Prob>F	0.0000	0.0000	0.0000	0.0000
Adj R-squared	0.5154	0.1446	0.2374	0.2376

注：括号内为稳健标准差，*** 表示 1% 的显著水平，** 表示 5% 的显著水平，* 表示 10% 的显著水平。

资料来源：《2017~2018 中国经济生活大调查》。

首先，核心解释变量居民闲暇时间与因变量年收入水平（y_i）的非线性关系得到确认。模型 4 的评估结果显示，居民闲暇时间系数 $\beta_1 > 0$，居民闲暇时间平方项的系数 $\beta_2 < 0$，且在 1% 的水平上显著。这表明，在一定范围内，居民闲暇时间增加可以促进个体劳动生产率的提高；当闲暇时间超过某一限值时，持续增加的闲暇时间则对个体劳动生产率的抑制作用增大。当我国社会主要矛盾已经转化为人民日益增长的美好生活需要和不平衡不充分的发展之间的矛盾之后，人们对精神文化的需求更为强烈。那么，居民闲暇时间增多意味着其自由可支配的时间增加，人们有更多的机会可以选择自己喜欢的阅读、社会交往、学习培训、运动健身、戏剧欣赏等休闲活动。而正是这些活动促进了人们自由而全面的发展和个体人力资本质量的提升（于光远，2002），进而促进个体在工作时间内劳动生产率的提高。

当然，居民闲暇时间不可能无限增加，太多的闲暇时间不仅会增加个体养成懒散性格的概率，还会在一定程度上降低工作技能的熟练程度，这也是居民闲暇时间平方项的系数 $\beta_2 < 0$、形成倒 "U" 形曲线的原因所在。据此，我们可计算出劳动生产率最优的个体最佳闲暇时间。基于模型 4，对居民闲暇时间一阶求导等于 0，可得 闲暇时间 = 5.68。即个体工作日的最优闲暇时间约为 5.68 小时。

其次，控制变量对因变量的影响与前人的研究基本一致。由经济发展水平、性别歧视（Jacobsen 等，1995；郭凯明、颜色，2015）、行业分割（柴国俊、邓国营，2011）和城乡差距、户籍歧视（万海远、李实，2013）导致的劳动力市场工资水平差异再次得到验证：性别、居住地、职业对年收入水平的影响显著为负。表 6-6 的结果表明，随着受教育程度和年龄的增加，个体取得较高收入的概率也逐渐增加。从婚姻的角度来看，与王智波、李长洪（2016）的研究一致，已婚个体普遍比未婚个体的收入要高。

（三）内生性问题

有效识别闲暇时间对劳动生产率的影响需要两个基本条件：一是数据方面需要个体的日常闲暇时间、工资水平和工作时长等基本信息；二是在识别上需要规避样本自选择和反向因果关系造成的干扰（陈帅、张丹丹，2020）。在上文模型 4 的估计中，虽然已经满足数据方面的基本条件，但并未对内生性问题进行讨论和克服。

1. 内生性原因

首先，样本自选择问题。具体来说，对于高收入水平群体而言，闲暇时间的机会成本要大于工资水平较低群体，为规避机会成本的影响，高收入群体会减少闲暇时间，而工资水平较低的个体则会选择 "不出工" 或 "出工不出力"。其次，反向因果关系。闲暇时间与劳动生产率存在明显的反向因果关系。在 "向后弯曲" 劳动力供给曲线的影响下，个体会主动放弃工作进而选择更多的闲暇。进入工业革命以后，劳动生产率提高使物质资本空前发展。居民在物质产品需求得到满足之后，增加了对闲暇时间的偏好。自此，第一次 "有钱有闲" 阶层出现了，因为这是 "有钱" 而导致的闲暇时间增加，因而称之为"有钱有闲"。最后，遗漏重要的解释变量。虽然我们已经尽可能地列出影响结果的控制变量，但仍有可能遗漏同时影响个体闲暇时间和劳动生产率的重要变量。

2. 内生性检验

为了检验估计方程的内生性问题，我们对估计方程进行 Hausman 检验。对比结果显示，Hausman 检验的 p 值为 0.043，在 5% 水平上强力拒绝所有变量为外生的原假设。异方差存在的杜宾-吴-豪斯曼检验（DWH）也表明，本方程存在严重的内生性，具体检验结果见表 6-7。

表 6-7　内生性检验

变量	系数			
	（b）	（B）	（b-B）	Sqrt(diag(V_b-V_B))
	工具变量（IV）	最小二乘（OIS）	差值	标准差
闲暇时间	0.455	0.044	0.411	0.262
闲暇时间^2	-0.050	-0.004	-0.046	0.048
性别	-0.071	-0.078	0.007	0.004
年龄	0.017	0.020	-0.003	0.002
受教育程度	0.051	0.052	-0.001	0.0004
婚姻状况	0.010	0.003	0.007	0.004
户籍	-0.023	-0.032	0.009	0.005
居住地	0.015	0.025	-0.010	0.007
职业	-0.0000	-0.0009	0.0008	0.0005
人均 GDP	-0.0000323	-0.0000555	0.0000232	0.0000148
产业结构	0.00003	0.00009	-0.00006	0.00004
家庭资产	0.621	0.647	-0.026	0.016
城市类别	-0.042	-0.024	-0.018	0.011
所在区域	-0.025	-0.021	-0.003	0.002
_cons	-0.124	0.197	-0.321	0.204
chi2(1) = (b-B)'[(V_b-V_B)^(-1)] (b-B) = 3.46				
Prob>chi2	0.043			
DWH 检验				
Durbin(score) chi2(1)	3.46246　（p = 0.0456）			
Wu-Hausman F(1,30230)	3.46136　（p = 0.0467）			

3. 内生性克服

针对内生性出现的原因，本研究拟采用倾向匹配得分法来有效规避样本的自选择问题。除此之外，本研究选取受教育程度、职业、城市类别、产业结构、人均 GDP 等影响劳动生产率的因素作为控制变量，以缓解劳动生产率较高个体的闲暇时间自选择问题。进一步，为了排除"有钱有闲"阶层存在而导致的反向因果关系，我们采用工具变量法来缓解劳动生产率对闲暇时间的反向影响。

（1）倾向匹配得分法（PSM）

虽然本研究已经控制了经济特征、区域特征和人口统计学特征等变量对劳动生产率的影响，但对于选择不同闲暇时间的个体而言，可能在其他影响劳动生产率方面还存在显著差异。对于此类问题，可以通过倾向匹配得分法获得匹配估计量来解决。为了确保研究方法有效性，需要对相关变量进行平稳性检验，结果如表6-8所示。结果表明：经过匹配后，大部分变量的偏误比例均有不同程度的下降。在匹配后，除年龄外，其余变量的两组差异 t 值及 p 值均无法拒绝处理组和控制组之间差异为零的原假设，这说明倾向匹配得分法有效地降低了处理组和控制组的差异，通过了平稳性检验。

表 6-8　处理组和控制组平稳性检验结果

变量	匹配类型	处理组	控制组	偏误比例	偏误降低比例	差异 T 统计量	
区域	匹配前	1.9506	1.9466	0.4	−684.3	3.78	0.000
	匹配后	1.9503	1.9189	3.2		7.69***	0.000
年龄	匹配前	1.5444	1.5896	−5.4	52.3	−0.03	0.977
	匹配后	1.5448	1.5664	−2.6		−1.16	0.246
受教育程度	匹配前	2.6053	2.6793	−8.3	98.7	−8.98***	0.000
	匹配后	2.6053	2.6044	0.1		0.11	0.012
婚姻状况	匹配前	2.6629	2.6551	1.0	−198.2	1.05	0.014
	匹配后	2.6629	2.686	−2.9		−3.06***	0.002
居住地	匹配前	1.2786	1.281	−0.5	−141.1	−0.58	0.001
	匹配后	1.2786	1.2728	1.3		1.33	0.000
职业	匹配前	3.8969	3.919	−0.9	−133.7	−0.96	0.000
	匹配后	3.8969	3.8453	2.1		2.18***	0.029

续表

变量	匹配类型	处理组	控制组	偏误比例	偏误降低比例	差异 T 统计量	
性别	匹配前	2.2076	2.2455	−3.1	47.8	−3.34 ***	0.001
	匹配后	2.2076	2.1878	1.6		1.66 *	0.097
城市类别	匹配前	2.9652	3.0021	−4.0	53.1	−4.31 ***	0.000
	匹配后	2.9652	2.9825	−1.9		−1.92 **	0.055
人均 GDP	匹配前	1.9154	1.8673	8.3	58.9	8.79 ***	0.000
	匹配后	1.9154	1.8956	3.4		3.45 ***	0.001
产业结构	匹配前	1.6009	1.6099	−0.9	−65.6	−1.00	0.000
	匹配后	1.6009	1.6158	−1.6		−1.58	0.04
家庭资产	匹配前	0.95187	0.9432	1.7	−265.7	17.90	0.000
	匹配后	0.95176	0.98347	−6.1		18.97	0.000

注：*** p<0.01，** p<0.05，* p<0.1。

为了检验回归结果的可靠性，借鉴程郑权（2020）的研究思路，本研究分别用三种不同的倾向匹配方法来检验估计结果的可靠性，表 6-9 给出了闲暇时间对个体劳动生产率的处理效应估计结果。测算结果表明，三种倾向匹配得分法的 ATT（处理组的平均处理效应）、ATU（控制组的平均处理效应）和 ATE（总体平均处理效应）估计值相近且绝大部分数值的方向一致。虽然数值有所差异但并不影响相关结论，因此可以说在消除了不可观测变量造成的内生性后，本研究结论依然可信。

表 6-9　闲暇时间对个体劳动生产率的处理效应

变量	K 近邻匹配	半径匹配	核匹配
ATT	−0.028 ***	−0.021 *	−0.027 ***
S. D.	（0.013）	（0.014）	（0.012）
ATU	0.023	−0.026 **	−0.021
S. D.	（0.012）	（0.013）	（0.014）
ATE	−0.012	−0.009	−0.010
S. D.	（0.010）	（0.012）	（0.012）
特征变量	Yes	Yes	Yes

注：近邻匹配中邻近元数设定为 1；半径匹配中半径设定为 0.001；核匹配中宽带为 0.06；括号内为自助法（Bootstrap）标准误；*** p<0.01，** p<0.05，* p<0.1。

（2）工具变量——日出日落时间

Hausman 检验和 Ovtest 检验的结果显示，p 值均小于 0.05，表明估计方程存在内生性问题。本研究借鉴 Gibson 和 Shrader（2018）的研究思路，认为人体的生物钟与日出日落时间相一致，因而日落时间越晚，人们睡觉的时间就越晚，在劳动者上班打卡刚性时间约束下，人们的睡觉时间减少，闲暇时间就越多。因日出日落时间与个体的闲暇时间有关，而与劳动生产率无关，所以，我们采用同一地区的日出日落时间作为闲暇时间的工具变量。考虑到调查样本数据采集的周期较长，本研究用各地的日均光照时间作为日出日落时间的代理变量。具体做法为：构建第一阶段的回归方程，在控制个体层面变量的基础上，用 s 地区 t 日的个体闲暇时间对日落时间进行回归：

$$leisure\ time_{it} = \chi_1\ sunset_{st} + \gamma_2\ C_{it} + \mu_{it} \qquad (6-2-1)$$

然后，构建第二阶段的方程，在控制个体特征的基础上，用 s 地区 t 日的个体的劳动生产率对日落时间进行回归：

$$y_{it} = \alpha + \beta_3\ sunset_{st} + \beta_4\ sunset_{st}^2 + \gamma_3\ C_{it} + \mu_{it} \qquad (6-2-2)$$

其中，i 为个体；t 代表时间；s 代表个体所在城市；C_{it} 代表控制变量；μ_{it} 代表与前两个变量不相关且均值为 0 的随机扰动项。$leisure\ time_{it}$ 代表受访者个体的闲暇时间，$sunset_{st}$ 是受访者所在区域的日落时间。对日出日落时间的工具变量进行有效性检验，结果表明，Kleibergen-Paap rk LM 统计量的 p 值为 0.000，强烈拒绝不可识别检验；弱工具变量也在 5% 的水平上通过沃德检验，表明可以拒绝"弱工具变量"的原假设。为了进一步考察弱工具变量，我们对日出日落工具变量还进行了冗余检验。

运用 GMM 和 2SLS 两种估计方法的结果表明，模型 5 和模型 6 中居民闲暇时间对劳动生产率的作用系数、显著性与之前的分析较为一致（见表 6-10）。也就是说，在克服了反向因果关系导致的内生性问题之后，闲暇时间对劳动生产率的倒"U"形影响依然稳健。对模型 5 和模型 6 的计算可知，最佳日均闲暇时间约为 4.5 小时。与模型 4 相比，克服内生性的最优闲暇时间减少了 1.1 个小时。也就是说，样本自选择和反向因果关系的干扰将高估个体的日均最佳闲暇时间，因而个体的日均最优闲暇时间为 4.5 小时。

表 6-10　内生性检验

变量	IV（GMM）-模型 5		IV（2SLS）-模型 6	
	系数	标准差	系数	标准差
闲暇时间	0.455**	0.206	0.456***	0.207
闲暇时间^2	−0.050**	0.026	−0.051**	0.026
控制变量	Yes		Yes	
N	30246		30246	
Prob>chi2	0.0000		0.0000	
Root MSE	0.400		0.401	

注：括号内为标准差，*** 表示 1% 的显著水平，** 表示 5% 的显著水平，* 表示 10% 的显著水平。

资料来源：《2017~2018 年中国经济生活大调查》。

（四）稳健性检验

为了验证本研究结论的稳定性，本部分选取内蒙古大学和西南财经大学联合调查的《2017 中国时间利用大调查（CTUS）》为替代样本进行实证分析。该样本涵盖全国 29 个省份，调查样本家庭超过 1.2 万户，通过入户访谈填写日志的方法，共收集 30591 名受访者样本。时间日志表详细记录受访者的生活轨迹和所用时间，记录时间从前一日 4：00 至当日 4：00，时间间隔为 10 分钟。因变量为工资性收入水平，核心自变量为闲暇时间，控制变量为性别、年龄、受教育程度、婚姻状况、身体状况、所属行业、职业和社区人均 GDP 等。方程（10）的结果表明，闲暇时间对劳动生产率的影响与前文分析较为一致（见表 6-11）。

表 6-11　稳健性检验

变量	方程（9）	方程（10）	方程（11）	方程（12）
闲暇时间	0.021***	0.048***	32.052***	149.849***
	（0.007）	（0.018）	（10.380）	（36.364）
闲暇时间²		-0.006**		-8.198***
		（0.000）		（2.434）
其他控制变量	Yes	Yes	Yes	Yes
_cons	10.368***	10.344	1992.764	1625.801
	（0.058）	（0.063）	（210.347）	（233.762）
R²	0.003	0.004	0.5856	0.6340
N	3971	3971	685	685
Prob>F	0.0000	0.0000	0.0000	0.0000

注：括号内为标准差；*** 表示1%的显著水平，** 表示5%的显著水平，* 表示10%的显著水平。

资料来源：方程（9）和（10）的评估数据来自内蒙古大学和西南财经大学联合调查的《中国时间利用大调查（CTUS）》；方程（11）和（12）的评估数据来自课题组的现场调研。

三　提高居民日常闲暇水平的现实路径

由上文的分析可知，个体在工作日的最优闲暇时间约为 4.5 小时。国家统计局发布的《2018 年全国时间利用调查公报》显示，中国居民的日均闲暇时间为 3.56 小时。尽管与 2008 年相比，十年间个人的自由支配时间增加了 12 分钟，但与日均最佳的 4.5 小时相比，个体的日常闲暇时间水平仍有待提高。我们推测，原因可能在于以下三个方面。一是受传统文化的影响，我们一直推崇"勤劳致富"，对闲暇的偏好先天较低。二是我国年劳动时间较长。世界劳工组织的数据显示，2019 年世界年劳动时长在 1367～2301 小时，平均数值为 1830 小时。我国的年劳动时长约为 2100 小时，处于世界高劳动强度水平。同期，"勤劳"的日本人年均劳动时长为 1750 小时，美国为 1766 小时，而德国居民的年均劳动时长仅为 1367 小时。也就是说，我国居民的年均劳动时长比德国多 700 多个小时，比同处东亚的日本多 350 小时。三是居民日常通勤时间过长。中国社会科学院旅游研究中心发布的《中国国民休闲状况调查（2020）》数据显示，中国居民工作日的平均通勤时间由 2013 年的 1 小时增加到 2020 年的 1.2 小时，且城市级别越高，用于道路上的通勤时间越长。随着城镇化的不断推进，居民通勤时间进一步增加成为一个大概率事件。

　　为了了解中国居民日常的时间配置状况，进一步揭示日常闲暇时间偏少的原因所在，本节对居民的日常时间利用状况进行详细分析（见表 6-12）。按照国际惯例，本研究将居民一天的时间配置分为：个人生理必需活动时间、劳动时间（包含有酬劳动和无酬劳动）、个人自由支配活动时间（闲暇时间）和其他

表 6-12　2018 年居民主要活动平均时间

单位：小时

活动类别	时间	男	女
个人生理必需活动时间	713	708	718
睡觉休息	559	556	562
个人卫生护理	50	48	52
用餐或其他餐饮	104	104	105
劳动时间	426	407	443
有酬劳动	264	315	215
就业工作	177	217	139
家庭生产经营活动	87	98	76
无酬劳动	162	92	228
家务劳动	86	45	126
陪伴照料家人	53	30	75
购买商品或服务(含看病就医)	21	15	26
公益活动	3	3	3
个人自由支配活动时间	236	253	220
健身锻炼	31	32	30
听广播或音乐	6	6	5
看电视	100	104	97
阅读书报期刊	9	11	8
休闲娱乐	65	73	58
社会交往	24	27	22
其他时间	65	72	60
合计	1440	1440	1440

　　注：以上时间为全国居民的平均活动时间，调查对象为抽样调查户中 15 周岁及以上常住成员（含学生、离退休和失业人员等）。

　　资料来源：国家统计局公布的《2018 年全国时间利用调查公报》。

时间四个部分。由 2018 年居民主要活动平均时间分布来看，居民日常时间配置依次为个人生理必需活动时间、劳动时间和个人自由支配活动时间。从居民闲暇时间的配置来看，看电视、休闲娱乐、健身锻炼和社会交往为主要的休闲方式。

工作时间延长、闲暇时间缺乏的生活方式促使中国居民的日常时间配置模式也不同于其他国家。Zhou 等（2012）的研究显示，中国居民的日常维持时间（睡觉、吃饭、洗漱等生命维持必要时间）、工作时间和闲暇时间比值为 60：24：16；而同一时期，美国居民三者时间配置比为 60：18：22，日本为 58：20：22。国际横向对比来看，只有中国居民的工作时间所占比例超过了闲暇时间。国内纵向对比来看，2018 年男性就业者每天工作时间为 7 小时 52 分钟，女性 7 小时 24 分钟，比 2008 年分别增加 1 小时 26 分钟和 1 小时 20 分钟。从国内外对比来看，中国居民日常闲暇时间偏少主要是由于工作时间过长。

从图 6-4 劳动生产率的视角来看，2017 年中国居民的时人均 GDP 只有日本的 1/4.8、美国的 1/7.5。我们似乎进入了"低闲暇—低劳动生产率"的陷阱之中：较长的年均劳动时长和较低的劳动生产率并存，而像美国、日

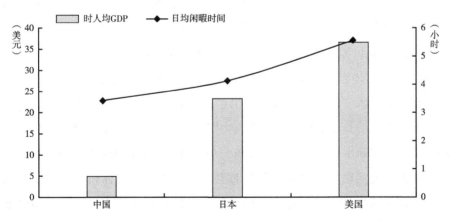

图 6-4 2017 年中国、日本和美国三国闲暇时间与劳动生产率比较

注：时人均 GDP＝人均 GDP/年劳动时长。

资料来源：美国劳工局、日本国家统计局和中国国家统计局。

本、德国等发达国家则进入了"高闲暇—高劳动生产率"的良性循环。当然，我们首先想到的原因可能是生产体系中的技术、设备、工艺、流程或工人技能等差异和经济发展阶段不同造成这种现象。像美国、日本、德国等发达国家在完成工业化阶段之后较早地进入后工业化时代，物质资本和各种社会保障体系相对完善，因而其居民对闲暇时间的偏好较高。实际上，我们国家也已经完成了这一阶段的各种资本积累。改革开放40多年以来，居民物质生活得到基本满足，工业企业技术达到世界中上等水平；闲暇时间不断增多，截至目前，我国的年均法定节假日（含双休日）达115天，比美国的114天还多1天。那么，是什么造成了这种闲暇时间和劳动生产率同时出现巨大差异呢？

通过闲暇时间对劳动生产率的作用机制可知，当闲暇时间可以促进人力资本质量提升时，闲暇时间增加有助于个体工作绩效的提高。从表面上来看，闲暇时间是通过提高人力资本质量进而促进劳动生产率提高，但其背后的逻辑是经济增长方式发生了彻底变化。在美国、日本和德国等发达国家，投资、进出口贸易不再是拉动经济的主要动力，人力资本的不断提升和产业结构的持续优化促使技术进步、知识产权、居民消费等成为驱动经济增长的主要动力，因而人力资本成为经济增长的关键。现阶段，我国进入经济新旧动力转换的关键时期，社会主要矛盾也已经转化为人民日益增长的美好生活需要和不平衡不充分的发展之间的矛盾。无论是经济新旧动能转换，还是人民群众对高品质生活的向往，归根结底就是要跳出"低闲暇—低劳动生产率"陷阱，踏入"高闲暇—高劳动生产率"发展阶段。而解决这一问题的钥匙就是经济增长动能更多地依靠人力资本和技术进步，让人才成为创新驱动的关键。实际上，这也是我国跨越"中等收入"陷阱的必经之路。

因此，要实现"高闲暇—高劳动生产率"的发展目标和跨越"中等收入"陷阱的历史性突破，需要市场和制度上的双重力量支撑。在市场层面上，发挥市场在资源配置上的决定性作用，转变经济增长方式，由要素驱动转换为效率驱动，让人力资本的不断提高和产业结构的持续优化成为经济增长的动力源泉。在制度层面上，要不断优化收入分配制度，进一步完善社会保障制度。从闲暇时间的结构上来看，中国居民的节假日数量处于发达国家水平，而日常闲暇时间却还有待提高。因为收入水平提高和社会保障制度完善是居民敢于"休闲"的物质保障，也是"向后弯曲"劳动力供给曲线发生的前提条件。因此，应该进一步促进企业收入分配向一线职工倾斜，在完善社会保障制度的基础上，切实提高居民的收入水平，特别是扩大中等收入群体的数量和消费规模。

第七章 闲暇时间配置的经济效应

由上一章的分析可知，促进个体劳动生产率最优的日常闲暇时间大约为 4.5 小时。那么，这是否意味着当个体的日均闲暇时间为 4.5 小时时，其工作效率就最优呢？答案肯定是否定的，因为第六章测算的最优闲暇时间仅为全国各行各业和各年龄段群体的平均水平。再者，通常来说，当个体工作行业确定后，其日常的闲暇时间并不会发生很大的变化。实际上，当个体的闲暇时间既定后，选择何种休闲活动才是我们更加关心的核心议题，即如何配置闲暇时间以促进个体的劳动生产率最优才是我们要解决的现实问题，这也是本章所要着力解决的重点问题。

第一节 时间配置视角下休闲活动的经济效应分析

一 如何分配闲暇时间是一种选择

新古典经济学认为闲暇属于劳动力市场选择问题，即个体在工作和闲暇中做出选择进而决定劳动力市场的供给水平。基于这种态度，传统经济学通常将闲暇置于消极的经济地位上，认为闲暇会"挤出"工作，不利于产出积累。在某种程度上，这种观点在现代经济中显得有失偏颇。随后，内生增长经济学家注意到劳动力价格（工资率）提高后人们对闲暇的偏好不降反升的"向后弯曲"现象，但是，不论是新古典还是内生增长学派都对闲暇的积极效应关注不够。实际上，积极向上的休闲活动有助于个体释放工作生活压力、保持身心健康，进而显著提高个体劳动生产率。这种效应在经济学的传统框架内未得到充分体现和论证。为此，本章的特色和贡献即在于对此做出回应和探索。尤其是在中国进行社会经济换挡升级、追求高质量发展的当前阶段，全社会劳动力总体短缺而个体闲暇时间日益增加成为现实的时代背景，如何有效配置闲暇时间以提升个体劳动生产率成为一个值得研究的重大议题。

闲暇时间有效配置对个体效率的积极效应具有坚实的微观基础，在医学、心理学和社会学上已有相对成熟的先行研究。研究发现，从事积极健康的休闲活动不仅可以促进身心健康、提升个体幸福感（Mannell，2007），还有利于慢性疾病康复（Geurts 和 Sonnentag，2006）。为此，研究者形成了丰富的理论假说，主要包括努力—恢复理论（Meijman 和 Mulder，1998）、人格一致性假说（Chick 和 Hood，1996）和目的—投资论（Fredrickson 和 Joiner，2002）。基于这些理论，闲暇积极效应的研究在实证上也不断取得进展。谢雅萍等（2018）对 586 名员工进行实地调研后发现，休闲参与是否能推动个体恢复、重构工作激情并产生积极的心理作用主要取决于个体在闲暇时间内的活动选择。也就是说，闲暇时间配置是影响知识型员工工作激情的关键变量。Bloom 等（2018）整合了工作心理学和休闲科学的理论观点，首次采用联合分析的思路对 831 名成年劳动力（Working Adults）的休闲活动模式进行调研。研究发现，广泛参与各种休闲活动，特别是积极参与创造性、体育运动类的休闲活动，在长期内可以促进个体高水平的工作表现。

随着行为经济学、心理经济学和神经经济学等交叉学科的发展，相关领域的研究为探究二者的作用机制提供了颇具启发性的解决思路。心理学的研究表明，"延迟满足"能给个体带来更大的未来收益（Mischel 和 Underwood，1974；任天虹等，2015）。经济学上认为，这与个体的时间偏好和跨期决策有关。倾向选择"即时满足"类休闲活动个体的时间偏好往往较高，这意味着其更加注重短期收益，因为时间偏好衡量的是个体对现在甚于未来的一种意愿（叶德珠等，2010）。因此，时间偏好较高个体会表现出较大的急躁情绪（安德鲁·霍尔丹，2016），经常会选择能立刻带来较大"收益"的休闲活动。例如，长时间看电视、上网玩游戏、观看短视频，甚至参与违法有害的休闲活动。对于选择"延迟满足"类活动的个体来讲，其时间偏好往往较小，因而在跨期决策中，更加注重未来的预期收益。诸如运动健身、学习阅读、社会交往等"延迟满足"类休闲活动，虽然在当下不能带来即时效用，在未来却能够给个体带来丰厚回报。这一点已经被心理学的相关研究所证实：Mischel（2014）、何清华、李丹丹（2020）的研究表明，缺乏耐心的孩子将显著降低学习成绩，而"延迟满足"却能提升个体的工作绩效和未来收入。

尽管相关研究进展颇丰，但闲暇—效率之间的经济学分析并未得到系统研究，有待于进一步模型化并进行更微观的结构化分析，洞悉闲暇时间内部的活动类型对效率的影响机制。例如，除了体育运动类休闲活动对减轻压力、促进健康和缓解抑郁症状的作用得到一致性证据支持以外（Goodman等，2016），社会休闲活动、文化休闲活动和创造性休闲活动对工作绩效的影响在不同的实证检验中得到了模糊、不确定甚至是完全相反的结论（Bloom等，2012）。究其原因，对休闲行为采用单变量分类方法的研究结论在稳定性和可信性方面都存在较大不足（Bergman 和 Lundh，2015）。为了建立闲暇—效率链条的经济学系统分析框架，本部分运用潜在类别分析法（Latent Class Analysis，LCA）对个体的整日休闲参与进行联合分析，考察闲暇时间配置模式对个体劳动生产率的影响，并对二者的作用机制进行实证检验。

二 如何配置闲暇时间才能促进劳动生产率最优？

（一）数据说明及变量选取

1. 数据来源

本研究数据来源于国家统计局、中国邮政集团公司和中央电视总台财经频道联合调研的《2019~2020中国经济生活大调查》。该问卷每年发放 10万份，调查地域涵盖中国 31 个省区市。每份调查问卷都由邮局工作人员和问卷调查员共同完成，抽查地区的样本数量由人口密度而定。[①] 调查问卷一共分为三个部分：第一部分为居民对当年经济生活的评价；第二部分为居民的闲暇时间及其配置状况；第三部分为人口统计学特征。

2. 变量选取

借鉴 Gibson 和 Jeffrey（2018）采用工资水平代理劳动生产率的经验做法，本章的因变量劳动生产率 y 用个体工作时间内的工资收入来代理，为了更准确地衡量劳动生产率，我们用小时工资水平来代理个体的劳动生产率，具体做法为用收入等级除以每天的工作时长，进而得到个体的每小时工资收入等级；解释变量为闲暇时间配置向量 $x(l_1; l_2; l_3 \cdots l_n)$，$l_n$ 为某休闲活动所花费的时间。借鉴《美国时间使用调查》（American Time Use Survey，ATUS）和《日本时间使用和休闲活动大调查》（Survey on Time Use and Leisure Activities，STULA）中关于闲暇时间配置的经验做法，《2019~2020 中国经济生活大调查》中关于居民经常参与的休闲活动设置为：看电视，电脑上网，手机上网，阅读，购物，社会交往或赴宴，健身锻炼，看电影戏剧、棋牌、唱歌等文化娱乐，补觉和业余培训等 10 种。在控制变量方面，问卷设置了性别、年龄、居住地、受教育程度、婚姻状况、职业和收入水平等人口统计学变量，样本所在区域的人均 GDP、产业结构和所在城市级别作为地区控制变量。

（二）闲暇时间配置模式的潜在类别确定

1. 样本基本信息

因本章重在研究闲暇时间配置对个体劳动生产率的影响，故而将年龄在 18 岁以下的未成年人和 60 岁以上的老年人样本删除，同时将离退休人员、在校学生、无固定工作和未签订劳动合同的样本也排除在研究范围之外，样本的描述性统计信息见表 7-1。

---

① 与 2015 年全国 1%人口抽样调查、2017 年中国家庭金融调查（CHFS）和 2018 年中国家庭追踪调查（CFPS）三个具有代表性的微观数据对比来看，本研究所用调查样本在性别、年龄、受教育程度和居住地等方面的构成比例基本一致，说明本研究所用数据具有较好的代表性。

表 7-1 变量描述性统计

变量	变量说明	样本量	均值	标准差	极小值	极大值
性别	二分变量：男为 0，女为 1	62714	1.38	0.49	1	2
年龄	调查对象的年龄，为分类变量	52211	2.65	0.96	1	5
受教育程度	用样本的受教育程度来衡量	64984	2.60	0.90	1	6
婚姻状况	分为未婚、已婚、离异和丧偶	64524	2.64	0.81	1	5
居住地	二分变量：0 为城市，1 为农村	62095	1.29	0.45	1	2
职业	调查对象所从事的工作	64131	3.86	2.49	1	10
收入水平	个体的工资收入水平	64654	3.21	1.47	1	10
闲暇时间	个体日均闲暇时间	69444	2.69	1.28	0.5	4.5
区域	分为东、中、西部和东北地区	69444	2.25	1.23	1	4
ln 人均 GDP	所在城市的人均 GDP 的对数	66524	1.88	0.57	0.39	3.05
产业结构	所在城市三产与二产比值	66050	1/59	0.94	0.31	5.16
城市级别	分为直辖市、省会和一般地市	64524	2.24	1.22	1	3

资料来源：《2019~2020 中国经济生活大调查》。

2. 休闲模式的潜在类别确定

为了确认个体闲暇时间配置模式的最佳潜在类别，我们利用潜在类别分析法分别评估了潜在分类数量为 1~5 的适配参数。由表 7-2 的评估结果可知，随着潜在类别数量的增加，最大似然估计值、赤池信息标准（AIC）和贝叶斯信息准则（BIC）的数值呈现先减小、后增加的趋势。故而，我们认为将个体的闲暇时间配置模式分为四类是合适的，因为此时 AIC、BIC 的参数最小，且 Likelihood-ratio（G^2）的检验结果也较为显著（Goodman，2002；Nylund 等，2007）。因此，本研究考虑将所有个体的休闲行为模式分为四种，暂时分别命名为 C1、C2、C3 和 C4。表 7-2 的结果展示了不同潜在类别间的个体所属情况：当最佳潜在分类数量确定为四种时，所占份额分别为：18.12%（C1）、24.13%（C2）、12.08%（C3）和 45.67%（C4）。

3. 不同闲暇时间配置模式的休闲行为分析

为了进一步对比不同闲暇时间配置模式（即不同潜在类别）中休闲行为的差异，我们计算出各种休闲模式潜在类别在各单项休闲行为中的平均得分值。作为比较，我们在表 7-3 第二列列出了个体单项休闲行为的平均值。

表 7-2　居民休闲行为潜在类别分析的各项指标对比

类别数量	Log-likelihood	AIC	BIC	LRT	类别概率
1	-312807.73	625633.46	625714.73	0.00	100
2	-307988.74	616013.48	616176.02	0.00	67.88/32.12
3	-302618.52	605293.04	605545.88	0.00	18.12/36.21/45.67
4	-299098.34	598270.68	598604.79	0.00	18.12/24.13/12.08/45.67
5	-296868.7	603833.40	604266.83	0.00	16.41/24.13/13.79/31.36/14.31

注：样本量 n = 61691。

表 7-3　四种闲暇时间配置模式的休闲行为单因素方差分析

休闲行为	样本均值	C1	C2	C3	C4	Prob>F
业余培训	0.10(0.30)	0.02(0.14)	0.08(0.27)	0.14(0.35)	0.13(0.34)	0.00
手机上网	0.54(0.49)	1.00(0.00)	1.00(0.00)	1.00(0.00)	0.00(0.00)	0.00
健身锻炼	0.32(0.46)	0.09(0.29)	0.00(0.00)	1.00(0.00)	0.40(0.49)	0.00
电脑上网	0.43(0.49)	0.40(0.49)	0.50(0.49)	0.43(0.49)	0.40(0.49)	0.00
看电影戏剧、棋牌、唱歌等文化娱乐	0.25(0.43)	0.09(0.29)	0.25(0.43)	0.12(0.32)	0.34(0.47)	0.00
看电视	0.37(0.48)	1.00(0.00)	0.00(0.00)	0.00(0.00)	0.42(0.49)	0.00
社会交往或赴宴	0.24(0.42)	0.06(0.25)	0.23(0.42)	0.37(0.26)	0.35(0.47)	0.00
补觉	0.21(0.41)	0.13(0.34)	0.23(0.42)	0.06(0.24)	0.27(0.44)	0.00
购物	0.24(0.42)	0.10(0.30)	0.29(0.45)	0.07(0.25)	0.31(0.46)	0.00
阅读	0.25(0.43)	0.07(0.25)	0.37(0.48)	0.07(0.26)	0.31(0.46)	0.00

注：以上为四种休闲模式在单项休闲活动中的得分均值，括号内为标准差。
资料来源：《2019~2020中国经济生活大调查》。

　　四种闲暇时间配置模式的休闲行为单因素方差分析结果显示，不同休闲模式之间的休闲活动选择差异在统计上显著成立（Prob>F = 0）。为了更加清晰地对比不同闲暇时间配置模式在休闲活动选择上的差异，我们模拟出四种潜在类别的休闲行为图谱（见图7-1至图7-4）。

　　C1类别占总体样本的比例为18.12%。该群体休闲活动的突出特点是热衷于手机上网、看电视和电脑上网等静态自我的休闲活动，而在健身锻炼，社会交往或赴宴，看电影戏剧、棋牌、唱歌等文化娱乐，业余培训和阅读等

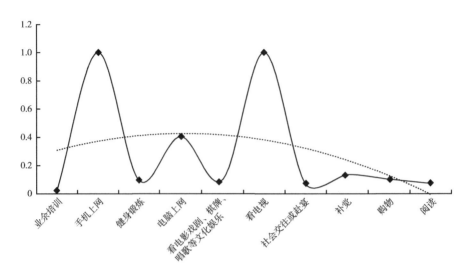

图 7-1　静态自我型（C1）

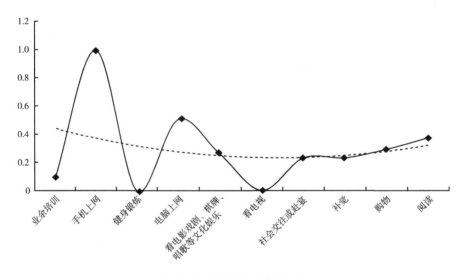

图 7-2　网络学习型（C2）

活动方面的参与率低。因该群体偏好的休闲活动以静态自我为主，对运动类、社交类和艺术类活动表现出明显的背离倾向，所以我们将其命名为"静态自我型"。

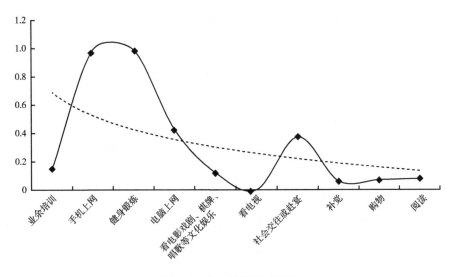

图 7-3　社交运动型（C3）

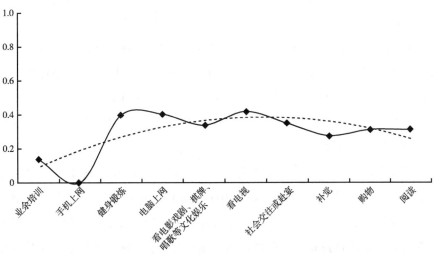

图 7-4　休闲全能型（C4）

　　C2 类别占总体样本的比例为 24.13％。在对各单项休闲活动的选择偏好中，C2 类别群体的特点是对手机上网、电脑上网和阅读等休闲活动的选择频率高，而对健身锻炼和看电视这两项休闲活动的选择频率较低。与 C1 组群不同之处在于,虽然 C2 组群也具有偏爱用电脑、手机上网的休闲特征,但结合这类群体不爱看电视的特点,我们将 C2 命名为"网络学习型"。

C3 类别在样本中所占的比例最低,仅为 12.08%。该组群的休闲活动在手机上网、电脑上网、健身锻炼和社会交往或赴宴上表现突出,而对看电视、补觉等休闲活动的选择意愿较低。因该潜在类别个体热衷的休闲活动多以运动休闲类和与人互动的社会交往类为主,因此我们将 C3 命名为"社交运动型"。

对于所占份额最大的类别 C4(45.67%)来讲,除了不爱用手机上网以外,该群体在其他 9 种单项休闲活动上的选择较为平均,且都高于样本在该项休闲活动上的平均值。因此,我们将该群体命名为"休闲全能型"。

4. 不同闲暇时间配置模式间劳动生产率差异分析

在潜在类别分析的基础上,我们进一步分析了不同休闲行为模式在劳动生产率上的差异。由表 7-4 的方差分析可知,不同潜在类别间的生产率存在显著性差异(Prob>F = 0)。其中,"社交运动型"个体的生产率最高,"休闲全能型"次之,"网络学习型"排第三,而"静态自我型"的效率最低。李仲广(2005)认为休闲活动兼具消费和生产两种属性,当休闲内容选择有助于提高个体生产率和劳动素质时,休闲具有生产属性。由上文分析可知,"社交运动型"个体积极参与体育健身和社会交往类活动,运动健身不仅可以缓解消极情绪,还有助于提高人力资本的健康维度,而社会交往活动则是社会资本积累不可或缺的投入要素,因而"社交运动型"个体的生产率往往较高。刘一鸣、王艺明(2018)对私营企业家时间配置和创新绩效的研究佐证了这一观点:企业家在对外公关、招待等活动上的时间配置对企业的创新研发起到显著的促进作用。相比之下,"静态自我型"个体多偏爱上网玩游戏、看电视等消极、静态的休闲活动,且较少参与到与人交流的文化娱乐或社会交往等休闲活动中,而上网玩游戏、看电视等活动又无法为个体的人力资本或社会资本积累提供有益帮助。所以,"静态自我型"个体的生产率普遍较低。

表 7-4 不同闲暇时间配置模式个体的劳动生产率比较

休闲模式潜在类别	均值	标准差
静态自我型	2.493	1.469
网络学习型	2.614	1.654
休闲全能型	2.633	1.672
社交运动型	2.683	1.698

来源	SS	df	MS	F	Prob>F
组间	208.752	3	69.584	25.98	0.0000
组内	164215.352	61321	2.677		

资料来源：《2019~2020 中国经济生活大调查》。

(三)计量结果、作用机制及稳健性和内生性检验

1. 变量设定

虽然前文已就不同闲暇时间配置模式与个体劳动生产率的关系做过对比分析，但其分析过程没有考虑到个体受教育程度、年龄、性别、职业等控制变量的影响。因此，为了剥离上述因素对劳动生产率的影响，本章所选取的代理变量如下。

因变量 y：年收入水平等级；自变量 x：不同闲暇时间配置模式。由上文潜在类别分析的模拟结果可知，样本被分为四种不同的闲暇时间配置模式，分别是："静态自我型"、"网络学习型"、"休闲全能型"和"社交运动型"。魏翔、吕腾捷（2018）指出，积极的休闲活动对个体的人力资本积累与行为绩效具有明显的互补效应。进一步地，有实证分析表明：社交运动型、艺术创意型等积极的休闲活动可以显著提高个体工作绩效，而经常参与静态自我型休闲活动个体的工作绩效最低（Bloom 等，2018）。如前文所述，我们按照休闲活动的价值大小将四种闲暇时间配置模式转化为即时满足和延迟满足两类。其中，"静态自我型"和"网络学习型"属于即时满足类休闲活动，而"休闲全能型"和"社交运动型"属于延迟满足类休闲活动。按照二分变量的处理方式，令即时满足类休闲活动=0、延迟满足类休闲活动=1。当然，由休闲活动的分类标准可知，延迟满足类休闲活动更能促进个体劳动生产率提高（Bloom 等，2018；许玲丽等，2017）。

在控制变量方面，首先要纳入的影响因素是闲暇时间，因为不同的闲暇时间将导致不同的闲暇时间配置模式。其次是人口统计学特征。因劳动力市场广泛存在的性别歧视、户籍歧视、人力资本不同和职业割据等因素造成的工资差异，因此应将性别、年龄、受教育程度、职业和户籍等人口统计学因素纳入回归方程。除此之外，考虑到婚姻状况是分析家庭问题的必要维度，而且有研究也表明婚姻是影响男性工资水平的重要变量（王智波、李长洪，2016），本章也将婚姻状况列入控制变量之中。鉴于劳动生产率存在的区域性差异，我们构建地区人均 GDP 的对数、产业结构和城市级别作为区域经济发展水平的代理变量。

2. 基准回归结果分析

基于因变量收入水平为 1~10 的有序多值响应选项，本章选择多元有序逻辑回归（Odered Probit，OP）为主回归分析方程。根据 OP 模型的基本假定，本章将闲暇时间配置模式对劳动生产率影响的基本方程设定为：

$$Y_{it} = \alpha_{it} X_{it} + \beta_{it} L_{it} + \mu_{it} D_{it} + T_{it} + \varepsilon_{it} \tag{7-1-1}$$

其中，Y 为劳动生产率，i 为个体，t 为时间，X 为解释变量闲暇时间配置模式，L 为闲暇时间，D 为人口统计学特征，T 为区域经济发展水平，ε_{it} 为概率分布函数。作为对比，截面回归的分析结果作为基准回归也列在表7-5中。

表 7-5　回归分析结果

变量	基准回归方程		Odered Probit 回归	
	模型（1）		模型（2）	
	截面系数	标准差	概率系数	标准差
闲暇时间配置模式	0.031 **	0.006	0.049 ***	0.007
闲暇时间	0.104 ***	0.014	0.126 ***	0.005
性别	-0.147 ***	0.014	-0.174 ***	0.016
年龄	0.162 ***	0.011	0.258 ***	0.013
受教育程度	0.583 ***	0.007	0.769 ***	0.010
职业	-0.053 ***	0.004	-0.082 ***	0.004
户籍	-0.124 ***	0.015	-0.188 ***	0.018
婚姻状况	0.139 ***	0.009	0.242 ***	0.012

变量	基准回归方程 模型（1）		Odered Probit 回归 模型（2）	
	截面系数	标准差	概率系数	标准差
住房状况	-0.140***	0.006	-0.135***	0.007
ln 人均 GDP	0.601***	0.008	0.658***	0.218
产业结构	0.006	0.004	0.002	0.017
区域	-0.014***	0.003	-0.019***	0.006
城市级别	0.043***	0.005	0.069***	0.016
_cons	0.777	0.031		
N	32849			32849
Prob>F	0.0000			
Adj R-squared	0.1919			
Prob>chi^2				0.0000
Pseudo R^2				0.029

注：*、**、***分别表示 T 统计量在 10%、5% 和 1% 的显著水平上统计显著。

资料来源：《2019~2020 中国经济生活大调查》。

从模型 1 的普通最小二乘（OLS）估计来看，当控制人口统计学和区域变量以后，闲暇时间配置模式对个体劳动生产率的促进作用显著。这意味着，当个体的闲暇时间配置模式由即时满足类向延迟满足类转变，个体的劳动生产率得到显著提高。模型 2 多元有序逻辑回归（OP）的评估结果显示，闲暇时间配置模式核心变量和地方经济发展水平、性别、年龄、受教育程度、职业、户籍等控制变量对个体劳动生产率的影响与基准回归方程完全一致，这表明本研究的回归结果稳健、可信，下文主要以多元有序逻辑回归模型的评估结果进行分析。

首先，个体闲暇时间配置模式与劳动生产率的关系得到验证。模型 2 的评估结果显示，闲暇时间配置潜在类别对劳动生产率的影响系数为 0.035>0，且在 10% 的水平上通过显著性检验。这表明，随着个体的休闲模式从静态消极、质量水平较低的"静态自我型"向积极健康、闲暇品质较高的"社交运动型"转变，个体劳动生产率的提高是大概率事件。与以往大多数研究休闲行为和工作绩效的文献相比，本研究的一个改进在于摒弃了单变量（VOA）休闲行为的分析传统，采用了以人为导向（POA）的多变量休闲行为联合分析方法。这不仅能够提供更多行为人的休闲行为信息，还提高了研究结论的稳健性和有效性。

当然，这并不意味着经常参加体育锻炼和社交应酬活动的个体劳动生产率就会提高，也不是说经常看电视、用手机/电脑上网的个体的工作绩效就会降低。因为多变量休闲行为联合分析所关注的重点是个体的综合行为特征，"社交运动型"个体不仅经常参加运动健身、社会交往等休闲活动，并且还必须同时具备用手机上网等特征；而"静态自我型"休闲模式不仅要求个体在闲暇时间内具备经常看电视、用手机/电脑上网的特征，还须同时具有较少地参与业余培训、社会交往和阅读等休闲活动的特点。本章的研究结论为尝试打开如何玩的"价值黑箱"提供了一种有益探索：个体在有效的闲暇时间内，应减少在看电视、用电脑或手机看视频与玩游戏等仅能给个体带来"即时满足"休闲活动上的时间安排，而应该增加运动健身、阅读、学习、业余培训、社会交往等"延迟满足"类休闲活动上的时间配置。

其次，在控制变量方面，人口统计学特征对劳动生产率的影响与国内外学者的研究较为一致。性别、户籍和职业上的影响系数显著为负，再一次为劳动力市场上存在的性别歧视、户籍差异和职业分割增加新的研究证据。年龄、受教育程度对劳动生产率的影响系数显著为正，说明工作经验增加和人力资本质量提高可以有效促进个体的工作效率提升。

3. 稳健性和内生性检验

（1）稳健性检验

现场研究。为了检验本章结论的稳健性，本部分采用实地调研的方式予以补充验证。具体做法为：首先，选取一家企业中的 80 名流水线工人作为研究对象，采用现场研究（Field Research）的方法对员工的时间配置、工作效率进行观察和记录；其次，对招募的 18 名科研志愿者进行时间日志记录的专业培训；最后，现场配备专业的老师进行指导，每名志愿者负责记录

4~5 名员工的时间配置情况，每 10 分钟观察记录一次，连续记录 9 天。因变量为员工的日工作量[①]，核心自变量为闲暇时间和闲暇时间配置潜在类别，控制变量为性别、年龄、受教育程度等人口统计学特征。表 7-6 模型 3 的评估结论表明，随着闲暇时间配置模式从即时满足类向延迟满足类转变，其劳动生产率提高的概率增加 26%。

替换数据库。为了进一步验证研究结果的稳健性，本章用《2017~2018 中国经济生活大调查》的数据对研究假设进行验证（见表 7-6）。模型 4 的结果表明，闲暇时间配置模式对个体劳动生产率的作用依然显著。

表 7-6　稳健性检验

变量	Odered Probit 回归		Odered Probit 回归	
	模型 3		模型 4	
	现场研究		《2017~2018 中国经济生活大调查》	
	概率系数	标准差	概率系数	标准差
闲暇时间配置模式	0.264 ***	0.068	0.049 ***	0.007
闲暇时间	0.049 ***	0.017	0.126 ***	0.004
其他控制变量	Yes		Yes	
N	685		23352	
Prob>chi^2	0.000		0.0000	
Pseudo R^2	0.044		0.0663	

注：*、**、*** 分别表示 T 统计量在 10%、5% 和 1% 的显著水平上统计显著。

资料来源：模型 3 数据来源于现场研究，模型 4 数据来源《2017~2018 中国经济生活大调查》。

（2）内生性克服

因果关系识别需满足两个基本条件：一是准确可靠的数据支持，二是克服遗漏变量、样本自选择和反向因果关系造成的干扰（陈帅、张丹丹，2020）。在本研究中，除了遗漏重要变量和样本自选择问题，闲暇时间配置对个体劳动生产率的影响评估还面临反向因果关系问题，即劳动生产率较高

---

① 流水线员工的工资收入为计件制，因而每天的工作量可以作为劳动生产率的代理变量。

个体在日常生活中往往将更多的闲暇时间配置在延迟满足类休闲活动上。因此，为了有效识别闲暇时间配置对劳动生产率的影响，应首先检验和克服内生性问题。

内生性检验。对评估方程进行 Hausman 检验的结果显示，$\chi^2(1) = 59.13$，Prob$> \chi^2 = 0.0000$。这表明，在 1% 显著水平上拒绝所有解释变量为外生的原假设，核心解释变量闲暇时间配置模式的内生性存在。异方差稳健性的杜宾－吴－豪斯曼检验（DWH）也表明，评估方程存在严重的内生性问题。

样本偏误问题。微观调查在收集数据的过程中，往往只能收集到那些愿意接受调查的样本信息，而对那些拒绝回答或仅提供部分信息的样本知之甚少，这不仅容易导致数据中的截断问题，那些不可观测的样本信息也未必满足与可观测样本数据同分布的研究假定，这就是调查数据的"选择性样本"问题（Heckman，1974）。因此，本部分采用 Heckman（1979）两步法来解决样本的选择性偏误问题。

第一步，构建闲暇时间配置潜在类别对劳动生产率影响的主评估方程：

$$家庭收入水平 = \alpha_{it} 闲暇时间配置潜在类别 + \beta_{it} 闲暇时间 + \gamma_{it} 人口统计学变量 + \varepsilon_{it} \qquad (7-1-2)$$

第二步，构建样本受限的多元有序选择模型：

由于家庭收入由个人收入组成，且个人收入的影响因素与家庭收入类似。因此，本章构建的样本受限选择方程为：

$$个人收入水平 = \beta_{it} 闲暇时间 + \gamma_{it} 人口统计学变量 + \varepsilon_{it} \qquad (7-1-3)$$

由表 7-7 的结果可知，各变量的评估系数符号与模型 2 完全一致。逆米尔斯比（rho）结果为 0.251，大于 0，表明存在样本自选择问题，而 sigma 值为 1.459，大于 1，表明 Heckman 两步法较好解决了样本的选择性偏误问题。

表 7-7　Heckman 两步法样本选择模型

变量	评估方程(one step) 模型 5		选择方程(two step) 模型 6	
	概率系数	标准差	概率系数	标准差
闲暇时间配置模式	0.004 ***	0.008	—	—
性别	-0.171 ***	0.019	0.020 ***	0.025
年龄	0.054 ***	0.021	0.105 ***	0.019
受教育程度	0.367 ***	0.019	0.251 ***	0.015
职业	0.037 ***	0.005	0.057 ***	0.006
户籍	-0.202 ***	0.021	0.043 ***	0.023
婚姻状况	0.072 ***	0.018	0.169 ***	0.017
闲暇时间	0.081 ***	0.007	0.012 ***	0.009
人均 GDP	0.503 ***	0.023	0.306 ***	0.028
_cons	2.187	0.140	0.168	0.041
N	25456			
Wald chi^2(8)	1637.23			
Prob>chi^2	0.000			
lambda				0.365
Rho				0.251
Sigma				1.459

注：*、**、*** 分别表示 T 统计量在 10%、5% 和 1% 的显著水平上统计显著。
资料来源：《2019~2020 中国经济生活大调查》。

（3）工具变量法

休闲设施数量。从休闲制约的客观条件来看，个体的闲暇时间配置模式由闲暇时间、收入水平和周边休闲设施决定。由上文分析可知，个体的闲暇时间配置模式被分为即时满足和延迟满足两类。当个体的闲暇时间水平确定的情况下，闲暇时间配置模式主要由居民周边的休闲设施确定。因为无论是阅读、运动、学习等延迟满足类休闲活动，还是看电视、上网玩游戏、智能手机娱乐休闲等即时满足类休闲活动，都与个体的收入水平关系不大。为此，我们选取个体所在城市的图书馆、博物馆、体育场、文化艺术馆和公共文化服务站等与学习、运动、艺术欣赏等相关的延迟满足类休闲设施数量来作为闲暇时间配置模式的工具变量。一方面，这类休闲设施的数量与延迟满足类休闲活动相关；另一方面，此类休闲活动设施与个体的劳动生产率无关。对休闲设施工具变量的有效性检验表明，Kleibergen-Paap rk LM 统计量的 p 值为 0.000，强烈拒绝不可识别检验；弱工具变量也在 5% 的水平上通过沃德检验，表明可以拒绝"弱工具变量"的原假设。表 7-8 模型 7 的估计结果显示，在克服内生性后，闲暇时间配置模式对个体劳动生产率的作用依然显著。

平均值法。鉴于闲暇时间配置模式与个体劳动生产率之间存在的反向因果关系，我们借鉴尹志超和张诚（2019）的处理方法，用个体所在区域潜在类别的平均值作为个体闲暇时间配置模式的工具变量，因为个体的休闲行为受当地的文化习俗和休闲设施的影响较为明显（Lynn，2006），所以同一区域内的个体休闲行为具有较大的相似性。具体做法为：

$$latentclass_{it} = latentclass_{st} + C_{it} + V_{it} \qquad (7-1-4)$$

其中 i 为个体，t 为时间，s 为地区（市级层面），C_{it} 为个体性格，表征个体的休闲行为偏好，而 V_{it} 为随机扰动项。根据贝克尔的家庭时间配置理论可知，男女在时间配置方面存在较大不同。因此，我们选取同一城市、相同性别个体潜在类别的均值作为个体闲暇时间配置模式的工具变量。模型 8 的结果显示，克服内生性以后，闲暇时间配置模式对劳动生产率的作用效果和显著性保持不变。

表 7-8　内生性克服

变量	IV Odered Probit(周边休闲设施)		IV Odered Probit(平均值法)	
	模型 7		模型 8	
	概率系数	标准差	概率系数	标准差
闲暇时间配置模式	0.001 ***	0.000	0.010 ***	0.006
闲暇时间	0.145 ***	0.004	0.078 ***	0.004
其他控制变量	Yes		Yes	
N	32849		23842	
Prob>chi²	0.0000		0.000	
Pseudo R²	0.0314		0.044	

注：*、**、*** 分别表示 T 统计量在 10%、5% 和 1% 的显著水平上统计显著。
资料来源：《2019~2020 中国经济生活大调查》。

（四）作用机制分析

由表7-4至表7-8的分析可知，不同闲暇时间配置模式对个体劳动生产率产生了显著差异：将更多闲暇时间配置在运动健身、社会交往、阅读等延迟满足类休闲活动上的个体劳动生产率往往较高，而在看电视、用手机和电脑玩游戏上花费更多时间个体的劳动生产率则相对偏低。从上文的分析可知，我们已将众多的休闲活动划分为两类：一类是能带来"即时满足"的休闲活动，如看电视、手机上网看视频、玩游戏等消极活动，这些活动的突出特征是不需要个体花费很多的精力和体力，却能收获"即时"快乐；另一类是能给个体带来"延迟满足"的休闲活动，如运动健身、社会交往、业余培训或阅读等积极有益的活动，这些活动的特征是需要个体花费大量的时间和体力，可以使个体在未来获得更大收益。

本研究的实证分析表明，与"即时满足"类休闲模式相比，"延迟满足"类休闲模式更能促进个体劳动生产率的提高，其内在的作用机制是：人力资本积累是时间配置的结果（Lucas，1988），将时间配置在"延迟满足"类休闲活动中，能通过提升人力资本质量来促进劳动生产率提高。因为积极的休闲活动不仅有助于体力恢复、保持身心健康，还有助于知识的增进和个人素质的提高（于光远，2002；Gunter，1987）。

为了验证人力资本在闲暇时间配置模式对劳动生产率产生作用中的中介效应，本研究构建人力资本的中介效应模型予以验证。具体地，闲暇时间配置模式（X）可能通过提高人力资本质量（M）这一中介变量来影响个体劳动生产率（Y），可用公式表达为：

$$Y = c \times X + e1 \tag{7-1-5}$$
$$M = a \times X + e2 \tag{7-1-6}$$
$$Y = c' \times X + b \times M + e3 \tag{7-1-7}$$

其中，闲暇时间配置模式（X）对个体劳动生产率（Y）的总效应是c；人力资本质量（M）对个体劳动生产率（Y）的中介效应为$a \times b$或$c-c'$；而闲暇时间配置模式（X）对个体劳动生产率（Y）的直接效应为c'，$e1$、$e2$和$e3$为其他变量和误差项。

由表 7-9 模型 9 至模型 11 的结果可知，闲暇时间配置模式（X）对中介变量人力资本质量（M）的作用显著为正，且加入闲暇时间配置模式（X）和人力资本质量（M）后，其系数依然显著为正，这说明闲暇时间配置模式经人力资本而作用于劳动生产率的中介效应得到验证，中介效应为 $a \times b = 0.145 \times 0.769 = 0.112$。经过更换估计策略的 OP 检验也表明，闲暇时间配置模式通过人力资本的中介传导而作用于个体劳动生产率的研究结论较为稳健。

表 7-9　闲暇时间配置模式对劳动生产率的作用机制分析

变量	Odered Probit 回归			Odered Probit 回归		
	模型（9）	模型（10）	模型（11）	模型（12）	模型（13）	模型（14）
	劳动生产率	受教育程度	劳动生产率	劳动生产率	受教育程度	劳动生产率
闲暇时间	0.165 ***	0.145 ***	0.049 ***	0.367 ***	0.103 ***	0.029 ***
配置模式	（0.009）	（0.014）	（0.007）	（0.007）	（0.012）	（0.009）
受教育程度			0.769 ***			0.376 ***
			（0.010）			（0.007）
闲暇时间	0.158 ***	0.132 ***	0.126 ***	0.143 ***	0.027 ***	0.151 ***
	（0.008）	（0.006）	（0.005）	（0.005）	（0.004）	（0.005）
控制变量	Yes	Yes	Yes	Yes	Yes	Yes
N	32972	33075	32849	33075	33075	32972
Prob>chi^2	0.0000	0.0000	0.0000	0.0000	0.0000	0.0000
Pseudo R^2	0.032	0.040	0.029	0.037	0.037	0.031

注：＊、＊＊、＊＊＊分别表示 T 统计量在 10%、5% 和 1% 的显著水平上统计显著，括号内为标准差。
资料来源：《2019～2020 中国经济生活大调查》。

（五）研究结论

本部分在对个体闲暇时间配置进行潜在类别分析的基础上，探讨了个体闲暇时间配置模式与劳动生产率之间的影响关系，并进一步验证了两者的作用机制。基本结论如下。第一，对个体整日内所有休闲活动选择进行的联合分析表明，闲暇时间配置模式可以分为"静态自我型"、"网络学习型"、"休闲全能型"和"社交运动型"四种，样本所占份额分别为：

18.12%、24.13%、45.67%和12.08%。第二，同时具备经常参与运动健身、社交活动和手机上网等休闲活动特征的"社交运动型"个体劳动生产率最高，而偏好联合选择看电视、用手机上网且很少参与体育健身和社交活动的"静态自我型"个体劳动生产率最低。研究表明，当个体的闲暇时间配置模式由即时满足类向延迟满足类转变时，个体劳动生产率提高的概率大幅增加。第三，人力资本是闲暇时间配置对个体劳动生产率产生作用的中介变量。当个体将闲暇时间配置在"休闲全能型"和"社交运动型"等延迟满足类休闲活动中时，其能通过提升人力资本质量来促进个体劳动生产率的提高。

本部分的政策启示在于，首先，提高居民对休闲活动的价值认知。积极健康的休闲活动不仅能促进身心健康，还可以通过提高人力资本质量来促进劳动生产率提高，因而，个体应选择积极健康的闲暇时间配置模式。为此，在闲暇时间的配置上，个体应多向运动健身、社会交往、阅读学习等延迟满足类休闲活动上倾斜。与此同时，应适当减少在看电视、用手机上网玩游戏等即时满足类活动上的时间配置。其次，企业应该在办公场所设置休闲活动设施。企业主可以在办公场所为员工设置一些运动健身或艺术欣赏类的休闲设施，员工在工作闲暇时间内得到充分的休息和放松，可以有效促进个体工作绩效提高，从而最终提高企业收益。再次，政府应加大对休闲设施的支持力度。居民在闲暇时间内的配置模式很大程度上取决于周边配套的休闲娱乐设施，因此，政府应加大对体育场馆、健身俱乐部、运动广场、便民图书馆和博物馆、艺术馆等休闲场所的支持力度，在提高个体休闲品质的同时也有助于改善居民的生活质量。最后，教育部门应加强对青少年的休闲教育。心理学研究表明，对人类早期进行积极干预可以修正神经回路结构，进而改善人类性格。因此，在青少年时期加强对个体的休闲教育，有助于个体良好行为习惯的养成。在课程设置上，教育部门应增加休闲教育的相关内容，引导青少年养成积极健康的休闲模式。

第二节　现场案例补充研究

一　案例研究背景

（一）研究背景

工作和生活是个体日常活动中紧密相连的两大领域。因此，工作、生活两者之间的关系（冲突、均衡和促进）对工作绩效的影响就成为近年来国内外管理学者和心理学者共同关注的重要问题。作为个体时间配置的重要组成部分，工作间和工作后的休闲活动对工作绩效的影响也就成为研究者日益关注的新兴话题（魏翔、李伟，2015；Bloom 等，2018）。特别是随着劳动生产率的不断提高和物质生活水平的持续改善，居民的可支配自由时间会进一步增加，如何配置闲暇时间从而使生活更加美好和工作更有激情是一个摆在人们面前亟待解决的社会问题。正如于光远（2002）所言，玩是一种文化，有文化的休闲不仅能够调节生活节奏、放松身心，还可以增进个人知识、提高劳动者个人素质和提升工作效率。为此，探讨个体在闲暇时间内的休闲参与对工作绩效的影响是一个非常值得我们研究的有趣问题。

在实证层面上，已有学者对休闲参与对个体工作绩效的影响做过有益探索。早期学者主要围绕休闲活动能有效减轻个体的工作压力、提高生活和工作满意度、放松身心和缓解慢性疾病等展开，而且也取得了在管理学、心理学、医学和社会学上的数据支持（Geurts 和 Sonnentag，2006）。魏翔和李伟（2015）从个体微观层面研究了生活时间对工作绩效的影响方式，他们发现积极的生活方式可以有效促进个体工作绩效提升。与之相对应，有学者从企业层面上研究企业家的时间配置对企业创新绩效的影响，结果表明：在接待、公关等休闲社交非生产性活动上的时间配置有效促进了企业的研发创新活动效率（刘一鸣、王艺明，2018）。与以往研究休闲参与对工作的线性影响不同，谢雅萍等（2018）认为二者之间的关系是可为正、亦可为负的倒"U"形关系，非工作领域的休闲参与对工作状态的影响是弹性变化的，关键在于休闲参与的方式和活动选择：带有计划性、学习性和坚持属性的深度休闲参与更能促进个体的自我满足。

可见，休闲参与对工作绩效的影响在一定程度上已经取得部分学者的认同，并且认为休闲参与的方式和内容选择是作用效果的关键。然而，让人遗憾的是，休闲参与对工作绩效的影响结论还远未取得学者们的一致认同（Bloom 等，2018）。因为大量的实证分析在研究休闲参与与工作绩效的关系时得到了不甚相同甚至完全相反的研究结论（Feuerhahn 等，2014）。实际上，除了运动型休闲活动可以有效消除工作压力和缓解抑郁倾向的结论以外，其他的研究证据还存在较大争议。原因在于，一是学者们忽略了休闲参与的动态变化属性。以往的学者在实证分析中多采用单变量的分析方法，因此研究休闲参与与工作绩效的关系时，研究结论较为依赖调查数据的时间节点和个体休闲活动的随机选择。二是大部分学者没有将个体休闲偏好的异质性考虑在内。以往的研究将个体的休闲偏好做同质性假设，即认为所有个体的休闲模式和活动选择不存在显著性差异。而国外的大量研究显示，个体的休闲偏好不仅在性别、种族和消费阶层上表现出显著的差异（Shinew 等，1995；Barnett，2006），而且在同一群体内部，不同个体对团体社交性活动和独处性自我活动等休闲偏好模式也表现出较大差异（De Bruyn 和 Cillessen，2008）。

基于此，我们在已有研究的基础上，将个体休闲偏好异质性纳入分析框架之中，并对个体的所有休闲活动进行联合分析。

（二）作用机制分析

1. 休闲参与对经济产出的替代效应

在以劳动力供给为生产函数重要议题的分析框架下，休闲参与对经济产出的替代效应一直是学者们的传统分析模式。因为休闲时间的增加意味着劳动力供给数量的下降，对于以资本 K 和劳动力供给 L 为最终产出的古典经济学来说，休闲作为劳动参与的替代品和机会成本进入分析模型，进而确定最优的休闲—工作安排（Pigou，1920；Knight，1921）。因此，休闲参与对经济产出的反比关系得到大量的研究和讨论：当个体更加偏好休闲而非工作时，人们的工作时间减少，进而劳动力供给水平下降，最终会导致均衡产出降低（Buchanan，1994）。

2. 休闲参与对消费者的福利增进效应

随着居民物质生活的日益丰富，休闲带来个体幸福感提升的正效应得到学者们的不断重视。特别是在有限时间的约束下，休闲时间带来的边际福利收益逐渐递增。当休闲进入消费者效用函数后，个体在经济产出最大和福利最优之间做选择：一方面，在劳动力供给层面上，休闲时间增加对生产存在一定程度的替代效应；另一方面，休闲也带来了消费者的正福利效应增进（Linder，1970）。Psarianos（2007）在 Lucas（1988）分析人力资本内生增长模型的基础上，将工作时间和休闲时间内生化处理，研究发现：当个体将休闲时间内生化后，稳态路径中的人均经济增长率降低了，这是因为个体愿意用经济增长率来换取更多的休闲时间，从而使自己的福利效应最大。

3. 休闲参与对经济产出的互补效应

休闲参与对经济产出的互补效应源自人们对休闲属性的重新认识。休闲具有消费和生产的双重属性，其对生产带来的具体收益取决于休闲性质和内容选择（李仲广，2005）。魏翔和虞义华（2011）对休闲和经济产出的互补关系进行了探索性的理论分析。他们认为休闲对经济产出的影响，除了传统的替代效应以外，因休闲具备的学习属性、社会属性和生产属性，从而能够给经济系统带来重要的互补效应。因此，积极、健康的休闲活动参与有益于经济长期增长的内在作用机理是：休闲活动不仅可以有效促进身体健康和提升教育效果，还可以通过积极健康的休闲活动促进人力资本等生产要素的增值和再生产（于光远，2002；王琪延、叶婷，2005；杜凤莲等，2018；Chen，2010；Michael，2010）。

4. 休闲参与对经济系统的综合净效应

鉴于休闲参与对经济产出和消费者福利的复杂、多重贡献，魏翔和庞世明（2012）认为在将休闲纳入模型分析框架时，应全面分析休闲对经济的综合效应：一方面，休闲时间增加产生的对有效劳动的替代或是进入效用函数的个体福利最优都会降低经济体的最优增长率；另一方面，休闲对产出的互补效应又会促进经济产出平稳增长。所以，休闲对经济的作用取决于综合净效应：当互补效应大于替代效应时，经济保持持续增长；若互补效应小于替代效应时，则经济最终趋于收敛。

（三）研究命题

基于上文休闲参与对工作绩效影响的文献述评和作用机制分析，我们得到以下四个研究命题。

命题1：休闲参与对工作绩效的影响机制为非线性关系。

由休闲参与对工作绩效的作用机制可知，在替代效应、福利增进效应、互补效应等多重力量的作用下，休闲参与对个体工作绩效的影响为可正、亦可负的非线性关系。

命题2：休闲参与的内容和性质对个体工作绩效的影响将产生显著性差异。

休闲参与是一把双刃剑，积极、健康的闲暇时间配置可以有效促进个体工作效率的提升，而消极、有害的休闲活动选择则对工作绩效有明显的抑制作用。

命题3：个体休闲参与模式存在显著的异质性偏好，休闲参与对工作绩效的影响因不同休闲模式偏好而出现差异。

所有个体的休闲模式偏好都是不同的，且存在显著的异质性差别。对具有不同休闲模式特征的群体来说，相同的休闲参与对个体的工作绩效将产生不同的影响。

命题4：在不同的行业或经济发展阶段，休闲参与对工作绩效的影响也会不同。

因个体所处的经济发展阶段或所属的行业不同，休闲参与对工作绩效的影响也会产生异质性差异。

二 案例设计

（一）研究设计

1. 研究方法

现场研究（Field Study or Field Research）是一种更加真实、自然收集数据的方法，它有别于实验室研究，是在实际的环境下综合运用观察、记录并结合访谈的研究方法。它的最大优势是数据收集真实、自然，可以有效避免实验室中被试提供信息失真或实验中对被试造成的心理干扰，而它的缺点是研究方法步骤复杂，准备周期长，且花费高。鉴于现场研究在行为经济学微观数据收集上的明显优势，这种方法非常适合研究个体闲暇时间配置与工作绩效的关系：可以对特定群体的日常时间配置情况进行观察和记录，然后与他们在工作中的绩效表现进行联合分析。

2. 问卷设计

本问卷共分为三个部分：第一部分为人口统计学特征，包含性别、受教育程度、年龄、婚姻状况、身高、体重、孩子数量和需要抚养人口数量；第二部分为个体工作绩效部分，包括月工资水平、厂龄、技能水平和标准工时；第三部分为闲暇时间配置。因本研究关注的闲暇时间为可以被自己自由支配的时间，因此，将工作时间、睡眠时间和通勤时间排除在外。具体包含娱乐时间（主要包括工人下班后的看电视、上网看电影或玩游戏、浏览微博等活动时间）、文艺时间（主要指下班后的听音乐、欣赏戏剧、练字、画画、阅读等活动时间）、康体时间（主要是指锻炼身体、健身等运动类活动时间）、社交时间（主要是指和同事、朋友参加聚会、谈生意或集体活动时间）、消极活动时间（主要是指打麻将、喝酒等不健康活动时间）、享受消费时间（主要是指购物、按摩等消费性活动时间）和家务时间（主要指照料儿童和老人、打扫卫生、买菜做饭等活动时间）。

3. 调研过程

（1）研究对象选取

由于不同行业和工作岗位的个体在时间配置上会出现显著性差异，因而本研究选取湖北一家制造业上市公司中同一车间的员工作为研究对象。为了进一步克服因不同工作环境、工作岗位造成的时间配置差异，我们选择同一班组的 80 名工人作为观察记录目标。

（2）实验过程

准备工作。本研究共招募 20 名在校大学生作为科研项目的志愿者，在进入现场收集数据之前，对志愿者进行正规的培训和项目说明。为了便于国际比较，本研究数据收集所使用的时间日志表为"美国时间使用调查"日志表。

数据收集。时间配置分为上班和下班两个部分：其中工人上班时间的时间配置由志愿者现场观察，每10分钟记录一次，每名志愿者负责5名工人。现场配备两名老师进行协调和解决数据记录中遇到的问题；下班后的时间配置则由工人根据时间日志记录法（Time Diary Method）自己填写或是第二天进行回忆记录；数据收集时间从2015年7月11日持续到7月19日，每天重复一次。

4. 数据处理

为了保证时间配置数据记录的客观和真实，数据收集采用匿名调查和双盲录入相结合的方式。为了排除偶发事件导致的时间配置模式失真，我们对连续9天观测点的各类休闲时间数据采取平均值处理。其中，对80名员工连续9天的观察和记录得到观测点720个，删除员工请假和其他无效样本点后，共得到有效样本点685个，其中各变量的含义和描述性统计信息见表7-10。

表7-10　样本描述性统计

变量	意义	观测值	均值	标准差	最小值	最大值
y_i	收入水平（元）	685	2647.9	738.4	1577.8	5337.2
sex	性别	685	1.63	0.50	1	2
education	受教育程度	685	3.59	0.51	2	4
age	年龄（岁）	685	32.27	6.75	18	48
Skill level	技能水平	685	1.02	1.11	0	3
Working life	厂龄（年）	685	23.81	12.21	1	30
Leisure time	闲暇时间（小时）	685	4.42	2.16	0.17	14.33
L1	娱乐时间（分钟）	685	118.26	113.00	0	670
L2	文艺时间（分钟）	685	12.80	62.09	0	770
L3	康体时间（分钟）	685	14.41	35.6	0	240
L4	社交时间（分钟）	685	27.23	63.46	0	750
L5	消极活动时间（分钟）	685	8.44	36.49	0	470
L6	享受消费时间（分钟）	685	19.80	53.88	0	500
L7	家务时间（分钟）	685	64.46	79.51	0	420

从总体样本的统计信息来看，员工月收入水平在 2650 元左右。因选取的部门为传统制造业的零部件加工，员工以中青年男性为主，男性占总样本的 63.07%，员工平均年龄为 32.27 岁；从受教育程度上来看，初中文化和高中文化程度占总体的比例为 98%；65% 的员工为初级技能水平，仅有 15% 的个体达到高技能水平；企业员工的忠诚度较高，平均厂龄为 23.81 年。员工日常的总闲暇时间为 4.42 小时，从休闲活动选择的配置情况来看：看电视、玩手机等娱乐时间（$L1$）和照料儿童、老人与做饭等的家务时间（$L7$）是个体闲暇时间配置的前两位，然后是外出聚会、吃饭等社交时间（$L4$）和购物、逛街等享受消费时间（$L6$）；排在第三层次的是参观博物馆、欣赏戏剧、阅读等文艺时间（$L2$）和运动、健身等康体时间（$L3$），而打麻将、扑克等消极娱乐活动时间（$L5$）最少。

（二）计量方法选择

1. 门限回归

虽然越来越多的学者认识到闲暇时间增加可以通过缓解工作疲劳、促进行为人在精神、意志方面的禀赋提高，进而提升人力资本质量而对经济效率产生积极效应（于光远，2002；王琪延、叶婷，2005；魏翔，虞义华，2011；Chen，2010；Michael，2010），但闲暇时间对经济产出的挤出和替代效应也提示我们：闲暇时间对经济效率的影响是非线性的，即在一定的范围内，闲暇时间增加有助于工作效率提高；但闲暇时间不可能无限制增加，当超过闲暇时间的最佳界限值时，闲暇时间对效率的负面影响将凸显。因而，本研究采用 Hansen（2000）提出的"门限回归"（threshold regression）对闲暇时间的门限值进行严格的统计推断。我们假设闲暇时间（l_i）为"门限变量"（threshold variable），则对应的门限回归方程为：

$$y_i = \beta_1 x_i + \varepsilon_i, l_i \leq \gamma$$
$$y_i = \beta_2 x_i + \varepsilon_i, l_i > \gamma \qquad (7-2-1)$$

其中，x_i 为方程解释变量，且与 ε_i 不相关。为了检验闲暇时间（l_i）是否存在"门限效应"（threshold effect），对应的原假设为：

$$H_0 : \beta_1 = \beta_2 \qquad (7-2-2)$$

2. 潜在剖面分析（LPA）

为了克服单变量研究方法（variable-oriented approach）在研究休闲活动选择与个体工作绩效关系中研究结论不一致的问题（Bloom 等，2018），本研究采用以人为导向的研究方法（person-oriented approach），将个体在日常生活中参与的各类休闲活动作为一个联合整体进行分析，即根据个体对各种休闲活动的闲暇时间配置情况划分为不同的休闲模式。本研究中对个体日常休闲活动的记录以分钟为单位，每 10 分钟记录一次，因而属于连续变量。故而，采用潜在剖面分析（Latent Profile Analysis，LPA）对记录的闲暇时间数据和个体工作绩效进行联合分析。

从方法学上来说，潜在剖面分析是把记录得到的个体闲暇时间配置数据作为外显变量，然后通过模型来探索外显数据背后个体休闲模式的潜在结构，进而确认休闲偏好的异质性存在。休闲模式作为潜在变量，其最佳的类别结构可以最大限度地解释外显变量的变异。假设个体的休闲活动选择有 N 种，休闲模式可以分为 T 个潜在类别，则个体在各项休闲活动上的时间配置作答概率被称为条件概率（conditional probabilities）；根据个体在不同类别上的条件概率分布情况，确定所有样本在不同潜在类别上的分布概率，称为类别概率（latent class probabilities）。因而，基于 Masyn（2013）对潜在剖面分析的研究，个体从属于每一个潜在休闲模式类别归属的概率为：

$$\Pr(C = 1) = \frac{e^{r_1}}{e^{r_1} + e^{r_2} + \cdots e^{r_t}}$$

$$\Pr(C = 2) = \frac{e^{r_2}}{e^{r_1} + e^{r_2} + \cdots e^{r_t}} \qquad (7-2-3)$$

$$\cdots\cdots$$

$$\Pr(C = T) = \frac{e^{r_t}}{e^{r_1} + e^{r_2} + \cdots e^{r_t}}$$

上式满足条件：$\Pr(C = 1) + \Pr(C = 2) + \cdots + \Pr(C = T) = 1$

（三）实证分析

1. 休闲参与对工作绩效的影响研究

为了探求个体休闲参与对工作绩效的影响关系，我们采用最小二乘法进行基准回归。其中，员工的月工资水平作为因变量工作绩效的代理变量，核心解释变量休闲参与采用闲暇时间为代理变量。考虑到性别、受教育程度、年龄、技能水平和工作经验对个体工作绩效的影响，选取上述变量作为控制变量。由表 7-11 的结果可知，与模型 1 相比，加入闲暇时间平方项（Leisure $time^2$）后，模型 2 的拟合程度更好。闲暇时间平方项在 1% 的水平上，通过显著性检验表明，休闲参与对工作绩效的影响呈现非线性关系。因闲暇时间的影响系数为 149.8>0，而闲暇时间平方项的作用系数为 -8.20<0，所以休闲参与与工作绩效呈现倒 "U" 形曲线：在一定范围内，随着闲暇时间的增加，个体的工作绩效也随之提高；当超过最佳闲暇时间节点以后，闲暇时间增加将会显著抑制个体工作绩效的提高。性别、受教育程度、年龄、技能水平和厂龄等控制变量对劳动生产率的影响与前人的研究结论较为一致，在此不再赘述。

表 7-11 员工日常休闲参与与工作绩效

变量	模型 1		模型 2	
	系数	标准差	系数	标准差
Leisure time	32.05252 ***	10.38065	149.8495 ***	36.36451
Leisure time^2			-8.198954 ***	2.434391
sex	-620.9804 ***	66.17176	-623.9658 ***	66.05488
education	126.0766 ***	39.06528	121.5317 ***	38.91587
age	22.84688 ***	3.963647	23.18132 ***	3.928898
Skill level	81.23951 ***	25.71564	79.30037 *	25.33619
Working life	8.284423 ***	25.71564	8.505556 ***	2.22432
_cons	1992.764	210.3474	1625.801	233.7623
N	685		685	
Prob>F	0.0000		0.0000	

注：*、** 和 *** 分别表示 10%、5% 和 1% 的显著水平。

2. 截面门限回归模型估计

从表 7-11 基准回归的结果可知，休闲参与与工作绩效之间呈现显著的倒 "U" 形关系。因此，本研究认为休闲参与对工作绩效的作用机制可能存在 "门限效应"：在不同的闲暇时间门限值范围内，其对个体工作绩效的作用机制存在显著性差异。为此，我们采用 Hansen（2000）的截面数据分析方法对样本的 685 个观测点进行门限回归分析。

（1）门限效应检验

为了选择适当的门限个数，本研究依次对单一门限、双重门限、三重门限和四重门限分别进行估计。由于冗余参数的存在，F 统计量未必服从正态分布，因此应采用自举法（Bootstrap）进行临界值估计（余泳泽，2012）。模型类型、门限值和各模型的检验参数见表 7-12。

表 7-12 休闲参与的门限效应检验

模型	N	BS 次数	门限值（闲暇时间）	AIC	BIC	HQIC
单一门限	685	500	4.67	8821.14	8857.38	8835.16
双重门限	685	500	4.67/8.00	8819.35	8860.11	8835.12
三重门限	685	500	4.67/6.46/8.00	8821.35	8866.64	8838.87
四重门限	685	500	4.67/6.46/6.83/8.00	8823.35	8873.17	8842.63

从闲暇时间对工作绩效作用机制的门限效应检验结果来看，闲暇时间的门限效应显著性存在。从模型的检验参数赤池信息量（Akaike Information Criterion，AIC）、贝叶斯信息度量（Bayesian Information Criterion，BIC）和汉南—奎因系统信息准则（Hannan-Quinn Information Criterion，HQIC）结果来看，模型为单一门限效应的 BIC 值最小，而存在双重门限效应的 AIC 数值最小，两者的 HQIC 数值基本一致。当 AIC 和 BIC 的检验结果不一致时，应以 BIC 的检验结果为准（邱皓政，2008），即选择单一门限为最佳模型。实际上，当模型间的参数检验结果不一致时，还可以通过门槛变量的 Log likelihood Ratio（LR）图来判定。由图 7-5 休闲参与对工作绩效的门限效应检验 LR 图可以看出，曲线存在一个明显的 "探底" 趋势。因此，单一门限

模型更适合本研究。结合表 7-12 各模型对应的门限值可知，门限变量休闲参与对工作绩效的门限值为 4.67 小时。即当闲暇时间超过 4.67 小时，其对工作绩效的作用会出现显著性差异。

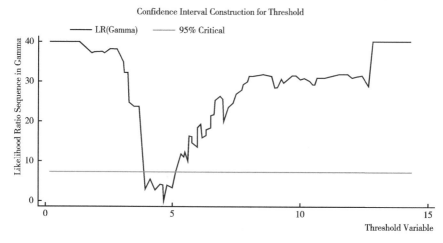

图 7-5　休闲参与对工作绩效的门限效应检验 LR 图

（2）不同程度休闲参与的回归方程估计

由以上分析可知，休闲参与对工作绩效的门限效应存在，二者的作用关系在闲暇时间门限值 4.67 小时两侧出现明显不同。为了进一步探究不同程度休闲参与下的作用机制，我们以闲暇时间的门限值 4.67 小时为临界点将样本分为两个子样本，分别对其进行回归估计，具体结果见表 7-13 的模型 2 和 3。作为对比，将全样本模型的估计结果也列在表中。

表 7-13　不同闲暇时间水平上的回归方程估计结果

变量	无门限效应	单一门限效应	
	模型 1	模型 2（*Leisure time* ≤ 4.67）	模型 3（*Leisure time* > 4.67）
Leisure time	32.05252 ***	13.6769647	−6.42653151 *
	（10.38065）	（39.1438901）	（3.6785873）
sex	−620.9804 ***	−348.411497 ***	−743.009718 ***
	（66.17176）	（106.874119）	（81.4329244）

变量	无门限效应	单一门限效应	
	模型 1	模型 2 (*Leisure time* ≤ 4. 67)	模型 3 (*Leisure time* > 4. 67)
education	126. 0766 ***	− 62. 8132621	178. 09566 ***
	(39. 06528)	(74. 9460547)	(44. 2089738)
age	22. 84688 ***	− 1. 85927385	34. 4296171 ***
	(3. 963647)	(6. 16532116)	(4. 15809403)
Skill level	81. 23951 ***	− 4. 26571589	115. 156336 ***
	(25. 71564)	(43. 7720953)	(27. 0317262)
Working life	8. 284423 ***	12. 6958341 ***	6. 62437048 ***
	(2. 236969)	(4. 04828904)	(2. 53804632)
_cons	1992. 764	2930. 71093	1938. 81628
	(210. 3474)	(336. 316199)	(251. 374402)
N	685	166	519
Prob>F	0. 0000	0. 0000	0. 0000

注：括号内为标准差，＊、＊＊和＊＊＊分别表示10%、5%和1%的显著水平。

模型 2 的估计结果显示，当门限变量闲暇时间在门限值左侧时（ *Leisure time* ≤ 4. 67），闲暇时间对劳动生产率的影响系数为正，但并没有通过 10% 水平的显著性检验。当闲暇时间在门限值右侧时（ *Leisure time* > 4. 67），模型 3 中闲暇时间对劳动生产率的抑制作用通过显著性检验：影响系数为 -6. 42<0，且在 10% 的置信水平上显著为负。有研究认为闲暇时间不仅可以通过恢复体力和缓解工作压力从而有效促进身心健康（马惠娣，2001），还可以通过休闲的生产属性促进人力资本质量的提升而使个体工作绩效提高（李仲广，2005；魏翔，庞世明，2012）。也就是说，在一定范围内，闲暇时间的增加有利于劳动生产率的提高。然而，本研究的结论并未对闲暇产生的"互补效应"进行有效支持。究其原因，本研究认为与所选取的研究对象有关：本节的研究对象是制造业的一线工人，在标准工时制和记件制的情景中，个体的工作绩效与完成的工作量成正比。也就是说，在一线工人的流水线工作环境中，不需要很高的人力资本质量和技术含量，劳动生产率与工作时间显

著正相关。因此，在流水线作业的背景下，闲暇时间意味着"偷懒"，通过闲暇时间增加提升人力资本质量而最终作用于工作绩效的作用机制失效了。这也是当闲暇时间超过门限值 4.67 小时以后，其显著抑制工作绩效的原因所在。

3. 内生性讨论

在本节研究休闲参与对个体工作绩效影响的过程中，应当对检验结果的内生性进行讨论，原因有二：一是自变量闲暇时间和因变量工作绩效之间存在互为因果关系。因为闲暇时间不仅可以影响工作效率，反过来，个体的工作绩效高低也可以显著影响闲暇时间的多少；二是模型可能存在遗漏变量问题。因影响工作绩效的主客观因素较多，控制变量中可能存在遗漏重要解释变量的风险。因而，本节采用增加控制变量和采用工具变量法两种方法来克服和缓解内生性问题（见表 7-14）。

首先，增加控制变量。组织理论认为组织支持（*Organizational support*）对个体的工作绩效具有显著影响，有效的组织支持不仅能激发员工工作激情，而且与员工的工作绩效正相关（魏翔、刘文霞，2017）。当然，除了客观因素以外，工作满意度（*Job satisfaction*）也是影响个体工作绩效的重要主观因素（郑烨、刘伟，2012；李冲、张丽、苏永建，2016）。表 7-14 模型 4 的评估结果显示，当增加组织支持和工作满意度两个解释变量之后，休闲参与对工作绩效的倒"U"形非线性关系依然稳健。

其次，采用工具变量法。借鉴李涛、张文韬（2015）的做法，用解释变量闲暇时间滞后一期的数据作为工具变量：一方面，个体在日常生活中的闲暇时间较为稳定，前一天的闲暇时间与后一天的闲暇时间具备一定的相关性；另一方面，滞后一期的闲暇时间并不会对当期的个体工作绩效产生直接影响，因而具备外生性条件。模型 5 工具变量法的评估结果显示，休闲参与对个体工作绩效的影响结果和显著性与前文的结论较为一致。

表 7-14 内生性问题回归结果分析

变量	模型 4		模型 5	
	系数	标准差	系数	标准差
Leisure time	158.2788 ***	43.42955	85.1238 ***	45.0178
Leisure time^2	-8.889779 ***	2.947865	-8.872725 ***	2.493611
sex	-632.673 ***	51.08088	-659.6273 ***	70.92641
education	122.6345 ***	47.40518	123.674 ***	41.32334
age	24.56858 ***	3.941073	24.80188 ***	4.678187
Skill level	82.34027 ***	22.06798	76.98737 ***	27.34306
Working life	8.051357 ***	2.059273	7.576354 ***	2.360476
Organizational support	29.20863	27.45525	32.71739	26.38635
Job satisfaction	10.93935	10.10476	10.08684 **	4.073101
_cons	1671.432	276.7132	1631.402	241.207
N	685		625	
Prob > F	0.0000		0.0000	

注：＊、＊＊和＊＊＊分别表示 10%、5%和 1%的显著水平。

4. 稳健性检验

为了检验研究结论的稳健性，本部分采用超样本分析和替换因变量两种方法进行（见表 7-15）。首先，对研究结论进行超样本分析。在对国有企业流水线员工进行时间配置记录的同时，我们也采用同样的时间日志记录方法对一家民营企业的相同车间员工进行现场追踪研究：在连续 9 天内对 20 名员工进行时间配置的数据记录，共得到 136 组有效数据。其次，在因变量的选取上，我们用当天综合工作绩效来替代。与用月工资水平来衡量个体工作绩效相比，个体当日的综合工作绩效更能体现员工的即时工作效率。模型 6 和 7 的回归结果评估显示，休闲参与对个体工作绩效的影响与前文所得结果一致。

表 7-15 稳健性检验结果

变量	模型 6(超样本分析)		模型 7(替换因变量)	
	系数	标准差	系数	标准差
Leisure time	-0.6820987	1.18918	7.523755 **	3.775808
Leisure time^2			-0.4086861 **	2.493611
sex	9.065234	17.08744	5.361003	17.25215

续表

变量	模型 6(超样本分析)		模型 7(替换因变量)	
	系数	标准差	系数	标准差
education	7.953511	12.65633	5.83629	12.44177
age	−1.079988 **	0.7482577	−1.230444 *	0.7692956
Skill level	42.24816 ***	7.719339	44.07364 ***	7.909771
Working life	2.229929	2.144591	1.95713	2.109561
_cons	30.90461	100.4296	17.71356	94.90803
N	136		136	
Prob>F	0.0000		0.0000	

注：因变量为当日综合工作绩效，＊、＊＊和＊＊＊分别表示10%、5%和1%的显著水平；模型7为超样本分析结果，模型8为替换因变量检验结果。

5. 作用机制分析

休闲参与对个体工作绩效的倒"U"形非线性关系得到验证和确认，门限效应的进一步分析表明：闲暇时间存在临界值4.67小时，当日均闲暇时间大于4.67小时时，休闲参与对工作的替代效应明显，对工作绩效的抑制作用显著。由休闲参与对工作绩效的作用机制可知，闲暇时间通过对工作的替代效应和互补效应两种方式共同作用于经济效率。

（1）替代效应

休闲参与对工作绩效的替代作用可以用工作间的闲暇时间（*Leisure time at work*）与工作绩效之间的关系来验证。从模型8的回归结果可知，工作间闲暇时间对因变量工资水平的反向作用关系显著。这表明在传统制造业的流水线作业车间，闲暇时间对工作绩效的替代作用明显。因本节的研究对象为传统制造业的一线员工，其工作性质并未对知识、文化、创造力等人力资本要素有较高要求，工作绩效的考核基于计件制来完成，因而工作效率主要由个体在单位时间内完成的工作量而定。

（2）互补效应

休闲参与对个体工作绩效的互补效应，我们可以通过调节效应来进行验证。基于前人对闲暇时间互补效应的研究（于光远，2002；魏翔、虞义华，

2011；杜凤莲等，2018；Chen，2010；Michael，2010），我们选取人力资本、工作年限和技能水平三个变量作为闲暇时间互补效应的调节变量。因此，在模型9、模型10和模型11中，分别加入闲暇时间和人力资本［Log（*Leisure time * education*）］、工作年限［Log（*Leisure time * Working life*）］、技能水平［Log（*Leisure time * Skill level*）］的交互项。为了避免交互项和解释变量之间的多重共线性问题，我们对交互项取对数处理。人力资本和工作年限的交互项系数为负，但并未通过显著性检验。这一结果表明：随着受教育程度和工作年限的增加，闲暇时间对个体工作绩效具有一定的抑制作用，但负面影响并不十分显著。闲暇时间和技能水平［Log（*Leisure time * Skill level*）］交互项的系数显著为正，且通过1%水平上的显著性检验。这意味着，随着个体技能水平的不断提高，闲暇时间增加对工作绩效的促进作用概率增大。

由表7-16的结果可知，休闲参与对工作绩效的替代效应明显，而互补效应并未得到本研究的有效支持。具体来看，人力资本和工作年限的调节效应并未通过机制验证，只有技能水平通过了正向的显著性检验。诚如上文所提到的，这可能与研究对象为传统制造业的一线员工有关，其工作属性和工作效率与工人的技能水平正向关，而与知识资本等高附加值要素的关联度较小。

表7-16 闲暇时间对个体工作绩效的作用机制分析

变量	模型8	模型9	模型10	模型11
Leisure time at work	-1.045093 *** （0.2700907）			
Log（*leisure time * education*）		-14.45796 （163.6779）		
Log（*Leisure time * Working life*）			-115.2146 （123.0271）	
Log（*Leisure time * Skill level*）				204.0523 *** （44.77562）

续表

变量	模型 8	模型 9	模型 10	模型 11
Leisure time		155.7899 *	197.7698 ***	84.77913 **
		(86.85292)	(64.03075)	(41.37323)
Leisure time^2		-8.442202 **	-10.17133 ***	-4.367757 *
		(4.161611)	(3.229334)	(2.543056)
sex	-625.642 ***	-623.9683 ***	-619.5531 ***	-642.5031 ***
	(51.35135)	(66.09097)	(66.69971)	(69.00667)
education	126.575 ***	125.7267 ***	128.1154 ***	133.7672 ***
	(47.92988)	(61.84727)	(38.86481)	(37.40492)
age	23.37899 ***	23.18591 ***	23.27994 ***	24.84801 ***
	(3.69753)	(3.924627)	(3.923937)	(3.964794)
Skill level	90.00747 ***	79.0793 ***	79.35001 ***	171.8136 ***
	(22.62301)	(26.13534)	(25.27377)	(64.26507)
Workinglife	8.465892 ***	8.50915 ***	15.61088 ***	7.248758 ***
	(2.021861)	(2.224028)	(8.416214)	(2.290105)
_cons	2168.407	1628.132	1752.434	2060.589
	(239.7793)	(232.1847)	(261.946)	(258.9402)
N	685	685	685	685
Prob>F	0.0000	0.0000	0.0000	0.0000

注：括号内为标准差，＊、＊＊和＊＊＊分别表示 10%、5%和 1%的显著水平。

（四）闲暇时间配置模式异质性与个体工作绩效

鉴于国内外学者对休闲活动与工作绩效之间关系尚未取得一致性结论的研究现实，在前人研究的基础上，本研究采用潜在剖面分析（PLA）对个体的休闲行为模式进行整体分析，即以个体日常闲暇时间在各种休闲活动中的配置模式为研究对象。与以往运用单变量休闲活动的分析方法相比，PLA最大的优势就是可以根据个体整体休闲行为的联合特征来确认休闲参与的异质性存在，并且对休闲参与模式与工作绩效之间关系的研究结论更加稳定、可靠（Bloom 等，2018）。为此，我们运用 MPLUS 7.0 分析软件，以闲暇时间在各种休闲活动上的时间配置为显变量，以休闲参与异质性为潜在类别变量，进而运用回归混合模型（Regression Mixed Model，RMM）对休闲参与异质性对个体工作绩效的影响进行分析。

1. 休闲参与异质性的潜在类别确定

对休闲参与异质性最佳类别的确定就是对个体休闲模式同质性假设的质疑和改进，当潜在类别为 1 类时，就意味着假设所有个体的闲暇时间配置模式都相同。表 7-17 为本研究对休闲参与潜在类别模型的评估结果分析。

表 7-17　休闲参与潜在类别确定

模型	df	Log-likelihood	AIC	BIC	Entropy
2 类	22	−26297.363	52638.73	52738.37	0.931
3 类	30	−26161.492	52382.98	52518.87	0.857
4 类	38	−25745.512	51567.02	51739.14	0.824
5 类	46	−25664.68	51421.37	51629.72	0.782

由表 7-17 的评估结果可知，随着休闲参与潜在类别的增加，最大似然估计、AIC 和 BIC 的指数不断减小，这表明随着休闲参与异质性的增强，潜在类别的分类准确度不断提高。除了 AIC 和 BIC 以外，还经常使用熵值（Entropy）来评价分类的精确性，其计算公式如下：

$$E_k = 1 - \frac{\sum_i \sum_k (-p_{ik} \ln p_{ik})}{n \ln K} \qquad (7-2-4)$$

其中，p_{ik} 为个体 i 在类别 k 的后验概率。Lubke、Muthen（2007）指出当 Entropy<0.6 时，有 20% 的个体存在分类错误；当 Entropy>0.8 时，分类的准确率超过 90%。由表 7-17 可知，最小的 AIC、BIC 指数与较大的熵值（Entropy）并不具有一致性表现。当不同类别的适配指标不一致时，如何确定正确潜在类别个数是混合模型领域的热点和难点问题（王孟成等，2017）。Yang（2006）认为应该结合样本的实际意义和样本数量来确定最佳潜在类别数量，且每个类别的样本应至少满足 50 个被试才能确保分类的准确度。因此，本研究认为休闲参与的最佳潜在类别为 3 类。因为当类别个数大于 4 时，潜在类别样本小于 50 的情况会发生。

2. 不同休闲参与群体的行为分析

由上文分析可知，个体的休闲参与异质性可以被分为 3 种类别。为了进一步对比不同休闲参与群体的休闲行为差异，我们将各潜在类别在休闲活动上的平均闲暇时间配置列在表 7-18 中。

表 7-18　休闲参与异质性组群间的休闲行为比较

变量	类别 1（自我娱乐型）	类别 2（积极全能型）	类别 3（家庭友好型）
L1（娱乐时间）	285.6（80.3%）	91.09（36.8）	65.41（17.26%）
Std. Dev.	74.76	65.62	77.85
L2（文艺时间）	6.83（1.9%）	16.21（6.5%）	7.74（2.0%）
Std. Dev.	33.71	74.07	29.13
L3（康体时间）	8.09（2.3%）	18.53（7.5%）	5.64（1.4%）
Std. Dev.	27.26	40.14	17.16
L4（社交时间）	23.68（6.7%）	30.70（12.4%）	14.40（3.8%）
Std. Dev.	49.15	71.12	41.23
L5（消极活动时间）	4.05（1.1%）	11.24（4.5%）	2.76（0.7%）
Std. Dev.	11.64	44.94	12.51
L6（享受消费时间）	5.12（1.4%）	24.94（10.1%）	29.43（6.4%）
Std. Dev.	24.21	61.90	52.55
L7（家务时间）	22.41（6.3%）	54.82（22.1%）	258.41（68.2%）
Std. Dev.	32.57	50.85	65.20
样本（N）	192	430	63
潜在类别概率	28.03%	62.77%	9.2%

注：括号内为各休闲参与类别在各项休闲活动上的时间支出比例。

具体来看，类别 1 在休闲参与上的突出特点是花费在看电视、上网、用手机刷微博、玩游戏等娱乐项目（L1）上时间较多，平均值为 285.6 分钟，占个体总闲暇时间的比例超过 80%，而在康体、社交、家务、文艺等群体性活动上的时间显著少于类别 2。基于类别 1 的闲暇时间配置集中在以自我为中心、缺乏交互的休闲特征，我们将其命名为"自我娱乐型"。数据显示，休闲参与为"自我娱乐型"个体占样本的比例为 28.03%。

类别 2 所占样本的比例高达到 62.77%。从休闲参与类别 2 在闲暇时间配置上的分布特点来看，其在各项活动上的时间配置较为均匀：在娱乐时间、家务时间、社交时间和享受消费时间上的支出比例依次是 36.8%、22.1%、12.4% 和 10.1%；在文艺时间、康体时间和消极活动时间上分配比例为 6.5%、7.5% 和 4.5%。鉴于类别 2 在各项休闲活动中的时间配置较为平均，且在文艺类、康体类、社交类和家务类等积极休闲活动上的参与度较高的特点，我们将其命名为"积极全能型"。

类别 3 在样本中所占的比例最低，仅为 9.2%。从休闲参与潜在类别 3 的时间配置特点来看，其在照顾儿童、老人、打扫卫生和买菜做饭等家务活动上的配置时间较多，每天超过 4 个小时，占个体日均总闲暇时间的 68.2%。与其他两类相比，类别 3 在娱乐时间、康体时间、社交时间和消极活动时间上的分配显著较少。可以看出，类别 3 群体是以家庭为中心，因此将其命名为"家庭友好型"。

三种休闲参与模式的休闲行为图谱可以通过在各种休闲活动上的时间配置差异来直观描述，具体见图 7-6。

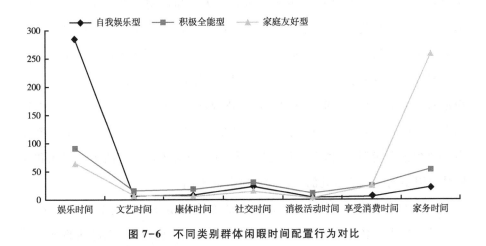

图 7-6　不同类别群体闲暇时间配置行为对比

3. 不同休闲参与群体的工作绩效方差分析

为了对比不同休闲参与类别在工作上的绩效差异，本研究采用单因素方差分析对不同休闲模式下个体的工资水平进行差异性分析。表 7-19 的分析结果显示：不同潜在类别间的工资水平存在显著性差异，F 统计量为 2.63，通过在 10% 水平上的显著性检验（Prob>F = 0.0728）。具体来看，休闲参与为"家庭友好型"个体的工作绩效最高，然后是"积极全能型"，"自我娱乐型"个体的工作绩效最低。

表 7-19　不同休闲模式个体的工作绩效比较

休闲模式潜在类别		均值		F	标准差
自我娱乐型		2588.6162			696.76
积极全能型		2634.0096			656.39
家庭友好型		2847.0959			765.00
来源	SS	df	MS	F	Prob>F
组间	2857192.22	2	1428596.11	2.63	0.0728
组内	370506499	682	543264.661		

从闲暇时间对经济效率的作用机制可知，对劳动密集型行业而言，闲暇时间对工作的"替代效应"占优，而对技术、知识密集型行业等以人力资本推动的行业来说，闲暇时间对经济效率的"互补效应"较为明显。本研究所关注的对象为流水线作业的一线工作人员，属于典型的劳动密集型行业，闲暇时间对经济产出的"替代效应"要大于"互补效应"。因此，通过积极闲暇活动提升人力资本质量从而最终提高工作绩效的作用机制并没有得到数据支持。所以，在本研究中"家庭友好型"个体的劳动生产率要明显高于"积极全能型"。值得注意的是，休闲参与对工作绩效的影响方式和作用结果因不同行业或所处的经济发展阶段而不同。

虽然积极休闲活动对个体工作绩效的作用机制并未得到本研究的支持，但消极、自我、静态等休闲活动不利于经济效率提高的结论得到验证。表 7-19 的结果显示："自我娱乐型"个体的工作绩效显著低于"积极全能型"和"家庭友好型"。这就意味着，无论从事什么工作或从属何种行业，如果日常在看电视、上网、通过手机玩游戏、上网聊天等自我、静态休闲活动上的时间支出比例过大，不仅无助于个体人力资本提高，也不利于身体健康，从而最终不利于个体的工作绩效提高。

4. 回归混合模型分析

在以往个体休闲参与同质性假设的前提下，所有样本的休闲偏好被忽略了。实际上，由于性格、偏好等主观原因的存在，不同群体间的休闲参与特征具有显著性差异。鉴于不同休闲参与类别群体的客观存在，在不同休闲参与类别群体建立各自的回归模型分析［即回归混合模型（Regression Mixture Model，RMM）］很有必要（Ding，2016）。

由表7-20休闲参与对工作绩效的回归混合模型分析可知，"积极全能型"和"家庭友好型"员工的休闲参与对工作绩效的非线性影响关系得到验证，而"自我娱乐型"群体的闲暇时间平方项并未通过显著性检验。这就意味着，对于具有不同偏好的休闲参与类别而言，个体工作绩效随着闲暇时间增加而呈现的先增加、后减少的倒"U"形曲线并不适用于所有群体。本研究认为这可能和不同类别群体的性格有关：在"自我娱乐型"个体中，超过80%的闲暇时间都配置在看电视、玩手机、上网等偏向自我的休闲活动，而对社交类、文艺类、运动类甚至家务类等具有交互性质活动的时间支出严重欠缺，这种时间配置模式映射出其性格较为自我和内向。休闲参与对工作效率的"互补效应"主要通过个体在社交类、康体类和文艺类休闲活动中的交互和体验来获取社会资本、健康资本和人力资本等经济投入要素来实现。所以，对于"自我娱乐型"群体而言，休闲参与的"互补效应"无法体现，从而其对工作的"替代效应"更为明显。

表7-20 休闲参与对工作绩效的回归混合模型分析

变量	自我娱乐型	积极全能型	家庭友好型
	模型5	模型6	模型7
Leisure time	33.47108	181.3884***	214.7488
	（88.72）	（45.646）	（165.79）
Leisure time^2	-1.521606	-10.88995***	-14.98652**
	（5.15）	（3.34）	（8.828665）

续表

变量	自我娱乐型	积极全能型	家庭友好型
	模型 5	模型 6	模型 7
sex	−650.0935 ***	−672.9813 ***	−200.798
	(96.49)	(91.21)	(372.72)
education	−30.29793	116.7692 ***	414.454 *
	(78.704)	(50.42)	(253.21)
age	37.46149 ***	10.75574 ***	39.05 ***
	(5.355)	(5.681)	(14.52)
Skill level	110.0654 ***	62.7156 *	105.21
	(34.85)	(35.83)	(97.58)
Working life	11.97854 ***	5.722179 *	4.667663
	(3.12)	(3.34)	(12.15)
_cons	2029.833	2137.053	−509.6308
	(445.38)	(343.6413)	(1010.769)
N	192	430	63
Prob>F	0.0000	0.0000	0.0008

注：*、** 和 *** 分别表示 10%、5% 和 1% 的显著水平。

三　拓展性讨论

（一）休闲属性决定其经济效应

在替代效应和互补效应的综合作用机制下，休闲参与对工作绩效存在效率提高的"机会窗口"，而具体的"机会窗口"取决于闲暇时间和休闲活动性质。一方面，休闲参与对工作绩效的倒"U"形非线性关系和门限回归的结果表明，太少或太多的闲暇时间都不利于个体的工作绩效提高。由于闲暇时间缺乏造成的体力、精力等疲劳缓解不足将对个体健康产生较大影响，而充足的闲暇时间又容易导致个体"干中学"效应下降，并助长"懒惰"情绪滋生。另一方面，闲暇时间内的休闲活动选择是"替代效应"和"互补效应"综合净作用的决定因素。当个体在闲暇时间内选择能给个体带来"即时满足"（如玩游戏、玩手机、吸烟、喝酒等）的休闲活动时，休闲参与的"替代效应"大于"互补效应";当个体选择能带来"延迟满足"(如健身锻炼、学习、阅读、社会交往、文艺欣赏等)的休闲活动时,休闲参与的"互补效应"大于"替代效应"。

个体休闲偏好的同质性假设受到挑战。在个体性格、家庭环境、性别等主客观因素的影响下,个体的日常休闲偏好选择具有明显的异质性特征。在以往对休闲活动和工作绩效之间关系研究的过程中,这一点被忽略了,即所有个体的休闲偏好被当作同质性来对待。当个体的休闲偏好异质性没有被纳入分析范围时,研究往往只关注到了表面上的休闲行为不同而导致的工作绩效差异,遵循这样的研究逻辑而得到的结论也就很难取得所有学者的一致性同意。实际上,当纳入休闲偏好异质性后,闲暇时间和休闲活动参与对工作绩效的潜在作用关系得到了进一步的挖掘和阐述。正如本章所验证的那样,对于"自我娱乐型"、"积极全能型"和"家庭友好型"三类具有不同休闲偏好的个体而言,他们的最优闲暇时间"机会窗口"和最优的休闲活动选择都存在显著不同。

(二)行业属性决定作用机制

闲暇时间和休闲活动参与对个体工作绩效的影响因发展阶段和工作所属行业性质而异。首先,在经济发展阶段层面上。Eden(2016)对不同经济发展阶段的研究表明,当一国处于劳动密集型经济时,较长的劳动时间有利于经济增长,而当国家以服务经济、知识经济为主时,适当增加闲暇时间可以有效促进个体的工作绩效提高。对于个体来讲,闲暇时间对工作同时存在消费属性的"替代效应"和生产属性的"互补效应",其对劳动生产率促进与否取决于闲暇时间对工作绩效的"综合净效应"。因此,对人力资本和知识技能要求较高的高附加值行业而言,闲暇时间增加产生的"互补效应"大于"替代效应",可以通过适当增加员工的闲暇时间和提供休闲空间以促进个体工作绩效提高;对处于增加值较低的行业来说,当闲暇时间增加时,其对工作的"替代效应"明显大于"互补效应",企业应该在工作中减少员工的"偷懒"时间以增加产出。其次,在行业层面上。基于产品的附加值高低,可以将行业简单分为高附加值行业和低附加值行业两类,我们分别以传统制造业和生产性服务业为例进行说明。本章中的零部件加工业属于典型的传统制造业，与技能水平、熟练程度相比，知识性人力资本要素在生产过程中所扮演的角色较轻，因此休闲参与的"替代效应"较为明显；而对于金融、咨询等生产性服务业来说，知识性人力资本要素在工作中起着决定性作用，休闲参与对工作绩效的"互补效应"显著。

第八章　结论与建议

一　研究结论

（一）人力资本积累是时间配置的结果

从人力资本视角来看，人力资本积累是时间配置的结果。受教育时间、工作时间和培训时间是人力资本积累的重要方式，而闲暇时间内从事积极休闲活动的个体也可以通过直接或间接形式对人力资本的认知能力和非认知能力产生效用，从而具备更高的劳动生产率。一方面，闲暇时间能对认知能力产生影响。在闲暇时间内从事运动、阅读、社交等积极的休闲活动可以提高个体的学习效率和成绩表现，从而提高个体的受教育和培训效率。当然，经常参加体育锻炼还可以有效改善身体健康状况。另一方面，休闲活动对非认知能力的影响也得到了教育工作者的支持。个体在享受型闲暇时间内通过开阔眼界、放松精神、探索猎奇等健康而积极的休闲活动可以促进行为人在精神、意志、人格特质等非认知能力方面的禀赋提高。

（二）闲暇时间可以通过人力资本积累和时间偏好进入内生增长模型

一方面，闲暇时间配置可以反映个体的时间偏好。闲暇时间是与个体维持生存无关的、可以被任意支配的自由时间，因此个体对闲暇时间的利用方式可以很好地反映个体的时间偏好。具体来说，将更多闲暇时间配置到看电视、玩游戏等能带来"即时满足"休闲活动上的个体往往具有较大的时间偏好，而在运动健身和学习培训等能带来"延迟满足"休闲活动上配置较多时间的个体则经常具有较低的时间偏好。另一方面，闲暇时间配置可以通过影响认知能力和非认知能力来促进人力资本质量提高。因此，闲暇时间配置可以通过人力资本积累和时间偏好进入内生增长模型。当放松了对人力资本质量固定不变和理性代理人时间偏好一致性假设之后，不同闲暇时间配置模式所表征的人力资本积累速度和异质性时间偏好可以作为有效参数进入内生增长模型的分析框架，这是旅游经济学进入主流经济学分析框架的有益尝试。

（三）中国、美国和日本三国居民的休闲行为存在显著性差异

美国和日本居民的日均闲暇时间超过 5 个小时，而中国居民的闲暇时间为美、日两国的一半左右，仅为 2.81 小时。三国居民在各类休闲活动上的时间配置大体一致：网络类休闲活动和居家类休闲活动为时间分配比重最多的两项支出。对比来看，中国居民在网络类和居家类两项静态休闲活动中的时间支出比例高达八成左右，显著高于美、日两国；美国居民在运动健身、社会交往方面的时间配置要远高于日本和中国居民；在学习类休闲活动和精神文化类休闲活动上，中国居民的时间配置也明显少于美、日两国。

（四）假日结构的不同设置将导致劳动生产率产生显著差异

第一，假日结构设置模式对劳动生产率存在非线性关系。随着休假离散指数的增长，劳动生产率呈现先上升、后下降的倒"U"形曲线。假日结构设置太过集中或分散都不利于劳动生产率的提高。第二，在"学习效应"和"疲劳效应"共同作用下，休假离散指数存在最优解。当连续工作时间或休息时间太长时，"学习效应"带来的促进作用无法抵消"疲劳效应"带来的负面作用；当工作和闲暇时间交替频繁时，"疲劳效应"带来的精力恢复也不足以中和"学习效应"衰退带来的消极作用。因而，劳动生产率提高的机会窗口取决于合理的节日结构设置和适中的休假离散指数。第三，假日结构对劳动生产率的非线性影响关系通过人力资本的中介效应来完成。假日结构设置通过调节不同的"学习效应"和"疲劳效应"比例来实现真实人力资本水平，进而影响经济绩效。第四，假日结构设置需与一国的经济发展阶段相适应。在不同的经济发展阶段，"学习效应"和"疲劳效应"对劳动生产率的相对重要程度不同。对于经济发达国家，相对较为分散的假日结

构更有利于劳动生产率的提高。对假日结构与经济增长和创新绩效的研究结果也支持了上述研究观点。

（五）个体闲暇时间对劳动生产率的非线性关系得到验证

第一，闲暇时间对个体劳动生产率的非线性关系得到验证。随着居民闲暇时间的增加，其劳动生产率呈现先增加、后减少的倒"U"形曲线。在时间条件约束下，闲暇时间不可能无限增加，而且过多的闲暇时间也容易导致个体滋生懒散情绪从而不利于个体工作绩效提高。经过本研究测算，现阶段中国居民的日均最优闲暇时间为 4.72 小时。值得一提的是，这一数据与案例分析部分测算的最佳闲暇时间 4.67 小时相吻合。当然，因行业不同，最佳的闲暇时间也会存在显著性差异。第二，闲暇时间对个体劳动生产率的提高程度取决于个体的经济特征。对于底层劳动者或是低技能工作人员来讲，闲暇时间增加将抑制其劳动生产率的提高；高等收入群体也在工作节奏、人生追求等综合因素的作用下，对闲暇时间的促进作用不敏感；闲暇时间对中等收入群体劳动生产率的促进作用显著而稳健。第三，闲暇时间对劳动生产率的影响大小和强度呈现显著的区域特征。在经济发展较为发达的东部、中部地区和省会城市（包括直辖市和计划单列市）居民，其最优闲暇时间明显大于经济发展较为落后的西部、东北地区和普通地级市。第四，国际横向对比来看，中国居民现进入了"低闲暇—低劳动生产率"的陷阱之中，而踏入"高闲暇—高劳动生产率"发展阶段的路径就是经济增长动能更多地依靠人力资本和技术进步，让人才成为创新驱动的关键。

（六）不同闲暇时间配置模式的劳动生产率存在显著差异

在模拟个体闲暇时间配置潜在类别的基础上，对个体所有休闲活动选择进行联合分析表明，第一，闲暇时间配置模式可以分为"静态自我型"、"社交运动型"、"网络学习型"和"休闲全能型"四种潜在类别，样本的分配比例分别为：18.12%、12.08%、24.13% 和 45.67%。第二，同时具备经常参与运动健身、社交活动和手机上网等休闲活动特征的"社交运动型"个体劳动生产率最高，而偏好联合选择看电视、用手机上网且很少参与体育健身和社交活动个体的劳动生产率最低。第三，对个体闲暇时间配置模式与劳动生产率的作用机制表明：当个体将闲暇时间配置在"延时回报"等积极健康休闲活动中时，其能通过提升人力资本素质来促进劳动生产率提高。第四，闲暇时间对劳动生产率的促进作用因经济发展阶段和所处行业不同而出现显著性差异。对人力资本和知识技能要求较高的高附加值行业而言，闲暇时间增加产生的"互补效应"大于"替代效应"；对处于增加值较低的行业人员来说，当闲暇时间增加时，其对工作的"替代效应"明显大于"互补效应"。

二　讨论

由本研究的实证部分可知，个体在工作日的最优闲暇时间约为 4.5 小时。然而，《2019~2020 中国经济生活大调查》的数据显示，中国居民的日均闲暇时间仅为 2.81 小时。这表明：中国居民的生活节奏偏快，日常休闲时间较为缺乏。我们推测，原因可能在于以下三个方面。一是受传统文化的影响。我们民族一直推崇"勤劳致富"，对闲暇的偏好先天较低。二是我国年劳动时长偏多。世界劳工组织的数据显示，2019 年世界年劳动时长在 1367~2301 小时，平均数值为 1830 小时，而我国居民的年劳动时长约为 2100 小时，处于世界高劳动强度水平。同期，"勤劳"的日本人年均劳动时长为 1750 小时，美国为 1766 小时，而德国居民最为幸福，年均劳动时长仅为 1367 小时。也就是说，我国居民的年均劳动时长比德国多 700 多小时，比同处东亚的日本多 350 小时。三是居民日常通勤时间过长。《2019~2020 中国经济生活大调查》对居民日常通勤时间的统计表明，2019 年，中国居民的日均往返通勤时间为 86 分钟，约 1.5 小时。而且，随着城镇化的不断推进，居民通勤时间进一步增加成为一个大概率事件。

工作时间延长、闲暇时间缺乏的生活方式促使中国居民的闲暇时间配置模式也不同于其他国家：Zhou 等（2012）的研究显示，中国居民的日常维持时间（睡觉、吃饭、洗漱等生命维持必要时间）、工作时间和闲暇时间比值为 60∶24∶16；而同一时期，美国居民三者时间配置比为 60∶18∶22，日本为 58∶20∶22。从国际横向对比来看，只有中国居民的工作时间所占比例超过了闲暇时间。从劳动生产率的视角来看，2017 年中国居民的时人均 GDP 只有日本的 1/4.8、美国的 1/7.5。我们似乎进入了"低闲暇—低劳动生产率"的陷阱之中：较长的年均劳动时长和较低的劳动生产率并存，而像美国、日本、德国等发达国家则进入了"高闲暇—高劳动生产率"的良性循环。当然，我们首先想到的原因可能是经济系统中的技术、设备、工艺、流程或工人技能等差异和经济发展阶段不同造成了这种现象。正如前文我们分析第一次"有钱有闲"阶层出现时所知，劳动生产率的提高和物质产品的丰富，使人们在满足基本物质需要之后产生了对自由可支配时间的追求和对美好生活的向往。像美国、日本、德国等发达国家在完成工业化阶段之后较早进入后工业化时代，物质资本和各种社会保障体系相对完善，因而其居民对闲暇时间的偏好较高。实际上，我们国家也已经完成了这一阶段的各种资本积累：改革开放 40 多年以来，居民物质生活得到基本满足，工业企业技术达到世界中上等水平；闲暇时间不断增多，截至目前，我国的年均法定节假日（含双休日）达 115 天，比美国的 114 天还多 1 天。正如党的十九大报告所指出的那样：我国社会主要矛盾已经转化为人民日益增长的美好生活需要和不平衡不充分的发展之间的矛盾。

那么，是什么造成了这种闲暇时间和劳动生产率同时出现巨大差异呢？通过闲暇时间对劳动生产率的作用机制可知，当闲暇时间可以促进人力资本质量提升时，闲暇时间增加有助于个体工作绩效提高。也就是说，由"有闲"导致的"有钱"阶层出现才是这种差异的根源所在。从表面上来看，闲暇时间是通过提高人力资本质量进而促进劳动生产率的提高，但其背后的发展逻辑是经济增长方式发生了彻底变化：在美国、日本和德国等发达国家，投资、进出口贸易不再是拉动经济增长的主要推动力，以技术进步、知识产权、高技术产品进出口等为特征的创新驱动成为经济增长的第一动力，因而人力资本成为经济增长的关键。现阶段，我国进入经济新旧动力转换的关键时期。经济新旧动力转换的关键是实现产业结构优化、全要素生产率提高等经济高质量增长。与此同时，我国社会主要矛盾已经转化为人民日益增长的美好生活需要和不平衡不充分的发展之间的矛盾，这体现了人民群众对高质量生活的向往。无论是经济新旧动能转换，还是人民群众对高品质生活的向往，归根结底就是要跳出"低闲暇—低劳动生产率"陷阱，踏入"高闲暇—高劳动生产率"发展阶段。而解决这一问题的钥匙就是经济增长动能更多地依靠人力资本和技术进步，让人才成为创新驱动的关键。实际上，这也是我国跨越"中等收入"陷阱的必经之路。

三 政策启示

（一）重视居民日常闲暇时间，引导居民树立正确的休闲意识

受中国传统文化和儒家思想影响，我们一直视"勤劳致富"为传统美德，没有重视闲暇对个体的积极作用。要引导居民对休闲的正确认知，让"劳逸结合"的工作、生活理念深入人心。特别是进入后工业化社会以后，政府应该将居民的休闲生活质量与工作绩效同等看待。一方面，针对处于受教育阶段的青少年而言，学校应该培养个体的休闲爱好，鼓励学生参与更多群体性、互动式、探索性的休闲活动。作为对应试教育培养认知能力的补充，通过休闲教育，将学生的人格特征等非认知能力也逐渐培养起来。国外研究表明，越早的性格干预，对学生的非认知能力培养效果越好。另一方面，政府要加强对成年人休闲生活质量的关注，让其意识到休闲活动对个体生活质量、工作绩效的重要性。此外，针对中国人偏爱"静态"休闲活动的特征，要鼓励居民多参与户外活动、娱乐健身和运动休闲等积极的"动态"休闲活动。

（二）结合实际情况，适时推动假日结构改革

目前，我国的年节假日（含双休日）总数达到115天。从总量上来看，节假日总量已经处于发达国家水平。然而，从结构上来看，假日结构的离散指数还需调整。因为从经济效率的角度来说，连续较长的节假日的确不利于个体工作绩效的提高。Eden（2016）和本书的研究结果已经表明，受"疲劳效应"和"学习效应"的综合影响，较长的连续工作和休息天数均不利于个体工作效率改进。因此，我国应继续推动假日结构向分散化、扁平化转变，同时把重阳节和元宵节这两个重要的历史文化节日纳入法定假日范畴。

这样在总量不变的情况下，不但可以消除集中休假带来的交通拥堵、旅游资源过度消费和员工"假日综合征"等种种弊端，还可以增加 2 个传统文化节日。需要特别指出的是，进行假日结构改革的前提是满足居民的长假需求，即按照《国民旅游休闲纲要（2013~2020）》的要求，严格落实带薪休假制度以满足居民的休假需求，这是推动假日结构改革的基础和重要前提。

（三）提高居民休闲体验，建设高质量的休闲供给体系

一是推动产业融合，延长产业价值链，提升经济效益：休闲产业与农业相结合，合力发展休闲农业。在乡村振兴的国家战略支持下，开展农业观光、庄园经济、生态体验、青少年科普教育和亲子游等休闲农业新业态；休闲产业与制造业相结合，发力休闲制造业，力争改善滑雪、缆车等高端娱乐休闲设施长期依赖进口的局面；休闲产业与服务业相融合，促使服务产业休闲化，提升顾客的服务体验，增加消费的附加值。二是优化休闲设施空间布局：一方面，在建设国家公园体制的同时，加大城市公园的建设力度，满足居民日常休闲需求；另一方面，以人口密集的城市为中心、周围 300 公里范围为半径，结合当地资源特色和文化传承，建设特色休闲度假小镇，满足家庭周末游的度假需求。三是丰富休闲产品供给。休闲产品的打造不是建设高级别的大型景区，而是以"人性化"需求为导向，建设小型、精品和特色化的产品组合，以居民日常休闲娱乐为出发点和落脚点，打造高品质的休闲社区。

（四）转变经济发展动能，提高人力资本质量

依靠投资、外贸出口、劳动密集型产业等传统方式驱动的经济增长模式不仅难以为继，还容易使经济体进入"中等收入"和"低闲暇—低劳动生产率"的陷阱之中。在经济由高速增长转向高质量发展的过程中，要实现产业结构的持续优化和全要素生产率的不断提高，关键是实现经济新旧动能转换，充分挖掘消费、创新在经济增长上的原动力作用，推动产品竞争力向高端价值链攀升。经济增长的微观基础是个体，因而人力资本质量提升是实现经济新旧动能转换和经济高质量发展的优势路径。人力资本在闲暇时间对

劳动生产率的中介效应和调节效应也充分证明：提高居民人力资本是踏入"高闲暇—高劳动生产率"门槛的必要条件。联合国开发计划署公布的《人类发展指数（2018）》数据显示，2017 年中国人均受教育年限为 7.8 年，而德国为 14.1 年，美国为 13.4 年，日本为 12.8 年。这表明，我们在教育和培训领域的改善空间还非常巨大。一方面，政府应继续加大对基础教育和专门技术人才领域的支持力度，努力消除区域间、城乡间的教育资源不平等；另一方面，重视儿童学前教育和居民休闲教育对人力资本的积极作用，充分发挥休闲活动对儿童性格、创造力等非认知能力人力资本的提升作用。

（五）因地制宜，推行弹性工作制

相较于固定工时制来说，弹性工作制是更为个性化和人性化的工时制度，个体可以根据自身实时"疲劳效应"和"学习效应"的综合指数自主调整工作模式，以达到个体最优的劳动效率。基于行业特点，弹性工作制可以在金融业、旅游业和文化咨询等知识密集型服务业先行先试。当然，弹性工作制的实施和推广关键在于国家提供相应的制度保证和理念推广。同时，弹性工作制也为在不缩短工时的前提下，增加居民日常闲暇时间提供了可借鉴的蓝本。因为弹性工作制有利于减少通勤时间，增加居民日常闲暇时间。随着城市化的日益推进，居民日常通勤时间不断增加。可以在更多的城市尝试在每周 40 小时工时不变的情况下，实现"错峰"上下班、减少交通拥堵带来的效率无效。

参考文献

安德鲁·霍尔丹，2016，《经济增长的快与慢》，《比较》第 1 期。

贝克尔，2007，《人力资本理论》，中信出版社。

比尔·奎恩，2003，《生产消费者力量》，四川大学出版社。

蔡昉、都阳，2020，《中国的储蓄率变化、决定因素和影响》，中国金融四十人论坛。

柴国俊、邓国营，2011，《行业选择与工资差异——来自大学毕业生劳动力市场的证据》，《南开经济研究》第 1 期。

陈诗一、陈登科，2018，《雾霾污染，政府治理与经济高质量发展》，《经济研究》第 2 期。

陈帅、张丹丹，2020，《空气污染与劳动生产率——基于监狱工厂数据的实证分析》，《经济学（季刊）》第 4 期。

陈秀山、张若，2006，《异质型人力资本在区域经济差距中的贡献研究》，《经济学动态》第 3 期。

陈珣、徐舒，2014，《农民工与城镇职工的工资差距及动态同化》，《经济研究》第 10 期。

陈钊、陆铭，2002，《教育、人力资本和兼顾公平的增长——理论、台湾经验及启示》，《上海经济研究》第 1 期。

程飞，2013，《非认知能力对个人收入影响的研究述评》，《中国高教研究》第 9 期。

程虹、李唐，2017，《人格特征对于劳动力工资的影响效应——基于中国企业—员工匹配调查（CEES）的实证研究》，《经济研究》第2期。

程名望、史清华、潘烜，2012，《工作时间、业余生活与农民工城镇就业——基于上海市1446个调查样本的实证分析》，《农业经济问题》第5期。

程郑权，2020，《锻炼习惯能带来更高的收入吗?》，《南方经济》第7期。

丁栋虹，2001，《从人力资本到异质型人力资本与同质型人力资本》，《理论前沿》第5期。

杜凤莲、王文斌、董晓媛等，2018，《时间都去哪儿了？中国时间利用调查研究报告》，中国社会科学出版社。

杜伟、杨志江、夏国平，2014，《人力资本推动经济增长的作用机制研究》，《中国软科学》第8期。

杜兴强、彭妙薇，2017，《高铁开通会促进企业高级人才的流动吗》，《经济管理》第12期。

高德胜，2006，《生命·休闲·教育——兼论教育对休闲的排斥》，《等教育研究》第5期。

郭凯明、颜色，2015，《劳动力市场性别不平等与反歧视政策研究》，《经济研究》第7期。

郭鲁芳，2004，《国外休闲经济研究的历史与进展》，《经济学家》第4期。

郭鲁芳、韩琳琳，2009，《女性休闲障碍因素探析——以杭州为例》，《旅游学刊》第11期。

何清华、李丹丹，2020，《中国儿童青少年跨期决策的发展与脑发育机制》，《心理科学进展》第3期。

胡凤玲、张敏，2014，《人力资本异质性与企业创新绩效——调节效应与中介效应分析》，《财贸研究》第6期。

胡浩、王海燕、张沛莹，2018，《社会互动与家庭创业行为》，《财经研究》第 12 期。

胡志坚、李永威、马惠娣，2003，《我国公众闲暇时间文化生活研究》，《清华大学学报》（哲学社会科学版）第 6 期。

金家飞、刘崇瑞、李文勇、Patricia Mary Fosh，2014，《工作时间与工作家庭冲突：基于性别差异的研究》，《科研管理》第 8 期。

乐君杰、胡博文，2017，《非认知能力对劳动者工资收入的影响》，《中国人口科学》第 4 期。

李冲、张丽、苏永建，2016，《薪酬结构、工作满意度与高校教师工作绩效关系的实证研究》，《复旦教育论坛》第 5 期。

李代，2017，《教育的同型婚姻与中国社会的家庭工资收入不平等：1996~2012》，《社会》第 3 期。

李红阳、邵敏，2017，《城市规模、技能差异与劳动者工资收入》，《管理世界》第 8 期。

李红阳、邵敏，2018，《临时性就业对劳动者工资收入的影响》，《财经研究》第 1 期。

李江一、李涵、甘犁，2015，《家庭资产—负债与幸福感："幸福—收入"之谜的一个解释》，《南开经济研究》第 5 期。

李实、宋锦、刘小川，2014，《中国城镇职工性别工资差距的演变》，《管理世界》第 3 期。

李涛、张文韬，2015，《人格特征与股票投资》，《经济研究》第 6 期。

李晓曼、曾湘泉，2012，《新人力资本理论——基于能力的人力资本理论研究动态》，《经济学动态》第 11 期。

李永周、谭蓉、袁波，2015，《异质性人力资本的国家高新区创新网络嵌入开发研究》，《科技进步与对策》第 12 期。

李仲广，2005，《休闲、效率及两者的相容——兼与唐任伍等〈效率的追求与休闲的异化〉商榷》，《改革》第 8 期。

李仲广，2010，《休闲经济学：闲暇与经济增长》，科学出版社。

廖凯、徐虹、杨威等，2009，《黄金周休假制度对我国旅游业发展影响的实证研究》，《旅游学刊》第 10 期。

刘长在、吕贺港、孟慧，2020，《社会自我效能感与工作幸福感和工作绩效的关系：职场排斥的中介作用》，《心理科学》第 1 期。

刘海英、赵英才，2005，《中国经济增长中人力资本积累的均衡性选择》，《中国软科学》第 9 期。

刘瑞明、毛宇、亢延锟，2020，《制度松绑、市场活力激发与旅游经济发展——来自中国文化体制改革的证据》，《经济研究》第 1 期。

刘一鸣、王艺明，2018，《私营企业家的时间配置与企业研发创新》，《财贸经济》第 10 期。

罗伯特·J. 巴罗、夏威尔·萨拉-伊-马丁，2010，《经济增长（第二版）》，夏俊译，格致出版社。

罗凯，2006，《健康人力资本与经济增长：中国分省数据证据》，《经济科学》第 4 期。

马红旗、王韧，2014，《对人力资本形成理论的新认识》，《经济学家》第 12 期。

马惠娣，2001，《21 世纪与休闲经济、休闲产业、休闲文化》，《自然辩证法研究》第 1 期。

马忠东、吕智浩、叶孔嘉，2010，《劳动参与率与劳动力增长：1982～2050 年》，《中国人口科学》第 1 期。

潘镇、何侍沅、李健，2019，《女性高管、薪酬差距与企业战略差异》，《经济管理》第 2 期。

卿前龙，2007，《休闲产业：概念、范围与统计问题》，《旅游学刊》第 8 期。

清华大学假日制度改革课题组、蔡继明，2009，《中国假日制度改革的政治经济学分析》，《学习与探索》第 5 期。

邱皓政，2008，《潜在类别模型的原理与技术》，教育科学出版社。

邱泽奇，2020，《零工经济：智能时代的工作革命》，《探索与争鸣》第 7 期。

任乐，2014，《异质性人力资本对区域经济耦合的关联分析——基于河南省 18 地市的数据检验》，《经济管理》第 7 期。

任天虹、胡志善、孙红月，2015，《选择与坚持：跨期选择与延迟满足之比较》，《心理科学进展》第 2 期。

宋弘、吴茂华，2020，《高房价是否导致了区域高技能人力资本流出》，《金融研究》第 3 期。

宋瑞，2007，《经济学视角下的休闲研究》，《财贸经济》第 11 期。

汤超义、陈启杰，2009，《"新时间四分法"及其在闲暇经济理论中的应用》，《学术月刊》第 10 期。

万海远、李实，2013，《户籍歧视对城乡收入差距的影响》，《经济研究》第 9 期。

王弟海，2012，《健康人力资本、经济增长和贫困陷阱》，《经济研究》第 6 期。

王弟海、龚六堂、李宏毅，2008，《健康人力资本、健康投资和经济增长——以中国跨省数据为例》，《管理世界》第 3 期。

王孟成、邓俏文、毕向阳，2017，《分类精确性指数 Entropy 在潜剖面分析中的表现：一项蒙特卡罗模拟研究》，《心理学报》第 11 期。

王宁，2000，《略论休闲经济》，《中山大学学报》（社会科学版）第 3 期。

王鹏飞、魏翔，2015，《中国人休闲行为的数据分析与相关建议》，社会科学文献出版社。

王鹏飞、魏翔，2020，《假日结构与劳动生产率——兼论假日政策的有效性问题》，《南方经济》第 5 期。

王琪延，2004，《北京将率先进入休闲经济时代》，《北京社会科学》第 2 期。

王琪延、侯鹏，2012，《节假日与休闲消费关系研究——兼论我国假日制度改革》，《北京社会科学》第 1 期。

王琪延、叶婷，2005，《休闲经济挑战传统经济理论》，《中关村》第

12 期。

王士红，2017，《人力资本与经济增长关系研究新进展》，《经济学动态》第 8 期。

王万珺、沈坤荣、周绍东，2015，《在职培训、研发投入与企业创新》，《经济与管理研究》第 12 期。

王心蕊、孙九霞，2019，《城市居民休闲与主观幸福感研究：以广州市为例》，《地理研究》第 7 期。

王欣、杨婧，2000，《劳动时间长度与健康的关系——基于肥胖视角》，《人口与经济》第 1 期。

王雅林，2000，《信息化与文明休闲时代》，《学习与探索》第 6 期。

王智波、李长洪，2016，《好男人都结婚了吗？——探究我国男性工资婚姻溢价的形成机制》，《经济学（季刊）》第 2 期。

魏翔，2005，《闲暇时间与经济增长——兼对中国数据的实证检验》，《财经研究》第 10 期。

魏翔，2014，《闲暇时间与产出效率——来自中、美、日的对比研究》，《中国软科学》第 8 期。

魏翔，2015，《闲暇红利》，中国经济出版社。

魏翔，2018a，《国外休闲经济研究的发展与演进》，《国外社会科学》第 3 期。

魏翔，2018b，《休闲经济理论研究现状及未来方向》，《学海》第 5 期。

魏翔、陈倩，2012，《闲暇如何影响经济增长？——幸福感与经济效率关系的理论研究与仿真模拟》，《财经研究》第 4 期。

魏翔、惠普科，2007，《闲暇时间与消费增长——对中国数据的实证研究》，《财贸经济》第 11 期。

魏翔、李伟，2015，《生活时间对工作绩效影响的现场实验研究》，《中国工业经济》第 9 期。

魏翔、李伟、陈琪，2014，《中国假日政策有效性问题研究——基于非正常收益率视角》，《当代经济研究》第 7 期。

魏翔、刘文霞，2017，《通勤与偷懒：交通时间影响工作效果的现场追踪研究》，《财经研究》第 8 期。

魏翔、吕腾捷，2018，《闲暇时间经理论研究进展》，《经济学动态》第 10 期。

魏翔、庞世明，2012，《闲暇效应与内生增长——基于中国和瑞典数据的分析研究》，《数量经济技术经济研究》第 1 期。

魏翔、孙迪庆，2008，《闲暇经济理论综述及最新进展》，《旅游学刊》第 4 期。

魏翔、王鹏飞、阮英花，2014，《北京、上海、广州国民休闲行为大样本比较研究》，载马惠娣、魏翔主编《中国休闲研究 2014》，中国经济出版社。

魏翔、虞义华，2011，《闲暇效应对经济产出和技术效率的影响》，《中国工业经济》第 1 期。

温忠麟、张雷、侯杰泰等，2004，《中介效应检验程序及其应用》，《心理学报》第 5 期。

夏杰长、徐紫嫣、王鹏飞，2021，《闲暇时间配置对个体创造力的影响机制与对策》，《中国流通经济》第 8 期。

夏怡然，2015，《农民工的在职培训需求及其异质性——基于职业选择行为的经验研究》，《世界经济文汇》第 2 期。

谢雅萍、沈淑宾、陈睿君，2018，《越休闲越激情？——休闲参与对知识型员工工作激情的影响机制研究》，《经济管理》第 7 期。

徐倩、谢勇，2004，《健康与教育：人力资本投资的比较研究》，《人口与发展》第 1 期。

许玲丽、周亚虹、徐琳玲等，2017，《休闲方式你选对了吗？——基于主观幸福感的研究》，《上海财经大学学报》（哲学社会科学版）第 6 期。

许晓霞、柴彦威，2012，《北京居民日常休闲行为的性别差异》，《人文地理》第 1 期。

薛国琴，2010，《经济发达地区农村人力资本培训结构调整分析》，《农业经济问题》第 9 期。

雅各布·明塞尔，2001，《人力资本研究》，张凤林译，中国经济出版社。

燕国材，1994，《应重视非智力因素的培养》，《教育艺术》第 6 期。

杨丹，2003，《关于闲暇体育潜在价值的认识》，《中国体育科技》第 6 期。

杨建芳、龚六堂、张庆华，2006，《人力资本形成及其对经济增长的影响——一个包含教育和健康投入的内生增长模型及其检验》，《管理世界》第 5 期。

叶德珠、王聪、李东辉，2010，《行为经济学时间偏好理论研究进展》，《经济学动态》第 4 期。

尹志超、张诚，2019，《女性劳动参与对家庭储蓄率的影响》，《经济研究》第 4 期。

于光远，2002，《论普遍有闲的社会》，《自然辩证法研究》第 1 期。

余长林，2006，《教育、闲暇与经济增长——理论模型与经验分析》，《南开经济研究》第 1 期。

余向华、陈雪娟，2012，《中国劳动力市场的户籍分割效应及其变迁——工资差异与机会差异双重视角下的实证研究》，《经济研究》第 12 期。

余泳泽，2012，《FDI 技术外溢是否存在"门槛条件"——来自我国高技术产业的面板门限回归分析》，《数量经济技术经济研究》第 8 期。

张莉、何晶、马润泓，2017，《房价如何影响劳动力流动?》，《经济研究》第 8 期。

张信东、宋鹏、秦旭艳，2008，《旅游经济增长点分析——基于"黄金周"效应的实证》，《旅游学刊》第 10 期。

张颖熙、夏杰长，2020，《健康预期寿命提高如何促进经济增长?——基于跨国宏观数据的实证研究》，《管理世界》第 10 期。

张震，2016，《1950 年代以来中国人口寿命不均等的变化历程》，《人口研究》第 1 期。

郑加梅、卿石松，2016，《非认知技能、心理特征与性别工资差距》，《经济学动态》第 7 期。

郑烨、刘伟，2012，《工作满意度、主观幸福感与工作绩效》，《财经问题研究》第 12 期。

周金燕，2015，《人力资本内涵的扩展：非认知能力的经济价值和投资》，《北京大学教育评论》第 1 期。

朱方伟、王国红、武春友，2003，《企业在职培训的人力资本分析及其投资决策》，《中国软科学》第 9 期。

朱玲，2002，《健康投资与人力资本理论》，《经济学动态》第 8 期。

Adame-Sanchez C., Gonzalez-Cruz T. F., & Martinez-Fuentes C. 2016. "Do Firms Implement Work-Life Balance Policies to Benefit Their Workers or Themselves?" *Journal of Business Research* 11. pp. 5519–5523.

Aguiar M., Hurst E. 2007. "Measuring Trends in Leisure: The Allocation of Time Over Five Decades." *Quarterly Journal of Economics* 3. pp. 969–1006.

Aguiar M., Hurst E., Karabarbounis L. 2013. "Time Use During Recessions." *American Economic Review* 5. pp. 1664–1696.

Almlund M., Duckworth A. L., Heckman J., Kautz T. 2011. "Personality Psychology and Economics." In Hanushek E. A., Machin S. J., Woessmann L. (Eds.) *Handbook of the Economics of Education*. Amsterdam. pp. 1–158.

Anderson J. R. and Schooler L. 2000. "Adaptive Memory." In F. Craik and E. Tulving, editors, *Oxford Handbook of Memory*. Oxford: Oxford University Press. pp. 163–168.

Antunes E. S., Soukiazis M. 2012. "Foreign Trade, Human Capital and Economic Growth: An Empirical Approach for the European Union Countries." *The Journal of International Trade & Economic Development* 1. pp. 3–24.

Anzanello, M. J. and F. S. Fogliatto. 2011. "Learning Curve Models and Applications: Literature Review and Research Directions." *International Journal of Industrial Ergonomics* 5. pp. 573–583.

Ap J. , Weiermair K. , Mathies C. 2004. *Intercultural Behavior: Glimpses of Leisure from an Asian Perspective.* New York : The Haworth Hospitality Press. pp. 123–134.

Arrow K. 1962. "The Economic Implication of Learning by Doing. " *Review of Economics Statistics* 3. pp. 155–173.

Barnett L. A. 2006. "Accounting for Leisure Preferences from Within: The Relative Contributions of Gender, Race or Ethnicity, Personality, Affective Style, and Motivational Orientation. " *Journal of Leisure Research* 4. pp. 445–474.

Barrera F. , Garrido N. 2018. "Public Holidays, Tourism, and Economic Growth. " *Tourism Economics* 4. pp. 473–485.

Barron J. M. , D. A. Black and M. A. Loewenstein. 1989. "Job Matching and On-the-job Training. " *Journal of Labor Economics* 1. pp. 1–19.

Barro R. J. 1997. *Determinants of Economic Growth: A Cross-Country Empirical Study.* Cambridge MA, MIT Press. pp. 156.

Beauregard T. A. , Henry L. C. 2009. "Making the Link Between Work-life Balance Practices and Organizational Performance. " *Human Resources Management Review* 1. pp. 9–22.

Becker G. S. 1962. "Investment in Human Capital: A Theoretical Analysis. " *Journal of Political Economy* 5. pp. 9–49.

Becker G. S. 1964. *Human Capital.* Chicago: University of Chicago Press. p. 247.

Becker G. S. 1965. "A Theory of the Allocation of Time. " *Economic Journal* 299. pp. 493–517.

Becker G. S. , Barro R. J. 1988. "A Reformulation of the Economic Theory of Fertility. " *Quarterly Journal of Economics* 1. pp. 1–25.

Becker G. S. , Tamura R. 1990. "Human Capital, Fertility and Economic Growth. " *Journal of Political Economy* 5. pp. 323–350.

Becker S. O. , Woessmann L. 2009. "Was Weber Wrong? A Human Capital Theory of Protestant Economic History. " *Quarterly Journal of Economics* 2. pp. 531–596.

Bergman L. R. , Lundh L. G. 2015. " Introduction: The Person-oriented Approach: Roots and Roads to the Future. " *Journal for Person-Oriented Research* 1. pp. 1–6.

Berhman, J. R. 1990. *Women's Schooling and Nonmarket Productivity: A Survey and a Reappaisal.* University of Pennsylvania. pp. 1–35.

Bloom D. E. , Canning D. 2020. " The Health and Wealth of Nations. " *Science* 56. pp. 1207–1209.

Bloom J. D. , Geurts S. A. E. , Kompier M. A. J. 2012. " Effects of Short Vacations, Vacation Activities and *Experiences* on Employee Health and Well-Being. " *Stress & Health Journal of the International Society for the Investigation of Stress* 4. pp. 305–318.

Bloom J. D. , Rantanen J. , Tement S. , et al. 2018. "Longitudinal Leisure Activity Profiles and Their Associations with Recovery Experiences and Job Performance. " *Leisure Sciences* 3. pp. 151–173.

Borghans L. , Duckworth A. L. , Heckman J. J. , et al. 2008. "The Economics and Psychology of Personality Traits. " *Journal of Human Resources* 4. pp. 972–1059.

Bowen, H. R. 1987. *The Costs of Higher Education.* San Francisco: Random House Press. pp. 213–232.

Bowles S. , Gintis H. , Osborne M. 2001. "Incentive-Enhancing Preferences: Personality, Behavior, and Earnings. " *American Economic Review* 2. pp. 155–158.

Buchanan J. 1994. *The Return to Increasing Returns.* East Lansing: The University of Michigan Press. p. 71.

Caballe J. M. , Santos. 1993. " On Endogenous Growth With Physical and Human Capital. " *Journal of Political Economy* 6. pp. 1043–1067.

Cette G. , Chang S. , Konte M. 2011. "The Decreasing Returns on Working

Time: An Empirical Analysis on Panel Country Data. " *Applied Economics Letters* 17. pp. 1677-1682.

Chen L. F. 2010. *Leisure Time, Human Capital and Economic Growth—A Model Containing Education and Health.* Guangdong: Journal of Guangdong Peizheng College. pp. 34-39.

Chick G. , Hood R. D. 1996. "Working and Recreating with Machines: Outdoor Recreation Choices Among Machine-tool Workers in Western Pennsylvania. " *Leisure Sciences* 4. pp. 333-354.

Chi W. , Li B. 2014. "Trends in China's Gender Employment and Pay Gap: Estimating Gender Pay Gaps with Employment Selection. " *Journal of Comparative Economics* 3. pp. 708-725.

Christina G. , Uta S. 2010. "How General is Human Capital? A Task-Based Approach. " *Journal of Labor Economics* 1. pp. 1-49.

Craine R. 1973. "On the Service Flow from Labor. " *The Review of Economic Studies* 1. pp. 39-46.

Csikszentmihalyi M. 1991. " Leisure and Socialization. " *Social Forces* 1. pp. 35-42.

De Bruyn E. H. , Cillessen A. H. N. 2008. " Leisure Activity Preferences and Perceived Popularity in Early Adolescence. " *Journal of Leisure Research* 3. pp. 442-457.

Deleire T. , Kalil A. 2010. "Does Consumption Buy Happiness? Evidence from the United States. " *International Review of Economics* 2. pp. 163-176.

Dew-Becker I. , Gordon R. J. 2012. "The Role of Labor-Market Changes in the Slowdown of European Productivity. " *Review of Economics and Institutions* 2. pp. 241-254.

Diener E. , Larsen R. J. , Emmons R. A. 1984. " Person Situation Interactions: Choice of Situations and Congruence Response Models. " *Journal of Personality and Social Psychology* 3. pp. 580-592.

Ding C. S. 2016. " Using Regression Mixture Analysis in Educational Research, Practical Assessment. " *Res. Eval* 11. pp. 1–11.

Dixit A. K. Stiglitz J. E. 1977. " Monopolist Competition and Optimum Product Diversity. " *American Economic Review* 3. pp. 297–308.

Dixon R. , Freebairn J. 2010. "Models of Labour Services and Estimates of Australian Productivity. " *Australian Economic Review*, 2. pp. 131–142.

Duckworth A. L. , Seligman M. E. P. 2005. "Self-Discipline Outdoes IQ in Predicting Academic Performance of Adolescents. " *Psychological Science* 12. pp. 939–944.

Eden M. 2016. *The Week.* NBER: Policy Research Working Paper 7598. pp. 1–36.

Eicher T. S. Turnovsky S. J. 1999. "Non-scale Models of Economic Growth. " *Economic Journal* 457. pp. 394–415.

Emmons R. A. , Diener E. , Larsen R. J. 1986. "Choice and Avoidance of Everyday Situations and Affect Congruence: Two Models of Reciprocal Interactionism. " *Journal of Personality and Social Psychology* 4. pp. 815–826.

Ethier W. J. 1982. "International and International Returns to Scale in the Modern Theory of International Trade. " *American Economic Review* 72. pp. 389–405.

Fodranova I. , Kubičková V. , Michalková A. 2015. " Measuring Societal Value of Tourism: A New Approach . " *Tourism: An International Interdisciplinary Journal* 4. pp. 423–434.

Fogel R. W. 2000. *The Fourth Great Awakening and the Future of Egalitarianism* . Chicago: The University of Chicago Press. p. 78.

Ford H. 1926. "Leisure and Economic Growth. " *An interview with World's Work Magazine* 5. pp. 3–4.

Fredrickson B. L. , Joiner T. 2002. " Positive Emotions Trigger Upward Spirals Toward Emotional Wellbeing. " *Psychological Science* 2. pp. 172–175.

Gali J. 1999. "Technology, Employment and the Business Cycle: Do Technology Shocks Explain Aggregate Fluctuation." *American Economic Review* 1. pp. 249–271.

Garnero A., Kampelmann S., Rycx F. 2017. "Part-Time Work, Wages and Productivity: Evidence from Belgian Matched Panel Data." *Iza Discussion Papers* 3. pp. 926–954.

Gathmann C., Schönberg U. 2010. "How General is Specific Human Capital? A Task-Based Approach." *Journal of Labor Economics* 1. pp. 1–49.

Geurts S. A., Sonnentag S. 2006. "Recovery as an Explanatory Mechanism in the Relation between Acute Stress Reactions and Chronic Health Impairment." *Scandinavian Journal of Work, Environment & Health* 6. pp. 482–492.

Gibson M., Shrader J. 2018. "Time Use and Labor Productivity: The Returns to Sleep." *Review of Economics and Statistics*, 5. pp. 783–798.

Giluk T. L., Postlethwaite B. E. "Big Five Personality and Academic Dishonesty: A Meta-analytic Review." *Personality & Individual Differences* 72. pp. 59–67.

Gòmez M. A. 2008. "Consumption and Leisure Externalities, Economic Growth and Equilibrium Efficiency." *Scottish Journal of Political Economy* 2. pp. 227–249.

Goodman, L. A. 2002. *Latent Class Analysis: The Empirical Study of Latent Types, Latent Variables, and Latent Structures.* Cambridge: Cambridge University Press. pp. 3–55.

Goodman W. K., Geiger A. M., Wolf J. M. 2016. "Differential Links Between Leisure Activities and Depressive Symptoms in Unemployed Individuals." *Journal of Clinical Psychology* 1. pp. 70–78.

Gronau R. 1980. "Home Production—a Forgotten Industry". *Review of Economics and Statistics* 3. pp. 408–416.

Grossman G. M., Helpman E. 1999. "Quality Ladders in the Theory of

Growth." *Review of Economic Studies*1. pp. 43−61.

Guest D. E. 2002. "Perspectives on the Study of Work-life Balance." Social Science Information 41 (2). pp. 255−279.

Gunter B. G. 1987. "The Leisure Experience: Selected Properties." *Journal of Leisure Research* 2. pp. 115−130.

Hall R. E. and Jones Ch. 1999. "Why Do Some Countries Produce So Much More Output Per Worker than Others." *Quarterly Journal of Economics* 1. pp. 83−116.

Hansen B. E. 2000. "Sample Splitting and Threshold Estimation." *Econometrica* 3. pp. 575−603.

Hayman, Jeremy R. 2009. "Flexible Work Arrangements: Exploring the Linkages Between Perceived Usability of Flexible Work Schedules and Work/life Balance." *Community, Work & Family* 3. pp. 327−338.

Heckman J. J. 1994. "Shadow Prices, Market Wages, and Labor Supply." *Econometrica* 4. pp. 679−694.

Heckman J. J. 1979. "Sample Selection Bias as a Specification Error." *Econometrica* 1. pp. 153−161.

Heckman J. J. 2000. "Policies to foster human capital." *Research in Economics* 1. pp. 3−56.

Heckman J. J. 2011. "Integrating Personality Psychology into Economics." *NBER Working Paper*.

Heckman J. J. , & Kautz T. 2012. "Hard evidence on soft skills." *Iza Discussion Papers* 4, p. 451.

Heckman J. J. , Kautz T. 2013. "Fostering and Measuring Skills: Interventions that Improve Character and Cognition." *NBER Working Paper* 6423. pp. 1−46.

Heckman J. J. , & Rubinstein Y. 2001. "The Importance of Noncognitive Skills: Lessons from the GED Testing Program." *American Economic Review*

2. pp. 145-149.

Heckman J. J. , Stixrud J. , Urzua S. 2006. "The Effects of Cognitive and Noncognitive Abilities on Labor Market Outcomes and Social Behavior. " *Journal of Labor Economics* 3. pp. 411-482.

Heckman J. J. 1974. "Shadow Prices, Market Wages, and Labor Supply. " *Econometrica* 4. pp. 679-694.

Hek P. A. D. 1998. " An Aggregative Model of Capital Accumulation with Leisure-dependent Utility. " *Journal of Economic Dynamics & Control* 2. pp. 255-276.

Hilbrecht M. 2007. " Changing Perspectives on the Work-Leisure Relationship. " *Annals of Leisure Research* 4. pp. 368-390.

Hirsch B. T. 2005. "Why Do Part-Time Workers Earn Less? The Role of Worker and Job Skills", *Industrial & Labor Relations Review* 4. pp. 525-551.

Hua D. W. , Mahmood N. H. N. , Zakaria W. N. W. , Lin L. C. , &Yang X. X. 2018. " The Relationship Between Work-life Balance and Women Leadership Performance: the Mediation Effect of Organizational Culture. " *International Journal of Engineering & Technology* 4. pp. 8-13.

Iwasaki Y. , & Mannell R. C. 2000. "Hierarchical Dimensions of Leisure Stress Coping. " *Leisure Sciences* 3. pp. 163-181.

Iwasaki Y. , & Schneider I. E. 2003. "Leisure, Stress, and Coping: An Evolving Area of Inquiry. " *Leisure Sciences* 25 . pp. 107-113.

Jacobsen J. P. , Levin L. M. 1995. " Effects of Intermittent Labor Force Attachment on Women's Earnings. " *Monthly Labor Review* 9. pp. 14-19.

Jones B. F. 2014. "The Human Capital Stock: A Generalized Approach. " *American Economic Review* 11. pp. 3752-3777.

Jones J. T. , Zimmer R. W. 2001. " Examining the Impact of Capital on Academic Achievement. " *Economics of Education Review* 6. pp. 577-588.

Kacapyr E. 1998. " The Cost of Inflation. " *American Demographics* ,

11. pp. 24-36.

Kautz T., Heckman J. J., Diris R., et al. 2014. "Fostering and Measuring Skills: Improving Cognitive and Non-Cognitive Skills to Promote Lifetime Success." Social Science Electronic Publishing, NBER Working Paper. pp. 1-118.

Kawaguchi D., Lee J. 2013. Hamermesh D. S. "A Gift of Time." *Labour Economics*, 24. pp. 205-216.

Kelly J. R. 1983. *Leisure Identities and Interactions*. London: George Allen & Unwin Ltd. p. 212.

Knack S., Keefer P. 1997. "Does Social Capital Have an Economic Payoff? A Cross-Country Investigation." *Quarterly Journal of Economics* 4. pp. 1251-1288.

Knight P. 1921. , *Risk Uncertainty and Profit*. New York: Columbia University Press. pp. 247.

Knudsen E., J. Heckman J. J., Cameron J. L., Shonkoff J. P. 2006. "Economic, Neurobiological, and Behavioral Perspectives on Building America's Future Workforce." *Proceedings of the National Academy of Sciences* 27. pp. 10155-10162.

Kuznets S. 1966. *Modern Economic Growth: Rate, Structure, and Spread*. New Haven, Connecticut: Yale University Press. p. 105.

Kyllonen P. 2005. "Noncognitive Constructs and Their Assessment in Graduate Education: A Review." *Educational Assessment* 3. pp. 153-184.

Ladrón-De-Guevara A., Ortigueira S., Santos M. S. 1997. "Equilibrium Dynamics in Two-sector Models of Endogenous Growth." *Journal of Economic Dynamics & Control* 1. pp. 115-143.

Lechner M. 2009. "Long-run Labour Market and Health Effects of Individual Sports Activities." *Journal of Health Economics* 4. pp. 839-854.

Lee D., Lim H. 2014. "Nonlinearity in Nexus Between Working Hours and Productivity." Social Science Electronic Publishing, BOK Working Paper.

Leslie D. 1984. "The Productivity of Hours in U. S. Manufacturing Industries." *The Review of Economics and Statistics* 3. pp. 486-490.

Leslie Hannah. 1987. "Human Capital." *Oxford Review of Education* 2. pp. 177-181.

Leuty M. E, Hansen J. I. C. , Speaks S. Z. 2015. "Vocational and Leisure Interests: A Profile-Level Approach to Examining Interests." *Journal of Career Assessment* 2. pp. 1-25.

Linder B. S. 1970. *The Harried Leisure Class.* New York, NY: Columbia University Press. p. 93.

Lindqvist E. , Vestman R. 2011. "The Labor Market Returns to Cognitive and Non-cognitive Ability: Evidence from the Swedish Enlistment." *American Economic Journal : Applied Economics* 1. pp. 101-128.

Lleras C. 2008. "Do Skills and Behaviors in High School Matter? the Contribution of Noncognitive Factors in Explaining Differences in Educational Attainment and Earnings." *Social Science Research* 3. pp. 888-902.

Lubke G. , Muthén B. O. 2007. "Performance of Factor Mixture Models as a Function of Model Size, Covariate Effects, and Class-Specific Parameters." *Structural Equation Modeling: A Multidisciplinary Journa* 1. pp. 26-47.

Luca R. E. , and L. Rapping. 1969. "Intertemporal Substitution of Leisure in the Theory of Labor Supply." *Journal of Political Economy* 77. pp. 721-754.

Lucas R. E. 1990. "Why Doesn't Capital Flow from Rich to Poor Countries?" *American Economic Review* 2. pp. 92-96.

Lucas R. E. Jr. 1988. "On the Mechanics of Economic Development." *Journal of Monetary Economics* 1. pp. 3-42.

Lucas R. E. , Moll B. 2014. "Knowledge Growth and the Allocation of Time." *Journal of Political Economy* 1. pp. 1-51.

Lu L. , Hu C. H. 2005. "Personality, Leisure Experiences and Happiness." *Journal of Happiness Studies* 3. pp. 325-342.

Lundberg, Shelly J. & Startz, Richard. 1983. "Private Discrimination and Social Intervention in Competitive Labor Markets." *American Economic Review* 73, 340-347.

Lynn A. Barnett. 2006. "Accounting for Leisure Preferences from Within: The Relative Contributions of Gender, Race or Ethnicity, Personality, Affective Style, and Motivational Orientation." *Journal of Leisure Research* 4. pp. 445-474.

Mankiw N. G., Romer D., Weil D. N. A. 1992. "Contribution to the Empirics of Economic Growth." *Quarterly Journal of Economics* 2. pp. 407-437.

Mannell R. C. 2007. "Leisure, Health and Well-Being." *World Leisure Journal* 3. pp. 114-128.

Masyn K. E. 2013. "Latent Class Analysis and Finite Mixture Modeling." *In The Oxford Handbook of Quantitative Methods.* New York: Oxford University Press. pp. 551-610.

Maurya V. N., Jaggi C. K., Singh B., et al. 2015. "Empirical Analysis of Work Life Balance Policies and Its Impact on Employee's Job Satisfaction and Performance: Descriptive Statistical Approach." *American Journal of Theoretical and Applied Statistics* 2-1. pp. 33-43.

Meijman T. F., & Mulder G. 1998. "Psychological Aspects of Workload." in *Handbook of Work and Organizational Psychology.* England: Psychology Press. pp. 5-33.

Michael Jame. 2010. "Time Shift, Leisure and Tourism: Impacts of Time Allocation on Successful Products and Services." *Journal of Sustainable Tourism* 8. pp. 1036-1037.

Mincer J., Ofek H. 198. "Interrupted Work Careers: Depreciation and Restoration of Human Capital." *Journal of Human Resources* 12. pp. 3-24.

Mischel W. 2014. *The Marshmallow Test: Mastering Self Control*. Hachette: Little, Brown and Company. p. 189.

Mischel W. Underwood B. 1974. "Instrumental Ideation in Delay of Gratification." *Child Development* 4. pp. 1083−1088.

Mthethwa P. T. , Yu Y. 1929. "The Power of Personality." *The British Medical Journal* 14 (9) . pp. 509−511.

Nelson R. and Phelps E. 1966. "Investment in Humans, Technologic Diffusion and Economic Growth." *American Economic Review* 61. pp. 69−75.

Nicolas Feuerhahn, Sabine Sonnentag, Alexander Woll. 2014. "Exercise After Work, Psychological Mediators, and Affect: A Day-level Study." *European Journal of Work & Organizational Psychology* 1. pp. 62−79.

Noll H. H. , Weick S. 2015. "Consumption Expenditures and Subjective Well-being: Empirical Evidence from Germany." *International Review of Economics* 2. pp. 101−119.

Nyland C. 1989. *Reduced Worktime and the Management of Production.* Cambridge: Cambridge University Press. p. 152.

Nylund, K. L. Asparouhov, T. , & Muthén, B. O. 2007. "Deciding on the Number of Classes in Latent Class Analysis and Growth Mixture Modeling: A Monte Carlo Simulation Study." *Structural Equation Modeling* 14. pp. 535−569.

Ortigueira S. 2000. "A Dynamic Analysis of an Endogenous Growth." *Economic Theory* 1. pp. 43−62.

Pavoni N. 2009. "Optimal Unemployment Insurance, with Human Capital de- Preciation, and Duration Dependence." *International Economic Review* 2. pp. 323−362.

Pencavel J. 2015. "The Productivity of Working Hours." *Economic Journal* 589. pp. 2052−2076.

Peshave M. A. , Gujarathi R. G. 2015. "An Analysis of Work-Life Balance (WLB) Situation of Employees and Its Impact on Employee Productivity with Special Reference to the Indian Hotel Industry." *International Journal of Asian Management* 1. pp. 69−74.

Phelps E. S. 1972. "The Statistical Theory of Racism and Sexism." *American Economic Review* 4. pp. 659−661.

Pigou A. 1920. "The Economics of Welfare, Time in Economic Life." *Quarterly Journal of Economics* 87. pp. 241−267.

Psarianos I. N. 2007. "A Note on Work-leisure Choice, Human Capital Accumulation, and Endogenous Growth." *Research in Economics* 4. pp. 208−217.

Richardson M. , Abraham C. 2009. "Conscientiousness and Achievement Motivation Predict Performance." *European Journal of Personality* 7. pp. 589−605.

Robert E. Lucas Jr. 2006. "On the Mechanics of Economic Development." *Journal of Monetary Economics* 1. pp. 3−42.

Rogerson R. 2018. "Structural Transformation and the Deterioration of European Labor Market Outcomes." *Journal of Political Economy* 2. pp. 235−259.

Romer P. M. 1986. "Increasing Returns and Long-Run Growth." *Journal of Political Economy* 5. pp. 1002−1037.

Romer P. M. 1990. "Endogenous Technological Change." *Journal of Political Economy* (5). pp. 71−102.

Rooth D. 2011. "Work Out or Out of Work: the Labor Market Return to Physical Fitness and Leisure Sports Activities." *Labour Economics* 3. pp. 399−409.

Schultz T. W. 1961. "Investment in Human Capital." *American Economic Review* 3. pp. 1−17.

Schutte H. , & Ciarlante D. 1998. *Consume Behavior in Asia.* New York University Press: Washington Square.

Sheppard G. 2016. *Work-Life Balance Programs to Improve Employee Performance* . Minnesota : Walden University Press. p. 59.

Shinew K. J. , Floyd M. F. , Mcguire F. A. , et al. 1995. "Gender, Race, and Subjective Social Class and Their Association with Leisure Preferences."

Leisure Sciences 2. pp. 75-89.

Snir R. , Harpaz I. 2002. "Work-leisure Relations: Leisure Orientation and the Meaning of Work. " *Journal of Leisure Research* , 2. pp. 178-203.

Solow R. M. 1957. "Technical Change and Aggregate Production Function. " *Review of Economics & Statistics* 3. pp. 312-320.

Song Y. 2011. " Time Preference and Time Use: Do Smokers Exercise Less?" *Labour* 3. pp. 350-369.

Spence M. 1973. "Job Market Signaling. " *Quarterly Journal of Economics* 3. pp. 355-374.

Talukder A. , Vickers M. and Khan A. 2018. " Supervisor Support and Work-life Balance. " *Personnel Review* 3. pp. 727-744.

Tan, Jing, Jie Mao, Yizhang Jiang, and Ming Gao. 2021. "The Influence of Academic Emotions on Learning Effects: A Systematic Review. " *International Journal of Environmental Research and Public Health* 18. pp. 78-96.

Thiel H. , Thomsen S. L. 2013. " Noncognitive Skills in Economics: Models, Measurement, and Empirical Evidence. " *Research in Economics* 2. pp. 189-214.

Uzawa H. 1965. "Optimum Technical Change in an Aggregative Model of Economic Growth. " *International Economic Review* 1. pp. 18-31.

Walker G. J. , Deng J. , Dieser R. B. 2005. "Culture, Self-construal, and Leisure Theory and Practice. " *Journal of Leisure Research* 1. pp. 77-99.

Wang Z. , Zheng J. H. , & Shi J. C. 2006. "The Performances of Industrial Productivity Across Regions of Transitional China: Structural Differences, Institutional Shocks and Dynamic Characteristics. " *Economic Studies* 6. pp. 48-60.

Wei X. , Qu H. , Ma E. 2016. " How Does Leisure Time Affect Production Efficiency? Evidence from China, Japan, and the US. " *Social Indicators Research* 1. pp. 101-122.

Wei X. , Qu H. & Ma E. 2018. "Household Chores, Time Allocation and

Job Performance: An Empirical Study from Chinese Manufacturing Workers. " *Social Indicator Research* 139. pp. 1109–1129.

White M. , Hill S. , Mcgovern P. , et al. 2003. " ' High-performance' Management Practices, Working Hours and Work-Life Balance. " *British Journal of Industrial Relations* 2. pp. 175–195.

Wise L. J. 1980. " The Productivity of Hours in U. K. Manufacturing and Production Industries. " *The Economic Journal* 357. pp. 74–84.

Yang C. C. 2006. " Evaluating Latent Class Analysis Models in Qualitative Phenotype Identification. " *Computational Statistics & Data Analysis* 4. pp. 1090–1104.

Yang X. , Ng S. 1998. " Specialization and Division of Labor. " *Increasing Returns and Economic Analysis* 3. pp. 2–37.

Zawadzki M. J, Smyth J. M. , Costigan H. J. 2015. " Real-Time Associations Between Engaging in Leisure and Daily Health and Well-Being. " *Annals of Behavioral Medicine* 4. pp. 605–615.

Zedeck S. , Mosier K. L. 1990. " Work in the Family and Employing Organization. " *Am Psychol* 2. pp. 240–51.

Zeng J. 2003. " Reexamining the Interaction Between Innovation and Capital Accumulation. " *Journal of Macroeconomic* 25. pp. 541–560.

Zhou H. F. , Li Z. S. , Xue D. Q. , et al. 2012. " Time Use Patterns Between Maintenance, Subsistence and Leisure Activities: A Case Study in China. " *Social Indicators Research* 1. pp. 121–136.

后　记

一般来讲，闲暇时间被定义为与工作和劳务等维持自身生存无关的、可以被个体任意支配的自由时间，因而常常被排除在研究经济效率之外。实际上，闲暇与效率就像一枚硬币的"两面"，两者相互依存且互相影响，因为闲暇时间的配置状况可以在一定程度上反映个体的偏好、生活质量和精神状态。正如胡适 1932 年在北大毕业典礼上所说：一个人的前程，往往全靠他怎样利用闲暇时间。个体在闲暇时间内的休闲活动选择是一把"双刃剑"，积极健康的休闲活动有助于个体释放压力、保持身心健康和人力资本提升，而消极的休闲活动将极大损害身心健康。因此，如何利用闲暇时间及闲暇时间配置与个体偏好、个人性格和工作绩效的关系成为一个值得深入研究的重要问题。

围绕闲暇时间与经济效率的关系，本书开展了一系列的研究，诸如最优闲暇时间是否存在、宏观假日调整政策的有效性问题以及如何配置闲暇时间以取得个体工作绩效最优等议题。可以说，这些问题是我进入学术研究的起点，也是我一直想研究的社会科学问题。闲暇时间、休闲活动、闲暇时间配置和休闲活动选择等独立变量，劳动生产率、经济增长和个体工作绩效提高等结果变量，构成了本书最基本的底色和研究逻辑。

在本书的写作过程中，特别感谢魏翔老师的指导和帮助，也特别感谢吕铁老师、夏杰长老师、杜凤莲老师、李爽老师等的支持与贡献，感谢国家统计局和内蒙古大学提供的数据支持。同时，在写作的过程当中，对于引用国内外专家和学者的学术观点，在此也一并表示感谢。当然，限于笔者的水平和认识，本书的错漏缺点也在所难免，还请读者包涵指正。

本书得到洛阳师范学院旅游管理河南省特色骨干学科、2024 年河南省高校人文社会科学一般研究项目（2024-ZZJH1-162）、河南省重点研发与推广专项软科学研究项目（232400410361）、2023 年度"中原英才计划（育才系列）"—中原文化青年拔尖人才项目、洛阳师范学院国家级项目培育基金（2019-PYJJ-023）和 2023 年度洛阳师范学院青年骨干教师培养计划的研究资助。在本书的出版过程中，特别感谢社会科学文献出版社编辑张超老师的大力协助，正是因为有了编辑老师细致入微、不厌其烦的编校工作才使得本书可以以更加完善的面貌出现在读者面前。

王鹏飞

2023 年 12 月于洛阳

图书在版编目（CIP）数据

闲暇时间配置：从生活方式到生产效率 / 王鹏飞著
. --北京：社会科学文献出版社，2023.12（2025.9 重印）
ISBN 978-7-5228-1890-0

Ⅰ.①闲…　Ⅱ.①王…　Ⅲ.①时间-配置-关系-劳
动生产率-研究-中国　Ⅳ.①C935②F249.22

中国国家版本馆 CIP 数据核字（2023）第 095676 号

闲暇时间配置：从生活方式到生产效率

著　　者 / 王鹏飞

出 版 人 / 冀祥德
组稿编辑 / 邓泳红
责任编辑 / 张　超
责任印制 / 岳　阳

出　　版 / 社会科学文献出版社·皮书出版分社（010）59367127
　　　　　　地址：北京市北三环中路甲 29 号院华龙大厦　邮编：100029
　　　　　　网址：www.ssap.com.cn
发　　行 / 社会科学文献出版社（010）59367028
印　　装 / 唐山玺诚印务有限公司

规　　格 / 开　本：787mm×1092mm　1/16
　　　　　　印　张：19　字　数：286 千字
版　　次 / 2023 年 12 月第 1 版　2025 年 9 月第 2 次印刷
书　　号 / ISBN 978-7-5228-1890-0
定　　价 / 128.00 元

读者服务电话：4008918866